Lebensorientierungen Jugendlicher.
Alltagsethik, Moral und Religion in der Wahrnehmung
von Berufsschülerinnen und -schülern in Deutschland

Studie und Buchpublikation wurden gefördert durch

Bildungsabteilungen der Gliedkirchen der EKD

Klosterkammer Hannover

Wertevolle Zukunft, Stiftung für ethisches Handeln, Hamburg

Erzbischöfliches Ordinariat des Erzbistums München

Stiftung Oase, Osnabrück

Fa. Bernhard Tholl, Erneuerbare Energie, Bruchhausen-Vilsen

VHV Versicherungen, Hannover

Bundesverband und Landesverbände des Verbandes
katholischer Religionslehrerinnen und Religionslehrer
an Berufsbildenden Schulen e. V. (VKR)

Helmut Pölling, Eutin

Stefanie Gerwesmann, Glandorf

Andreas Feige, Carsten Gennerich

unter Mitarbeit von
Nils Friedrichs, Michael Köllmann, Wolfgang Lukatis

Lebensorientierungen Jugendlicher

Alltagsethik, Moral und Religion in der Wahrnehmung
von Berufsschülerinnen und -schülern in Deutschland

Eine Umfrage unter 8.000 Christen,
Nicht-Christen und Muslimen

Waxmann 2008
Münster / New York / München / Berlin

Bibliografische Informationen der Deutschen Nationalbibliothek
Die Deutsche Nationalbibliothek verzeichnet diese Publikation in der
Deutschen Nationalbibliografie; detaillierte bibliografische Daten sind
im Internet über http://dnb.d-nb.de abrufbar.

Ein Forschungsprojekt des
Instituts für Sozialwissenschaften (ISW) der TU Braunschweig
(Prof. Dr. Dr. h. c. Andreas Feige)
in Zusammenarbeit mit dem
Verband katholischer Religionslehrerinnen und
Religionslehrer an Berufsbildenden Schulen e. V. –
Landesverband Niedersachsen (VKR) und der „Vereinigung
Evangelischer Religionslehrer/-innen an Berufsbildenden
Schulen in Niedersachsen" (VER)

ISBN 978-3-8309-1941-4

© Waxmann Verlag GmbH, 2008
Postfach 8603, D-48046 Münster

www.waxmann.com
info@waxmann.com

Umschlaggestaltung: Pleßmann Kommunikationsdesign, Ascheberg
Umschlagfoto: Alexander Kreher, www.photocase.com
Satz: Angela Hennig, Uetze-Dollbergen
Druck: Hubert & Co., Göttingen
Gedruckt auf alterungsbeständigem Papier,
säurefrei gemäß ISO 9706

Alle Rechte vorbehalten
Printed in Germany

Inhalt

Vorwort 7
Einleitung 11
**Teil A: Alltagsethik, Moral, Religion und Kirche I:
Mittelwerte-Vergleiche und Faktorenanalysen** 23
I.   Beschreibung der Stichprobe und Erstellung des Fragebogens 23
II.   Vorschau: Die Ergebnisse von Teil A in 'Schlagzeilen' 32
III. Alltagsethik und Moral: „Was soll *gelten*?" 35
     III.1   Wie ein *gutes* Leben zu leben ist –
             Erziehungsmaximen für die eigenen Kinder 35
     III.2   Worauf man sich verlassen können muss –
             Maximen gelingender Partnerschaftsbeziehungen 40
     III.3   'Gewissen' – Kohäsionskraft-Ressource der privaten
             Lebenswelt, kein allgemein religiöser Imperativ 43
     III.4   'Sünde' – eine wichtige Kategorie im Kosmos
             gelingender privater Beziehungsnetze 47
IV. Elementarzustände des Lebens: „Was *fühle* ich?" 53
     IV.1   Meine Gefühle nach durchlebten Konflikten 53
     IV.2   Was ich verspüre, wenn ich das Wort „Gemeinschaft" höre 57
     IV.3   Meine Ängste – Worüber ich bereit bin, mir Sorgen
             zu machen 62
     IV.4   „Gottes Segen" – Was fühle ich, wenn ich das höre? 66
     IV.5   Gefühle beim Hören des Wortes „religiös" 71
     IV.6   Gefühle beim Hören des Wortes „Kirche/Moschee" 75
V.   Zur Ordnung der 'Welt': „Was *glaube* ich?" 82
     V.1   Wer und was lenken meinen Lebensverlauf? 82
     V.2   Der 'Sinn meines Lebens' – gibt es den und was trägt ihn? 88
     V.3   Was passiert nach meinem Tod mit mir? 94
     V.4   'Schöpfung' oder 'Zufallsprodukt' – Wie ist die Welt
            entstanden? 101
VI. Wo fühle ich mich zugehörig? 106

Teil B: Alltagsethik, Moral, Religion und Kirche II: Die Befragungsergebnisse im Spiegel einer Schülertypologie und deren Verortung im 'Wertefeld' 111

VII. Zur Konstruktion des Wertefeldes und seine demographischen Charakteristika 111
    VII.1 Die Konstruktion des Wertefeldes 111
    VII.2 Die Anwendung des Feldes zur Analyse von 'Meinungsgegenständen' und zur Bildung einer Schülertypologie 115
    VII.3 Zu demographischen Charakteristika des Wertefeldes 118

VIII. Der ethische Bereich: „Was soll *gelten*?" 128
    VIII.1 Was in einer Beziehung wichtig ist 128
    VIII.2 Welche „Spielregeln" in der Gesellschaft wichtig sind 131
    VIII.3 Wo 'Gewissen' eine Rolle spielt 135
    VIII.4 Was 'Sünde' bedeutet 138

IX. Der emotionale Bereich: „Wie und was *fühle* ich?" 147
    IX.1 Gefühle nach Konflikten mit Eltern oder Freunden 147
    IX.2 Die emotionale Bedeutung von „Gemeinschaft" 150
    IX.3 Gefühle beim Hören des Wortes „Gottes Segen" 153
    IX.4 Gefühle beim Hören des Wortes „religiös" 155
    IX.5 Gefühle beim Hören des Wortes „Kirche/Moschee" 159
    IX.6 Lebensbereiche, die Besorgnis und Ängste auslösen 162

X. Der weltanschaulich–theologische Bereich: „Was *glaube* ich?" 168
    X.1 Wer oder was bestimmt meinen Lebenslauf? 168
    X.2 Was trägt den Sinn meines Lebens? 172
    X.3 Was passiert nach meinem Tod mit mir? 175
    X.4 Wie ist die Welt entstanden? 180
    X.5 Einstellungen zu kirchlich dogmatisierten Glaubens-Formulierungen 183

XI. Zusammenfassung: Der Zusammenhang von Werthaltung und Weltdeutung bei Jugendlichen und Jungen Erwachsenen im Spektrum der Wertefeld-Analysen – eine Typologie der Tendenzen 186

Abschlussbetrachtungen:
Religion, Religiosität und religiöse Semantik – oder die Frage: „*Wann* und *wie* ist man 'religiös'"? 191

Literatur 205

Die Mitarbeiter dieser Veröffentlichung 217

Vorwort

Angefangen hat alles mit einem Anruf aus Osnabrück im September 2002.

Er sei Religionslehrer an einer Osnabrücker Berufsschule, so sagte mir der Anrufer mit gedehnt-gepflegtem norddeutschen Akzent, und er und seine Kollegen und Kolleginnen machten am Schuljahresanfang immer so eine kleine Befragung bei ihren neuen SchülerInnen, welche Themen im Religionsunterricht sie denn so interessieren würden usw. Sie hätten nun das Gefühl, dieser Umfragebogen müsste mal wieder etwas aufgefrischt werden. Und auf der Suche nach jemandem, der ihnen da vielleicht etwas helfen könnte, sei man immer wieder auf meinen Namen gestoßen. Der Anrufer hieß Franz-Josef Hülsmann und stellte sich als Vorstandsvorsitzender des „Verbandes katholischer Religionslehrerinnen und Religionslehrer an Berufsbildenden Schulen e. V. – Landesverband Niedersachsen" (VKR) und zugleich Fachberater in der niedersächsischen Landesschulbehörde für katholischen Religionsunterricht in Berufsbildenden Schulen vor.

Überrascht und zugleich angetan von dem eher selten eintretenden Ereignis, dass Lehrer von der Praxisfront sich an Sozialwissenschaftler der Universität wenden, sagte ich spontan meine Unterstützung zu. Es bildete sich ein Kreis von KollegInnen des kath. und ev. Religionsunterrichts mit Interesse an einer solchen kreativen Arbeit.[1] Tagungsort sollte die niedersächsische Landesmitte, also Hannover sein. Organisiert wurden die Treffen von Vertretern des VKR sowie von der „Vereinigung Evangelischer ReligionslehrerInnen an Berufsbildenden Schulen in Niedersachsen" (VER). Anfangs dachte der Kreis, die Arbeit sei so mit ein bis zwei 'Drei-Stunden-Sitzungen' getan. Er merkte dann aber sehr schnell, wie viel theoretische und praktisch-handwerkliche Überlegungen in ein solches Umfrage-Vorhaben investiert werden müssen, wenn es denn wirklich praxisgerechte Ergebnisse erbringen soll. So wurden aus den zwei Sitzungen sehr viel mehr und die konzipierten Ideen wurden immer wieder in den Schulklassen auf ihre Tauglichkeit überprüft, redigiert und erneut überprüft.

War es anfangs das Ziel, den Fragebogen allererst für den eigenen Gebrauch zu erstellen und ihn ggf. auch interessierten KollegInnen an der eignen Schule oder in den Verbänden anzubieten, öffnete eine Idee von Bernd Felbermair völlig neue

---

1   Lioba Behrens, Hauswirtschaft, Uelzen; Jürgen Beyer, Augenoptik, Gifhorn; Martin Bock, Gesundheit, Gifhorn; Heike Brinkhus, Ernährung, Cloppenburg; Martin Buß, Ernährung, Springe; Astrid Eschmeier, Wirtschaft, Osnabrück; Bernd Felbermair, Elektrotechnik, Hildesheim; Michael Göcking, Diplom Theologe, Melle; Franz-Josef Hülsmann, Wirtschaft, Politik, Melle; Daniel Hüsing, Bautechnik, Hannover; Joachim Kreter, Wirtschaft, Nienburg; Hans-Christian Löbke, Elektrotechnik, Hildesheim; Aga Meiners, Wirtschaft, Osnabrück; Heinz Peters, Wirtschaft, Mathematik, Cloppenburg; Ulrike Pierck, Gesundheit, Osnabrück.

Horizonte: Man könnte doch mit Hilfe einer EDV-Software der Bundeszentrale für Politische Bildung, das sog. „GrafStat-Programm", den Fragebogen in den PC-Räumen der Schulen klassenweise zum zeitsparenden Einsatz bringen und so unmittelbar zu einer Auswertung kommen, die auch ein in der Statistik unkundiger Lehrender erstellen und gemeinsam mit seiner Klasse an den Bildschirmen interpretieren könne. Die Möglichkeit der Erzeugung von elektronischen Klassen-Datensätzen hatte nicht nur den Charme einer unterrichtspraktisch sehr fruchtbaren Idee. Durch die leichte Versendbarkeit von Dateien rückte nun auch eine bundesweite Datensammlung in den Bereich des Mach- bzw. des Bezahlbaren. Und so ist es dann unter *sehr* viel Einsatzfreude aller Beteiligten nicht nur zur Einrichtung einer website für die Unterstützung von beteiligungswilligen Lehrenden (www. berufs-schul-ru.de), sondern letztendlich auch zu dem hiermit zu präsentierenden Forschungsergebnis gekommen.

Was soll und was kann mit dieser Studie erreicht werden? Es wäre ein Missverstehen der Möglichkeiten einer empirischen Befragung wie der hier vorgelegten, wenn man meinte oder sich erhoffte, eine solche Studie linear, gleichsam im 1:1-Verhältnis für die Religionsdidaktik oder gar die unmittelbare Unterrichtspraxis umsetzen zu können. Denn die natürlich legitimen Fragen nach religionspädagogischen Zielen und didaktischen Optionen lassen sich aus keiner empirischen Untersuchung *begründen*, selbst wenn man diese von ihrem Fragefokus her so anzulegen versuchte. Denn das zu erwarten wäre das gleiche, was man in anderen Hinsichten für einen naturalistischen Fehlschuss hält, dass nämlich aus einem Sein ein Sollen wird. Pädagogik ist immer ein contrafaktisches Geschäft. Sie hat die Wirklichkeit wahrzunehmen, um sich orientieren zu können. Aber die Frage, was sein *soll* und welche pädagogischen Optionen man habe, sind normative Entscheidungen. Die hat man insoweit unabhängig von dem zu treffen, was man empirisch wahrnimmt und beobachtet, als man nicht einfach didaktisch das affirmieren darf, was man empirisch feststellt. Zugleich bedarf aber sehr wohl jede individuell unmittelbare Erfahrung und Wahrnehmung der Realität einer systematischen Korrektur auf empirisch breiter Datenbasis, durch die diese Erfahrung an entscheidenden Stellen noch mal erheblich gebrochen und differenziert werden kann.

Damit ist den Ergebnissen und Einsichten dieser Studie freilich keineswegs Praxisferne zu attestieren – im Gegenteil. Auch wenn es nicht zur Hauptaufgabe der Ergebnispräsentation gehört, werden wir an zahlreichen Stellen sehr konkret Folgerungen für die Unterrichtspraxis formulieren. Damit werden – da sind wir uns sicher – Argumente zur Verfügung gestellt, welche die in der Religionspädagogik oftmals eher empirievergessene, zumindest empirisch nicht hinreichend gestützte Paradigmen-Debatte – 'evangelisches Profil', 'Lebensweltbezug und/oder Rekatechisierung', 'Kerncurriculum Gottesfrage' u. ä. – mit empirisch gesicherten Einsichten versorgen kann, mit deren Hilfe man einen religionspädagogisch fundierteren Diskurs führen kann. Für einen solchen konnte man bisher für die empirischen Aspekte von „Jugend und Religion" fast nur auf die in dieser Hinsicht eher fragwürdige Problem- und Phänomenwahrnehmung der SHELL-Studie zurückgreifen.

Die Erstellung und Publikation dieser Studie hat viele Förderer gefunden, von denen die Finanz-Sponsoren bereits vorstehend vermerkt worden sind. Ohne Geld geht es nicht, aber Geld ist eben nicht alles: Es braucht immer auch – und vor allem – eine hohes persönliches Engagement, realisiert in vielen Arbeitsstunden, sorgfältigen Arbeitsausführungen und unter Hintanstellung anderer Arbeiten und Hobbies. Hier sind Viele beteiligt gewesen, denen zu danken ist. Allererst aber sind hier mit großem Dank und Respekt zwei Namen zu nennen: *Nils Friedrichs* und *Michael Köllmann*, Studierende am Institut für Sozialwissenschaften der TU Braunschweig, die beide als Projektmitarbeiter bei der SPSS-Auswertung und der Erstellung der Tabellen und Grafiken eine Arbeits- und Ausdauerleistung erbracht haben, die bei Studierenden äußerst selten anzutreffen ist. Ohne sie wäre das Projekt in seinem letztendlich erreichten Umfang nicht erstellbar gewesen. Zu danken ist auch, wieder einmal, *Wolfgang Lukatis*, Hannover, der die faktorenanalytischen Berechnungen angeliefert hat. Glückliche Umstände haben dazu geführt, dass in der Phase der Auswertung auch *Carsten Gennerich* von der Fakultät für Geschichtswissenschaft, Philosophie und Theologie, Abteilung Evangelische Theologie der Universität Bielefeld zum Projekt dazugestoßen ist und mit seinem wertefeldanalytischen Beitrag eine wesentliche Vertiefung und Erweiterung des Problem- bzw. Einsichten-Horizontes bewirken konnte. Diese Zusammenarbeit hat in der gemeinsamen Formulierung der Ergebnisauswertung ihre kollegial vertrauensvolle und menschlich sehr angenehme Fortsetzung gefunden. Und last but not least hat sich wieder einmal *Angela Hennig* um die Erstellung des endgültigen Manuskriptlayouts verdient gemacht, um dem Verlag eine reproreife Vorlage abliefern zu können.

So bleibt, dieser Studie jene kritische Aufmerksamkeit zu wünschen, die im Wissenschaftsbetrieb ebenso wie in der Schulpraxis unerlässlich ist, um sich mit dem Thema „Jugend und Religion heute" angemessen beschäftigen zu können.

Braunschweig/Bielefeld
im Spätherbst 2007
für die Projektleitung

Andreas Feige

Einleitung:
Jugend, Religion und Werte – ein leicht zugänglicher Zusammenhang?

Zum Problem der religionssoziologisch und religionstheologisch angemessenen theoretischen Fundierung des empirisch operierenden Zugangs zur Religion und Religiosität von Jugendlichen

Die hier vorgelegte Studie weist hinsichtlich des in ihr verwendeten Bestandes an Antwortvorgaben sowie der zur Anwendung kommenden Analysemethoden und Ergebnisversprachlichungen einige Besonderheiten auf. Diese können in ihrer inhaltlichen Bedeutung bzw. in ihrem Erweiterungs- und Korrekturanspruch im Blick auf frühere Forschungen zum Thema „Jugend und Religion" erst vor dem Hintergrund des in dieser Studie zugrunde gelegten Religionsbegriffs verstanden werden. Daher müssen wir den Leserinnen und Lesern zunächst diese theoretische Fundierung sowie die Begründung unserer Kritik, die aus dieser theoretischen Fundierung erwächst, zumuten. Wir bieten damit eine Einleitungslektüre der eher ungewöhnlichen Art an. Dadurch möchten wir die Leserschaft freilich in die Lage versetzen, ihrerseits unsere Ergebnisinterpretationen mit dem von uns gewünschten kritischen Auge begleiten zu können.

1.

Zu allen Zeiten ausgebildeter Gesellschaften ist die jeweils nachwachsende Generation Gegenstand der öffentlichen Aufmerksamkeit gewesen, auch wenn erst die „Jugend" – als das Produkt massengesellschaftlich-industrieller Ausdifferenzierung – ein permanenter Problemtitel geworden zu sein scheint. Gesellschaftsdiagnostische Veranstaltungen, die den 'Verfall' thematisieren, bedienen sich dabei gern des pauschalen Hinweises auf die sich angeblich zum Negativen hin verändernde Jugend, um sich der Mühe historisch-handwerklicher Nachweisarbeit für ihre Deutungen entziehen zu können. So ist etwa im Bereich der Selbstschau des 'kirchlich-religiösen Komplexes' aus den 50er Jahren des letzten Jahrhunderts der Theologe und seinerzeitige Hamburger ev. Bischof Hans-Otto Wölber dafür ein anschauliches Beispiel. Er attestierte ebenso überzogen-apologetisch wie historisch unabgesichert der Jugend eine „Religion ohne Entscheidung" (Wölber 1959) und versuchte damit die von ihm behauptete Unkirchlichkeit der Zeit zugleich als Ausweis der Non-Religiosität zu geißeln. Und auch in der Gegenwart ist der Zusammenhang von gesellschaftlicher Zukunft, die durch die Tradierung von 'Werten' gesichert werden soll, und Religion/Religiosität (wieder) ins öffentlich-politische Interesse gerückt. Das wird dadurch verstärkt, dass in Europa nicht mehr die Trennlinie zwischen den Konfessionen relevant erscheint, sondern die zwischen dem Christentum und dem Islam ins Bewusstsein tritt. Entsprechend werden von Instanzen der Wissenschaftsförderung oder den Kirchen empirische 'Surveys' ins Werk gesetzt, die allerdings aus der Perspektive der Religionssoziologie und Religionspädagogik eine ausreichende theoretische Grundierung bzw. Dignität der Problemerfassung vermissen lassen. Insbesondere sind aus religionspädagogischer Sicht (vgl. Thonak 2003) die gängigen Studien bisher nicht in der Lage, den in der Theologie und Religionspädagogik erreichten Reflektions- und Diskussionsstand über die Bedingungen der Möglichkeit, Religion zu praktizieren und zu kommunizieren, in das Konzept zur empirischen Erfassung des Phänomens insbesondere im Kreise von Jugendlichen und Jungen Erwachsenen angemessen einzuarbeiten. Das gelte, so die Kritik, insbesondere für die SHELL-Studien. Ist diese Kritik berechtigt?

2.

In seinem Beitrag zur aktuellen Studie konstatiert Gensicke (2006b, S. 205 f.), dass die unter Jugendlichen/Jungen Erwachsenen verbreitete Vorstellung einer Existenz nach dem Tode in Gestalt eines 'Weiterlebens' zugleich „nur sehr eingeschränkt mit der Auffassung einer" gehe, dass „man sich nach dem Tod für seinen Lebenswandel rechtfertigen muss". „Im Gegensatz dazu" lehre „das Christentum", „dass sich Gläubige für ihre Daseinsführung vor Gott verantworten müssen". Damit erhebt es nach Gensicke den Anspruch, „sozusagen vorauswirkend die diesseitige 'Moralität' der Lebensführung von Gläubigen zu prägen". Demgegenüber müsse man aber „konstatieren, dass dieser religiöse Typ moralischer Prägung des Lebens heute nur noch eingeschränkt gegeben ist, insbesondere bei Jugendlichen". Entsprechend dieser moralischen Verantwortungspflicht „vor Gott" als Ausdruck des Christlichen schlechthin fragt die Studie die explizit-nominale Bestätigung eines „persönlichen Gottesglaubens" ab und spricht jenen, die hier zustimmen und auch noch jenen, die zumindest meinen, es gebe eine „überirdische Macht", die Eigenschaft zu, 'religiös' zu sein. Allerdings gesteht Gensicke jenen, die nicht dem moralischen Typus folgen, nur „diffuse Vor- oder Restformen von Religiosität" zu, die keine prägende Kraft auf das Wertesystem ausüben können. Theologische Deutungsoptionen wie der „Vorbestimmungsglaube" werden nicht etwa innerhalb der christlichen oder islamischen Tradition verortet, sondern als „para-religiös" (S. 211) und als „Ausweichen" vor den „offiziellen Lehren der Kirche und Religionsgemeinschaften" (S. 215).

Diese Argumentation geht von drei zentralen Annahmen aus: (1) Der Gottesbegriff wird strikt an den der irdischen Moral gebunden. (2) Das Verhältnis von Glaubensvorstellungen und Werthaltungen ist einlinig deduktiv zu denken. (3) Die Pluralität religiöser Traditionen (hier der christlichen) wird 'fundamentalistisch' auf nur eine als fundiert dargestellte Deutungsoption reduziert (hier: Verantwortungspflicht vor Gottes Gericht). Alle drei Annahmen sind jedoch höchst problematisch bzw. falsch. *Erstens* wird der Zusammenhang von Glaube und Moral theologisch bestritten (Dressler 2002; Jüngel 1979, Zilleßen 1992). Er ist auch empirisch dadurch problematisch, dass christliche Kirchen liberale wie konservative, neoliberal leistungsorientierte bis hin zu solidarisch altruistisch orientierte Theologien bereitstellen können (vgl. z. B. Gooren 2002, McCann 1999). Durch die Pluralität der theologischen Optionen ist daher eher wahrscheinlich, dass sich Menschen ihre Theologie in Abhängigkeit von ihren Werthaltungen wählen. *Zweitens* ist die Idee eine eindeutigen und ausschließlichen Prägung von Werten durch Glaubensvorstellungen problematisch: Werthaltungen werden nachgewiesenermaßen zumindest ebenso determiniert durch den Grad erfahrener Unsicherheit im gesellschaftlichen Kontext (Jost et al. 2003; McCann 1999) und den Grad an Zuwendung im Laufe der erfahrenen Erziehung (Kasser 2002), so dass auch und vermutlich allererst situativ-kontextuelle Bedürfnisse Werthaltungen formieren und dazu dann die *'subjektiven Theologien'* der Menschen mit ihrer Symbolisierung der kontextspezifischen Erfahrung einen Beitrag zur Entwicklung humaner Lebensperspektiven in jeweils gegebenen Kontexten leisten. Die von Gensicke postulierte „Prägung des Wertesystems" ist somit kein zwingendes Kriterium für die Religiositätsdiagnose. *Drittens* zeigen die Analysen von Gennerich und Huber (2006), dass Religiosität im gegenwärtigen wissenschaftlichen Diskurs nicht mehr eindimensional (etwa als „Typ moralischer Prägung") konzipiert werden kann. Es muss vielmehr multidimensional gemessen werden, so dass sich, je nach Messung, substantielle Korrelationen mit inhaltlich durchaus verschiedenartigen Werthaltungen ergeben können.

Auch in einer theologischen Perspektive zeigt sich: Unterschiedliche Assoziationen zwischen religiöser Tradition und Werten ergeben sich durch die motivische Vielfalt einer Tradition (Schöpfung, Umkehr, Exodus etc.; siehe Gennerich 2007a) als auch durch die auf ein und dasselbe Motiv bezogene Pluralität der Interpretationen (Gennerich, 2007b am Beispiel des Vorsehungsmotivs). Die „Diffusität" muss in dieser Perspektive also nicht den Glaubensvorstellungen der Jugendlichen zugeschrieben werden, sondern ist in erster Linie den Items selbst anzulasten. Entgegen der Annahme Gensickes sind „Engel" nicht nur ein genuiner Bestandteil der christlichen Theologie, sondern auch Teil des verpflichtenden Glaubensbestandes im Islam. Die „Vorbestimmung" ist sowohl in der christlichen wie islamischen Tradition eine etablierte Deutungsoption (Mohamed 2000). Diffus werden die Items in diesem Fall dadurch, dass sie kombiniert werden mit semantisch oppositionell interpretierbaren Begriffen: „Vorbestimmung" wird mit „Schicksal" kombiniert, das alltagssprachlich eine Nähe zum Begriff des „Zufalls" hat und sich dann nicht mehr mit einer Vorbestimmung nach Gottes Plan vereinbaren lässt. Gegenüber dem Begriff des „Engels" ist der Begriff der „guten Geister" mehrdeutig und macht die Messung semantisch unklar. Eine Zuordnung etwa der „Vorbestimmung" in einen Index der Para-Religiosität ist gleichermaßen „diffus". Die von Gensicke intendierte Analyse von Zusammenhängen zwischen Werthaltungen und Religiosität würde erst dann aussagekräftig werden und weiterführende Diagnosen über die Zugänglichkeit Jugendlicher für theologische Diskurse leisten können, wenn vorhandene theologische Deutungsoptionen „repräsentativ" und präzise abgebildet werden. Das mag zwar in einer Untersuchung wie der SHELL-Studie nicht mehr leistbar sein. Aber ein auch selbstkritischer Zugang zum Problem der Werthaltungen Jugendlicher und ihren Anschlussstellen für theologisch-religiöse Perspektiven wäre auch der SHELL-Studie möglich und für sie wünschenswert.

2.1

Die aufgeführte Problematik sei wegen der zentralen Stellung des Gottesbegriffs im Religionsteil der SHELL-Studie auch an diesem abschließend deutlich gemacht: Gott wird semantisch als „*persönlich*" bezeichnet. Dabei wird weder über den alltagssprachlichen Bedeutungsraum des Wortes „*persönlich*" reflektiert (auch nicht in den entsprechenden Detailausführungen der Studie), noch darüber, in welchem Verhältnis das in Kirche und akademischer Theologie betriebene systematisch-theologische Denken zum Gottes*begriff* auf der einen Seite und dessen semantischer, versprachlichter Gestalt („ER") auf der anderen gedacht werden soll bzw. kann. Man kann den Definitionsansatz der SHELL-Studie auch so ausdrücken: Seine Religiosität „*bekennt*" man nur in der Weise, dass man der Personalitäts-Semantik zustimmt, womit man die Existenz einer 'Person' (wenn auch keine 'menschliche') bestätigt, die es offenkundig 'gibt'. Wer hier zögert, ist nicht etwa theologisch nachdenklich und damit intellektuell aktiv. Er ist vielmehr nach dem Urteil der Studie in seinem kognitiv-emotionalen Gesamtstatus „*glaubensunsicher*" und befindet sich damit zumindest auf dem Wege zur „*Absage* an *die* Religion".

Fazit: Auch in 2006 operiert religionstheoretisch bzw. religionstheologisch die inzwischen 15. SHELL-Jugend-Studie mit einer Religionsdefinition, die dem theoretischen Reflexionsstand der Religionssoziologie nicht entspricht. Auch spiegelt sie nicht die Anstrengungen der systematischen Theologie (protestantischer wie katholischer Provenienz) wider, das Verstehen der Befindlichkeiten 'Religiosität' und 'Glaube(n)' aus der Umklammerung einer Semantik zu lösen, die immer dann zu einer *Vergegenständlichung* des Denkens und Vorstellens führen muss, wenn das jeweils mit diesen Semantiken Gemeinte nicht mitgedacht und nicht mitkommuniziert wird; bzw. es nicht mitgedacht werden *kann*, wenn man von eben diesen Denkbewegungen und Denkbefreiungen noch nie etwas gehört hat.

2.2

Das hat Konsequenzen für die Überzeugungskraft der von der SHELL-Studie dargebotenen Ergebnisdeutungen. So nimmt die Studie im Laufe ihrer weiteren Ausführungen unkommentiert Kategorienwechsel vor und scheint Aporien in ihrer Argumentationsführung nicht wahrzunehmen. Beispielsweise formulieren die Autoren in ihrer die Ergebnis-Pointen setzenden Zusammenfassung, dass wenn „*dennoch*" (kursiv A. F./C. G.) viele Jugendliche „auf kirchlichen Großveranstaltungen" wie etwa den Kirchentagen oder beim Papstbesuch zum (katholischen) „Weltjugendtreffen" 2006 in Köln sowie „in der kirchlichen Jugendarbeit" präsent seien, sich das daraus erkläre, „dass viele eine prinzipiell wohlwollende Einstellung zur Kirche haben. 69 % finden es gut, dass es die Kirche gibt. Nur 27 % der Jugendlichen meinen, dass es, wenn es nach ihnen ginge, die Kirche nicht mehr zu geben brauchte." (ebd., 27) Der Befund als solcher und seine Interpretation als Ausdruck des Wohlwollens ist ja nicht unsinnig. Unsinnig ist das „dennoch". Inwiefern? 'Eigentlich', so lautet die zugrunde liegende Logik, kann z. B. *Kirchen*tagsteilnahme nur einhergehen mit der Gehorsamsbekundung gegenüber den für essentiell erklärten „*Vorgaben*". Alles andere ist zwar empirisch nicht bestreitbar, aber in der Logik des „dennoch" religionstheologisch 'uneigentlich'. Zugespitzt: Kirchentags- und Jugendarbeits-Teilnahme ist aporetisches Verhalten eines Großteils der dort Anwesenden und Engagierten. Bei einer solchen Logik, die sich durch das „dennoch" enthüllt, bräuchte es keine Theologie; und auch keine Soziologie, die im Sinne Max Webers *verstehende* Soziologie sein will. Denn wenn „Religion", „religiöses Bekennen" (und auch die „Absage an Religion") argumentativ – und damit definitorisch – als mit „Kirche" jederzeit austauschbar und somit als identische Kategorie gehandhabt werden darf, dann ist jegliches theologische Denken stets ein allein kirchlich-institutionelles Denken.

Was hat dieser unreflektierte Kategorienwechsel für Folgen? Die einerseits dem Individuum als *Subjekt* zugewiesene Aufgabe des „Bekennens" (in Gestalt der Vorgabenbefolgung: „Gibt es einen persönlichen Gott? Ja!") wird – andererseits – *kategorial* immer als ein Prädikat des *Kollektivs* (Kirche) gedacht – andernfalls wäre 'Religion/Religiosität' nicht umstandslos gegen 'Kirche' austauschbar. Damit wird das individuelle Subjekt – entgegen der im Subjekt-Begriff mitzudenkenden Autonomie-Annahme – zum bloßen Vollzugsorgan eines nur kollektivistisch zu denkenden Regelsystems. Dessen Realisation, die vom Einzelnen geschuldet ist, kann dann nur im Ritus bestehen. Das entspricht nun einem Verständnis von Religion, das auch die antiken Römer durch Opfergaben im Blick auf die Götterwelt realisierten, indem sie diese Vollzugs-Pflichten sorgfältig be(ob)achteten (= religere), ohne das Subjekt mit seinem individuellen (Subjekt-)*Bewusstsein* als 'Sitz der Religion' zu benötigen. Deswegen bedurfte es auch nicht eines „Bekennens", das erst mit dem Christentum kategorial relevant wurde. Wenn also das empirisch beobachtbare Verhalten des Zuhörens (auf Kirchentagen) oder des Mittuns (bei der Jugendarbeit der Kirchengemeinden) *nicht* begleitet ist durch das oben beschriebene Bestätigungsverhalten, dann sind die Autoren der SHELL-Studie allenfalls (aber inkonsequent) bereit, von „religion light" zu sprechen.

Auch diese Inkonsistenz hat Konsequenzen. Da Religion das „ist", was der Autor des Religionsteils der SHELL-Studie, Thomas Gensicke, von ihr definitorisch aussagt, kommt es seiner Auffassung nach zu Aporien (vgl. auch Gensicke 2006b, 204–207). Und die sind 'verursacht' durch die Empirie: So gebe es in der Öffentlichkeit die gelegentliche Behauptung, „dass die Religionsferne der ostdeutschen Jugend, aber auch die religiöse Beliebigkeit vieler westdeutscher Jugendlicher dazu führe, dass das Wertesystem der Jugend immer instabiler und schwächer werde." Demgegenüber zeige die aktuelle Studie „*jedoch*", dass „solche der Kirche am fernsten stehenden Jugendlichen ein Wertesystem haben, dass sich *kaum* von dem der anderen Jugendlichen unterscheidet. Von einem 'Werteverfall' kann also nicht die Rede sein. Die vertiefende Analyse zeigt, dass in dieser religionsfernen Gruppe die Institution der Familie und die Freundeskreise die Werte stützende Funktion übernehmen, die Religion und Kirche *nicht mehr* innehaben." (ebd., 28, kursiv A. F./C. G.) Dieser Befund müsste der Sache nach die Eindeutigkeit seines bei der Daten-Deutung eingesetzten Religionsverständnisses zumindest relativieren und das müsste auch zum Ausdruck gebracht werden. Stattdessen aber nimmt Gensicke eine 'Trägerschaftsverlagerung' vor: Wertefundamente können zwar 'eigentlich' nur „Religion und Kirche" sein – 'eigentlich' deshalb, weil sie es wohl ursprünglich waren, *insofern* sie diese wertestützende Funktion nun „nicht mehr innehaben". Aber nun „übernehmen" in den religionsfernen Gruppen diese Funktion die Institution der Familie und die Freundeskreise. Woher diese beiden Träger ihre wertestützenden Ressourcen beziehen, bleibt freilich unerörtert – jedenfalls können sie definitionsgemäß nicht religiös sein. Das bedeutet: Da das Religionsbekenntnis bzw. (wie in Ostdeutschland) das Nicht-Bekenntnis *empirisch* nicht (mehr) je bestimmten, deutlich unterscheidbaren, aber in Ost *und* West gleichermaßen anzutreffenden Werthaltungen zugerechnet werden können, müsste konsequenterweise die Frage nach Religion/Religiosität von den Fragen nach Werten abgekoppelt werden, weil indikatorisch das eine für das andere nicht eingesetzt werden kann: So korreliert etwa eine starke Bestätigung eines persönlichen Gottesglaubens bei den Muslimen mit hedonistischen und materialistischen Werten in einer Weise, wie man sie auch bei den religionsabstinenten Jugendlichen in Ostdeutschland beobachtet.

Wie geht die SHELL-Studie damit um? Weil gemäß ihrem Ansatz die Religion prinzipiell wertegenerierende, stützende Funktion zu haben hat, formuliert man flugs eine andere 'Einsicht': Da die (allen gemeinsamen) Werte-Elemente bei den „religionsfernen" Jugendlichen in Ostdeutschland, die dort mit 64 % die große Mehrheit stellen, „kraftvoller" ausfielen, zugleich aber in Westdeutschland die religionsfernen Jugendlichen mit nur 21 % in der Minderheit stehen, bestehe mithin die Gefahr, dass diese Minderheit in der westdeutschen (noch) „stärker religiös-kirchlich geprägten Umwelt in eine *Werteopposition* gedrängt" werde (kursiv A. F./ C. G.). Durch den Wechsel des Topos (weg von „Religionsferne" hin zur – von wem initiierten? – „Verdrängung in die Werteopposition") wird der 'feste' Maßstab der personalen Gottesvorstellungsfähigkeit in der Weise 'aktiviert', dass er wenigstens zur Wahrnehmungsempfindlichkeit für eine möglicherweise aufgezwungene Werteopposition taugt! Mit derartigen Interpretationsanstrengungen und der Fixiertheit auf einen allein an der Bestätigung einer persönlichen Gottesvorstellung festgemachten Maßstab ist kein Erkenntnisgewinn der ohnehin wenigen Fragen möglich, die auf explizit formulierte religiös(-institutionelle) Topoi gerichtet sind (ebd., 484). Mithin: Auch der 15. SHELL-Studie „Jugend 2006" gelingt es mit ihren Aussagen zum Thema „Jugend und Religion" *nicht*, den in der Tat komplizierten dialektischen (Erkenntnis-)Zusammenhang zwischen Realitäts-Diagnose und (abgefragter/eingesetzter) *Semantik* in der notwendigen differenzierten Weise in den Blick zu bekommen. Die Einsicht darin ist aber die Voraussetzung für die wirklich anstehende Aufgabe: Es ist die Aufgabe, mit Hilfe der Analyse (a) der *alltags-*

ethischen Normen-Vorstellungen, (b) der ausgelösten *Gefühlsprofile* zu semantisch zentralen Topoi der Lebenspraxis sowie (c) der Denkmodelle im Blick auf das *'Transzendente'* den bei Jugendlichen/Jungen Erwachsenen vorhandenen *Kategorien* ihrer *Weltdeutung* nachzuspüren. Diese Kategorien können dann ihrerseits mit den *explizit* als 'religiös' konnotierenden Semantiken korreliert werden. So erst können die Analysen explorativ-hypothetisch zu Dimensionen der Weltwahrnehmung und Weltdeutung vorstoßen, die man – als lebenspraktische *Entfaltungen* des Gefühls der „schlechthinnigen Abhängigkeit" – gleichermaßen soziologisch wie theologisch als Ausdruck des 'Religiösen' begreifen darf, das seinen Sitz im Subjekt hat. Die Frage der 'Passung' zu (christlichen) Dogmen-Formulierungen ist davon zu unterscheiden.

3.

Was versucht nun in Berücksichtigung der vorstehend formulierten Zielvorgaben die hier vorgelegte Befragung bzw. Analyse gegenüber dem Ansatz bisheriger Studien anders zu machen? Auf eine Kurzformel gebracht: Sie versucht, hermeneutisch-diagnostisch und forschungspraktisch Konsequenzen aus dem Verstehensansatz zu Begriff und Phänomen von 'Religion' zu ziehen, den Joachim Matthes bereits in den 1960er Jahren entwickelt und noch einmal 1992 verdeutlicht hat. Dadurch wird nun nicht etwa eine theologische Definition durch eine soziologische Definition ersetzt. Vielmehr: Dieser wissenssoziologische Ansatz ist hoch kompatibel mit den gegenwärtigen theologischen und religionspädagogischen Standards der Erkenntnisse in der Systematischen Theologie beider Konfessionen. Diese affirmieren genau nicht den von den Sozialwissenschaftlern der SHELL-Studie und anderen Untersuchungen (vgl. z. B. Wippermann 1998, Pollack 2003) verwendeten 'substantiellen' Definitionszugang zu 'Religion' – im Gegenteil. Der benannte Ansatz sei nachfolgend in aller Kürze skizziert (vgl. dazu Matthes 1992, 129–142; auch Feige 2006, 47–60, auf dessen Textpassagen im Folgenden auszugsweise direkt zurückgegriffen wird).

3.1

Matthes versteht 'Religion' und 'Religiosität' als „diskursive Tatbestände", d. h. sie „*konstituieren*" sich erst „im gesellschaftlichen Diskurs" (kursiv A. F./C. G.). Religion und Religiosität sind in seiner Begriffsfassung „ein kulturelles Konzept". Das Wort 'Religion' steht, so Matthes, für eine „kulturelle Programmatik, die einen Möglichkeitsraum absteckt".

Dieses Konzept ist von erheblicher Tragweite für das theoretisch zu Verstehende: Es umgreift den Modus sowohl des beobachtenden Fremdverstehens als auch den des aktiven Sich-selbst-Verstehens: Die jeweiligen „Verwirklichungen, die in diesem Möglichkeitsraum entstehen, können ... [auch für das (Selbst-)Gewahrwerden! A. F./C. G.] nur *ex post* und [nur] *reflexiv* für eine Bestimmung von 'Religion' herangezogen werden". Schärfer konturiert ausgedrückt: Religion existiert nur, sofern sich 'etwas' diskursiv konstituiert. Nicht die jeweilige Verwirklichung 'ist' Religion. Das bedeutet: Eine Erfahrung ist nicht per definitionem religiös, sondern wird dies erst durch den Rückgriff auf einen Diskurs, der die Erfahrung als eine religiöse beschreibbar und wahrnehmbar macht. Für das Ausdrucksbedürfnis von Erfahrungen und Gefühlen stehen *Symbole* und *begriffliche Konzepte* zur Verfügung. Die tradieren sich auf komplex-mediale Weise. Vor allem: Sie *verweisen* nur auf die zugrunde liegende Programmatik. Es sind diese Symbole und Konzepte, die es ermöglichen, Erfahrungen bzw. Beobachtungen *als* religiöse Momente wahrzunehmen und in einen insoweit religiösen Diskurs hineinzustellen. Somit existieren die „Verwirklichungen" (nur) in Gestalt berichtsfähiger, auf existenzielle Deutung drängende und damit berichtsbedürftiger Erfahrungen des Selbst- oder Fremdverstehens. Das heißt, es sind solche, die *ex-post* und *reflexiv* wahrgenommen und formuliert sind, eben weil ihnen eine kulturelle Programmatik von Weltverstehen/ Selbstverstehen zugrunde liegt. 'Religion' ist mithin nichts Substanzhaftes und eben nicht identisch mit einer jeweiligen „Verwirklichung". Zwar gehören die Verwirklichungen notwendigerweise dazu, aber inhaltlich *alternative* Verwirklichungen der Programmatik sind möglich.

Damit bezieht dieser wissenssoziologische Ansatz des Verstehenszugangs zu dem Gemeinten und zu Benennenden *konstitutiv* die von Menschen getragenen *Sprach- und Reflexionsprozesse* ein. Um 'Religion' im beobachteten Subjekt zu verstehen, reicht es daher nicht, nur von einem 'a priori'-Bestand kulturell gegebener Religion auszugehen. Der kann ohnehin nicht für verschiedene Beteiligte als übereinstimmend identifiziert werden. Vielmehr wird es notwendig, dass im Prozess des Beobachtens auch die vom Forscher verwendeten Sprachgestalten der „Verwirklichungen" der „kulturellen Programmatik" mitreflektiert werden. Der über die erreichte Sachgemäßheit noch hinausreichende Gewinn eines solchen inhaltlich offenen Religionsverständnisses („Programmatik"/„Verwirklichungen") liegt darin, dass die so skizzierte Begriffsfassung auch transkulturell einsetzbar ist, etwa auf den Gottesgedanken in seiner christlichen und islamischen Ausprägung; oder aber auch auf die verschiedensten Formen *non*-monotheistischer „Programmatiken" und Praktiken des pazifischen Raums.

3.2

Wie wird nun 'etwas' als „Verwirklichung" in einem von „kultureller Programmatik" konstituierten Möglichkeitsraum subjektiv erlebbar und damit möglicherweise auch objektiv beschreibbar? Im Sinne des Matthesschen Denksystematik kann sich die jeweilige „kulturelle Programmatik" für alle Beteiligten *nur* über die Identifizierung von bewusst verlaufenden oder zumindest implizit gespürten *Reflexionsvorgängen* erschließen. Diese Reflexionsvorgänge können symbolinduziert individuell-*intern* ablaufen. Sie können ebensogut *explizite*, rituell-symbolische Ausdrucksgestalt haben oder sich sogar als Antizipationen des Forschenden in einem Fragebogen darstellen, wenn anlässlich solcher vorgegebenen Ausdrucksgestalten daraufhin vom Befragten diesbezüglich etwas erinnert, wahrgenommen und gespürt wird. Denn durch die an 'Sachverhalten' aller Art anhaftenden *Gefühle*, die – vermittels einer internalisierten kulturellen Programmatik – *reflexiv* wahrgenommenen werden, vermag das jeweilige Subjekt *für sich selber* lebenspraktisch Religiöses von Nicht-Religiösem zu unterscheiden. Dabei meint 'lebenspraktisch' nicht, dass die an Sachverhalten anhaftenden Gefühle immer und ohne jedes 'weitere' gegenüber jedermann *und* (!) nicht einmal gegenüber sich selber kommunizierbar sein müssen. Vermutlich ist in unserer vom naturwissenschaftlich-szientistischen Welterklärungs-Paradigma geprägten Zeit das Gefühl der Sprach*losigkeit* sogar die häufigste und signifikanteste *Spiegelung* eines reflexiv wahrgenommenen Gefühls, das seinerseits auf die „kulturelle Programmatik" verweist und 'Sachverhalten' anhaftet: an Taize-Meditationen ebenso wie an gesungenem Gedenken an eine Verstorbene (Grönemeyer); an dem Erleben von werdendem oder gerade geborenem Leben ebenso wie am Wahrnehmen ('Erleben') des Sterbens eines Menschen; an der Niedergeschlagenheit über das Scheitern guter Vorsätze oder am Erschrecken über Katastrophen. Zu verweisen ist insbesondere auf die Musik, wie überhaupt auf die Kunst, in der über Literatur (Lyrik wie Prosa) oder Bilder/Skulpturen Spiegelungen erfolgen, die wegen ihrer relativen Dauerhaftigkeit Symbolqualität besitzen können. So wäre etwa daran zu denken, dass Caspar David Friedrich seine – mit vielen 'realistischen' Einzelelementen ausgestatteten – Landschaften kompositorisch bewusst so ästhetisiert, dass sie auf ein „Mehr" und „Darüberhinaus" verweisen und so eine reflexiv-offene Orientierung auf Gott hin ermöglichen, ohne diesen dinghaft-festgeschrieben zu fixieren. In trivialisiert-popularisierenden Variationen mag das bis zur 'friedvollen Heidelandschaft mit Schafstall' gehen, wie sie im Versandhandel erhältlich ist.

Entscheidend wichtig für den Versuch, auf der empirischen Ebene eine Explikation der hier skizzierten Theorie zu realisieren, ist, dass dafür definitorisch vorgängige, binäre Eigenschafts-Askriptionen (religiös/nicht-religiös) genau *nicht* vorgenommen werden dürfen. Es geht vielmehr um das Nachspüren der Umrisse des „Möglichkeitsraums" bzw. um die Erfassung der (Teil-)Charakteristik einer „Programmatik" – ein Nachspüren, das sich empirisch auf die reflexiven Selbstwahrnehmungen der Individuen richtet. Das bedeutet: Als Ergebnis empirischer Forschung darf nichts Substanzhaftes erwartet werden, dessen Existenz man als Prädikat einer Population begreifen dürfte, etwa der Art: „Die US-Amerikaner sind religiöser als die Europäer"; „Die muslimischen Jugendlichen/Jungen Erwachsenen sind religiöser als die deutschen konfessionell-christlichen MitschülerInnen". Insbesondere wenn es, wie in dieser Studie, um den Zusammenhang zwischen empirisch vorfindlichen Vorstellungen zu „Alltagsethik, Moral und Religion" gehen soll, ist wohl eher nur mit *Spiegelungen* dessen zu rechnen, was als „Verwirklichungen" im „Möglichkeitsraum" einer „kulturellen Programmatik" zu erkennen ist. Gestalt und Inhalte der nur gespiegelt erfassbaren Verwirklichungen entziehen sich ja gerade jener direkten Abfragbarkeit, wie sie mit Hilfe der Forderung als möglich angenommen wird, im Fragebogen einer Substanzgestalt von Religion graduell zuzustimmen oder nicht zuzustimmen. Oder umgekehrt: Eine Nicht-Zustimmung zu solchen sprachlichen Substanzvorgaben bewiese *eben nicht* die Nicht-Existenz der sich nur in Spiegelungen zeigenden „Verwirklichungen" einer „kulturell-*religiösen* Programmatik" – Spiegelungen, die in darauf reflektierenden Diskursen, etwa in individuellen Seelsorge-Gesprächen oder Gruppen-Diskussionen des Religionsunterrichts, aber sehr wohl zum Vorschein kommen können. Mit dem Theologen und Religionspädagogen Dietrich Zilleßen ausgedrückt: Die „Konkretisierung theologischer Grundstrukturen von Gesetz und Evangelium, Rechtfertigung und Heiligung, Heil und Sünde" *bleibt* „ambivalent, uneindeutig, nämlich prozessorientiert." (Zilleßen 1997a, 148, kursiv A. F./C. G.) Nur in den „konkreten Erfahrungsspielen des Lebens" können sich „Ordnungsschemata und Strukturprinzipien christlicher Theologie (Gnade, Rechtfertigung, Gerechtigkeit für Arme, Asyl für Fremde, Kreuz und Auferstehung, Verheißung und Hoffnung) ... artikulieren – in uneindeutigen, missverständlichen, umstoßbaren Ausdrucksweisen." (ebd.)

Damit wird auch der Tradition und ihrer Funktion ein spezifischer Stellenwert zugewiesen, der sich von der landläufigen und wohl auch für den Autor des Religionsteils der SHELL-Studie geltenden Auffassung, was religiöse Tradition sei und was sie zu leisten habe, doch deutlich unterscheidet: „Es wird immer neue (glaubendzweifelnde) Entscheidung sein, die gemeinsam zu verantworten ist, welcher Umgang mit Tradition ihrem Geist entspricht und welcher nicht. Es gilt auch im Umgang mit Tradition Grenzen zu ziehen. Aber die Grenzziehung ist Akt kommunikativer zeit- und ortsgebundener Entscheidung, nicht jedoch Ausdruck fundamentalistischer *Vergegenständlichung* feststehender Glaubensinhalte. *Christliche* Kerngehalte sind deshalb eher *Lebensperspektiven* als feste Inhalte: Sehweisen, Blickrichtungen auf das Leben hin, also Wege für Visionen und Verheißungen, Strukturen für Lebensordnungen." (Zilleßen 1997b, 35–36, kursiv A. F./C. G.)

Die vorstehenden Überlegungen machen deutlich, dass das, was sich schon als subjektives Erleben nur reflexiv realisiert, erst recht nicht einer objektiven Beschreibung in direkter Weise zugänglich sein kann. Die erhebungstechnischen ebenso wie die deutungspraktischen Schwierigkeiten der nur indirekten Zugänglichkeit steigern sich noch, wenn sie nur auf der Ebene der allemal insuffizienten standardisierten Befragung gesucht werden können. Dieser gleichwohl unverzichtbare Zugang zur Empirie muss also zum einen mit der Begrenzung seiner Aussagenreichweite leben. Zum anderen aber muss er dennoch den Versuch unternehmen, mit einem methodisch wie inhaltlich geeigneten Instrumentarium wenigstens ansatzweise den 'Spiegelungen' auf die Spur zu kommen, die uns etwas über die „Verwirklichungen" aussagen können. Dabei versteht sich von selbst, dass diese Versuche 'eigentlich' immer begleitet sein müssten von qualitativ-hermeneutischen Erhebungstechniken, die ihrerseits freilich auf je konkrete Individuen als Auskunftsquellen begrenzt sind. Exemplarisch vorgeführt wird diese Zugangstechnik auf fundierter theoretischer

Basis etwa in der Studie von Könemann (2002). Erst im Zusammenspiel beider Zugangsweisen lässt sich dann ein näherungsweise verlässliches Bild gewinnen, durch das auch in der Analyse des Einzelfalls Verallgemeinerbarkeiten identifiziert werden können.

3.3

Auf der Basis der vorstehenden religions- und wissenssoziologischen ebenso wie erkenntnistheoretischen und theologisch-religionspädagogischen Überlegungen wurde in dieser Studie in Berufsschulklassen aus dem gesamten Spektrum des Berufsbildenden Schulsystems der explorativ-tentative Versuch unternommen, auf der Methoden-Ebene der standardisierten Befragung mit ihren vorformulierten Items den *Assoziationsstrukturen* und *Zustimmungsprofilen* nachzuspüren, die im Zusammenhang mit (a) verhaltensethischen Topoi, (b) mit möglicherweise implizit oder mit explizit als 'religiös' konnotierten Symbol-Semantiken und (c) mit Verstehensmodellen der Weltentstehung aufscheinen und die damit ein Stück weit die Weltdeutungskategorien widerspiegeln können, die ihrerseits ex post als „Verwirklichungen" einer „kulturellen Programmatik zur Thematisierung von Transzendenz" begriffen und, nachfolgend, in genau dieser Perspektive mit Schülerinnen und Schülern reflexiv diskutiert werden können.

Mit diesem Instrumentarium werden die Befragten nicht nach einem festen, unexpliziert bleibenden Maßstab für Religion/Religiosität 'vermessen und sortiert'. Vielmehr wird der Versuch unternommen, ihren Weltwahrnehmungen und ihren Weltdeutungskategorien nachzuspüren. Diese Kategorien und Weltdeutungen können, ausweislich ihrer inneren Begründungsfiguren, vielleicht als solche verstanden werden, die die – als *Transzendenz* begreifbare – *Vorausgesetztheit ihrer Existenz* thematisch machen. Welchen Grad an Validität das eingesetzte Instrumentarium erreicht hat, kann dann daran gemessen werden, inwieweit sich die Daten konsistent aufeinander beziehen lassen: Durch die Feststellung der Adäquanz/Nicht-Adäquanz können Stärken und Schwächen einzelner inhaltlicher Instrumentariums-Elemente identifiziert werden, die ihrerseits Aufschluss über die Validität der Ergebnisse und Deutungen auszusagen vermögen. So werden wir an einem Topos des Fragebogens anschaulich den Nachweis führen können, dass bestimmte Elemente im Item-Angebot offenkundig fehlten, sodass dieser Topos die tatsächliche empirische Lage bei den SchülerInnen nicht vollständig erfassen konnte.

Fazit: Es wird am Ende *nicht* zu einer Qualifikation der Gesamt- und der Teilstichproben in „eher mehr" oder „eher weniger religiös" kommen. Damit wird auch *nicht* von einem 'Religiositäts-Status' berichtet werden, den es bei den Jugendlichen und Jungen Erwachsenen angeblich 'gibt'. Vielmehr werden Anschlussstellen für Kommunikationen mit den Jugendlichen/Jungen Erwachsenen identifiziert werden können, wo sie konkret formulierbare bzw. von ihnen tatsächlich formulierte „Lebensperspektiven" (Zilleßen) auch als religiöse ebenso wie als spezifisch *'christliche'* zu begreifen *lernen* können. Dieser Blick auf die Möglichkeiten neuen Selbstverstehens überwindet die Zumutung, sich permanent im Defizit gegenüber einer „fundamentalistischen Vergegenständlichung (angeblich) feststehender Glaubensinhalte" (ebd.) sehen zu müssen. Damit kommt man dann dem auf die Spur, was den Jugendlichen/Jungen Erwachsenen „wichtig ist in ihrem Leben" und wodurch man dann – im unterrichtlichen Diskurs und reflexiv – die religiöse Dimension ansprechen kann, die diesem „Wichtigen im Leben" immer schon inhärent ist.

Und genau darin könnte sich dann *auch im Religionsunterricht* 'gelebte Religion' realisieren.

TEIL A:
Alltagsethik, Moral, Religion und Kirche I

Mittelwerte-Vergleiche und Faktorenanalysen

I. Beschreibung der Stichprobe und Erstellung des Fragebogens

DIE STICHPROBE

Die meisten Fragebogen-Rückläufe dieser bundesweiten Befragung kommen aus Berufsschulen in Niedersachsen und Nordrhein-Westfalen. Eine hier nicht abgebildete Detailanalyse der ersten drei Postleitzahlen belegt, dass die Variable 'ländliche/städtische Regionen bzw. Ballungsräume' gut abgedeckt ist. Auch das Merkmal 'katholisch/evangelisch' erscheint gleichmäßig verteilt. Das Gebiet der neuen Bundesländer ist fast nicht vertreten (allerdings Sachsen mit n = 367), was an der weitgehenden Nicht-Präsenz des Religionsunterrichts (RU) an den Berufsbildenden Schulen (BBS) in diesen Regionen liegt. Dass der Süden Deutschlands bei den Rückläufen hätte stärker vertreten sein können, ist nicht bestreitbar (vgl. Abbildung 02). Aber seine unterproportionale Repräsentanz ändert im Blick auf die abgefragten Themen nichts an der Plausibilität und Abbildungsgültigkeit der Ergebnisse für das Gebiet der alten Bundesrepublik. Auch die proportionsgerechte Abbildung der Schultypen/Ausbildungsgänge im BBS-System Deutschlands ist gelungen und liefert ausreichend große Sub-Stichprobengrößen. Das Gesamt-Sample von deutlich über 8.000 Befragten ermöglicht auch für die Teilstichprobe der Muslime statistisch zuverlässige Aussagen.[2]

---

2   Im Blick auf die muslimische Teilstichprobe sind gleichwohl einige inhaltliche Einschränkungen zu machen. Muslimische SchülerInnen waren ursprünglich nicht im Fokus unserer Fragestellung. Entsprechend sind die Items allererst für SchülerInnen mit 'kultur*christlichem*' Hintergrund konzipiert. Die meisten Themenkreise sind freilich problemlos auch auf Muslime anzuwenden und erbringen wertvolle Vergleichsinformationen. Die relativ hohe Urteilsstreuung (Standardabweichung von i. d. R 1.3/1.4 bei einer 5er-Skala) bei den Muslimen zeigt an, dass es eine lohnende Aufgabe ist, diese Meinungsvielfalt näher aufzuklären. Hier ist eine Anschlussuntersuchung im Bereich der Muslime anzustreben, die mögliche Differenzierungen stichprobensystematisch (sunnitisch, schiitisch u. alevitisch) und semantisch (z. B. eher offene vs. konservative Orientierungen) berücksichtigt. Gerade angesichts der Bestrebungen, das Fach „Islamischer Religionsunterricht" neben den beiden

Im Folgenden finden sich tabellarische Angaben über die sozialstatistischen Charakteristika der Gesamtstichprobe.

Abb. 01: Angaben zu dem Ort, in dem die Schule liegt (V0001)

Ortsgröße (Einwohner)	bis 10.000	bis 50.000	bis 100.000	bis 250.000	bis 500.000	über 500.000
Anteil in %	5,9	31,1	15,4	21,7	11,5	14,6

Abb. 02: Verteilung der 8213 Fragebogen auf die beteiligten Bundesländer (V0003)

Niedersachsen	Hessen	NRW	Rheinland-Pfalz	Baden-Württemberg	Bayern	Hamburg	Sachsen
3956	426	1893	373	334	763	101	367

Abb. 03: Verteilung des Geschlechts (V0004)

Geschlecht	männlich	weiblich
Anteil in %	51,3	48,7

Abb. 04: Altersverteilung (V0005)

Alter	≤14	15	16	17	18	19	21	≥26	k. A.
N	25	122	1148	1960	1693	1046	726	152	198
Anteil in %	0,3	1,5	14,0	23,9	20,6	12,7	8,8	1,9	2,4

Abb. 05: Ort der gegenwärtigen Ausbildung (V0006)

Ort der Ausbildung	nur in der Schule	im Betrieb und in der Berufsschule
Anteil in %	45,9	54,1

christlich-konfessionellen Angeboten in den Schulen Deutschlands zu etablieren, braucht es didaktische Unterrichtskonzeptionen, die auf solche Kenntnisse dringend angewiesen sind, wie sie in dieser Studie für die Mehrheitsbevölkerung zuverlässig und sehr differenziert erarbeitet worden sind. Diesen Standard gilt es auch für die Gruppe muslimischer Schülerinnen und Schüler zu erreichen.

I. Beschreibung der Stichprobe und Erstellung des Fragebogens 25

Abb. 06: *Erreichter Schubschluss (V0007)*

Ich habe ...	in %
noch keinen Schulabschluss	1,9
den Hauptschulabschluss	24,4
den Sekundarabschluss I – Mittlere Reife	42,7
den erweiterten Sekundarabschluss I	18,4
die Fachhochschulreife	7,2
die Hochschulreife (Abitur)	5,5

Abb. 07: *Ausbildungsbereich (V0008)*

Zu welchem Bereich gehört Ihre jetzige Ausbildung?	in %
zum gewerblich-technischen	29,0
zum kaufmännischen	41,6
zum sozialpädagogischen/sozialpflegerischen	9,5
zum hauswirtschaftlichen/landwirtschaftlichen	2,6
zum Bereich Gesundheit/ Körperpflege/Ernährung	9,9
Sonstiges	7,4

Abb. 08: *Angestrebter Abschluss (V0009)*

Welchen Abschluss streben Sie in der jetzigen Schulform an?	in %
den Berufsabschluss (Kammerprüfung)	45,8
den schulischen Berufsabschluss	7,5
den Hauptschulabschluss	1,5
den Sekundarabschluss I – Mittlere Reife	9,6
den erweiterten Sekundarabschluss I	11,2
die Fachhochschulreife	12,5
die Hochschulreife (Abitur)	11,9

Abb. 09: Wohnform (V0010)

Wo leben Sie zurzeit?	in %
Bei/mit meinen Eltern/Geschwistern	83,3
Allein	5,9
In einer WG	2,2
Mit meinem Freund/meiner Freundin	5,3
Sonstiges	3,3

Abb. 10: Verteilung der Konfession bzw. Religion (V0011)

Meine Konfession/Religion	n	in %
Ich bin katholisch.	3029	36,9
Ich bin evangelisch.	3408	41,5
Ich bin evangelisch-freikirchlich.	147	1,8
Ich bin muslimisch.	477	5,8
Ich bin ohne Konfession.	826	10,1
Ich weiß es nicht.	106	1,3
Andere Religionszugehörigkeit (z. B. orthodox)	216	2,6

DIE ERSTELLUNG DES FRAGEBOGEN-INSTRUMENTS

Der Fragebogen ist in einem Kreis von in der BBS praktizierenden Lehrenden der Fächer 'Ev. und Kath. Religion' sowie 'Werte und Normen' entworfen worden. Das taten sie auf der Grundlage der Äußerungen ihrer SchülerInnen zur Frage, über welche Stichworte und Probleme sie im Zusammenhang von „Ethik, Moral und Religion" im Unterricht reden möchten, weil sie dazu bei sich selber Diskussions- und Reflektionsbedarf sehen. Es sind also die Perspektiven und Formulierungen der SchülerInnen selbst, die hier die Auswahl bzw. die Formulierungen der Items bestimmt haben, nicht aber etwaige Vorlieben der ReligionslehrerInnen.

Konzeptionspraktisch wurde dazu so vorgegangen: In einem ersten Schritt haben die beteiligten Lehrenden (im Folgenden: RL) – aus den Erfahrungen ihrer Unterrichtspraxis bei SchülerInnen der verschiedenen Typen im BBS-System heraus – die von diesen SchülerInnen immer wieder angesteuerten Topoi zusammengestellt. Sodann wurden sie unter professioneller Anleitung von Andreas Feige in eine abfragbare und statistisch angemessen auswertbare Form gebracht und danach wurden die jeweiligen Entwürfe im Verlaufe etwa eines Jahres in sukzessiven Redaktionsschritten in der Empirie ihres Unterrichts validiert. Zugespitzt formuliert: *Die SchülerInnen haben sich gleichsam selbst befragt.*

Damit sind die Vollständigkeit der Problemfelderfassung und die theologisch-sprachliche Angemessenheit nicht schon automatisch garantiert. Ja, gerade aus theologischer Sicht könnten einige der von den SchülerInnen formulierten Items in ihrer durch sie vorgenommenen Zuordnung zu Perspektiven und Kategorien des 'Religiösen' sogar eher insuffizient sein. Aber wenn es hier zu Unvollständigkeiten und – theologisch (!) gesehen – zu Unangemessenheiten kommen sollte, dann sind diese Items, soziologisch gesehen, doch nicht 'unrichtig': Es zeigte im Blick auf die SchülerInnen vielmehr die Fehlsteuerungen und Defizite im Traditionsprozess eines bei uns immer noch stark, zumindest untergründig kirchlich-institutionell gesteuerten Kommunikationsprozesses in Sachen „Religion/Religiosität" an.

Es kann bereits an dieser Stelle gesagt werden, dass solche Insuffizienzen weitestgehend vermieden worden sind. Gleichwohl ist dieses Problem latent immer gegeben. So haben wir, wie bereits in der Einleitung kurz erwähnt, bei dem religiös-theologischen Begriff der *'Sünde'* feststellen können, dass unser Item-Angebot zwar keineswegs falsch, aber doch wohl unvollständig gewesen ist – ein Hinweis, den wir unserer Wertefeld-Analyse verdanken. Der Ansatz dieser Studie, durch eine religionssoziologisch wie theologisch angemessenere Theorie-Grundlage zu phänomensensibleren Indikatoren zu kommen und mit daran angepassten Analysetechniken zu operieren, zeigt sich insoweit erfreulicherweise auch als 'lernfähig'. (Vgl. dazu TEIL B, VIII.4)

DER ERTRAG VON MITTELWERTE-VERGLEICHEN UND FAKTORENANALYSEN: MÖGLICHKEITEN UND GRENZEN

Generell ist zur Einschätzung des Informationswerts der nachstehenden, umfangreichen Mittelwerte-Analysen (zu beachten ist der Plural!) – also (a) zur Aneinanderreihung ['Kurve'] der jeweiligen Item-Mittelwerte der Gesamtstichprobe und (b) zu deren Vergleich nach Untergruppen – Folgendes zu sagen: Die Mittelwerte Vergleiche können die Differenzen, die sich durch Gruppenbildung (nach Konfessions- und Religionszugehörigkeit, Altersklassen, Schulformenzugehörigkeiten usw.) evtl. zeigen, für jeweils einzelne Items berechnen bzw. präsentieren. Darüber darf die graphisch vertikal präsentierte Aneinanderreihung der Werte nicht hinwegtäuschen, die die Gestalt einer mathematisch definierten Kurve anzunehmen scheint: Wie nämlich die jeweiligen Individuen in den Untergruppen zugleich bei anderen Items geurteilt haben, kommt damit nicht in den Blick. Und man kann auch nicht erkennen, wie ganze Untergruppen zugleich ihre Urteile zu anderen Items oder gar zu ganzen Item-Bündelungen ('Faktoren') gefällt haben. Das herauszufinden geschieht durch die Faktorenanalysen und die Faktorwerte-Berechnungen.

Man mag sich fragen, was die Betrachtung der je Antwortvorgabe (Item) errechneten Mittelwerte und der Vergleich von Untergruppen-Mittelwerten erbringen? Antwort: Es ist aufschlussreich – für das wissenschaftliche ('problemdurchdringende') Wahrnehmen ebenso wie für das alltagspragmatische Beobachten –, in einer Mittelwerte-Rangreihe zu sehen, (1) welche Items eines Themenbereichs die meisten und welche die wenigsten Zustimmungen auf sich ziehen (bzw. welche Bewertungsausprägungen auf der angebotenen Skala erreicht wurden). Diese 'Stimmen-Pakete' kennzeichnen das gesamte 'Kollektiv Jugendliche/Junge Erwachsene'. Ebenso aufschlussreich ist es zu sehen, (2) ob bzw. welche Unter-Gruppierungen bei welchen Einzel-Items von dem für die Gesamtstichprobe geltenden Mittelwert abweichen. Das sind dann wichtige 'spot-lights' auf die Kombination einzelner Items mit sozialstatistischen Merkmalen (z. B. die Vorstellung des als „Sünde" begriffenen „Vertrauensmissbrauchs" bei den AbiturientInnen im Vergleich zu den HauptschulabsolventInnen). Sie helfen, das zuvor erstellte Gesamtbild des 'Kollektivs Jugendliche/Junge Erwachsene' nach Untergruppen gesondert auszuzählen und damit zu sehen, wie es um die Homogenität des Gesamtbildes steht. Das 'spot-light' lenkt den Blick auf Sachverhalte, die einem generalisierenden Blick verborgen bleiben müssen und kann gleichwohl für eine jeweilige Untergruppe doch Beobachtungen zu Tage fördern, die für die betrachtete Gruppe eine gute Indikatorqualität besitzen.

Ein solcher der Alltagswahrnehmung angenäherter 'spot-light'-Zugang ist freilich nur zum Preis einer Einengung des Blicks möglich. Die Darstellung von Beziehungen mehrerer Urteile/Einstellungen untereinander und ihre unterschiedlichen Ausprägungen in Untergruppen ist auf diese Weise (noch) nicht zuerkennen. Allerdings gilt: Das Verstehen komplexer Zusammenhänge gelingt erst angemessen, wenn man die beteiligten Elemente näher kennt. Insoweit ist dieser Schritt, zunächst das Meinungs-Verhalten von elementaren (Teil-)Kollektiven zu einzelnen Urteils-Elementen zur Kenntnis zu nehmen, hilfreich für das Verstehen der in den Individuen kombinierten Reaktionsmuster. Diese werden dann für die Gesamtheit der Befragten durch die Faktorenanalyse des Teils A sowie durch die in Teil B zur Anwendung kommenden, nochmals komplexitätsgesteigerten Analysetechniken erarbeitet. In den Faktorenanalysen sollen die Einzelbeschreibungen daraufhin betrachtet werden, ob und ggf. wie sie sich in der Wahrnehmung der Gesamtheit der Befragten zu konnotativ-inhaltlich unterschiedlichen Gruppierungen strukturiert haben: Welche der Items zur Beschreibung des Sündenbegriffs (nicht: welche der Beurteilenden!) gehören inhaltlich-thematisch enger zusammen – und zwar unbeschadet der im einzelnen eher positiven oder eher negativen Haltung, die es dazu gibt?

Wie erschließt sich nun eine 'Konnotation'? Wenn man alle einzelnen Reaktionsakte ('Kreuzchen auf der Skala') mit jeweils allen anderen einzelnen Reaktionsakten (eines Fragenkomplexes) für alle Befragten synchron auszählt, sie also miteinander

I. Beschreibung der Stichprobe und Erstellung des Fragebogens

korreliert und auf voneinander möglichst unabhängige, unterscheidbare Merkmalskomplexe sichtet, kann man sehen, ob bzw. welche typischen 'Wahrnehmungsmuster' die betrachtete Population prägen. Eine entsprechende Methode wird als „Faktorenanalyse" bezeichnet, die die inhaltliche Struktur der betrachteten Merkmale für ein Kollektiv abbildet. Das Ergebnis dieser Auszählungen sind die besagten 'Konnotationen', d. h.: Bündel von Merkmalen, die von den Befragten als ähnlich wahrgenommen werden.

JedeR Lesende möge einmal bei sich selber überprüfen, welche der 14 Items zur Beschreibung von Erziehungszielen für ihn/sie persönlich in einem engeren Konnotations-Zusammenhang stehen bzw. welche davon eher weniger oder gar nichts gemeinsam haben, d. h. nicht 'konnotieren'. Rein theoretisch könnte es natürlich sein, dass für den einen oder anderen Leser jedes der angebotenen Ziele als inhaltlich gleich weit zu allen anderen liegend aufgefasst wird. Das ist freilich – wie jeder aus Erfahrung weiß – empirisch außerordentlich unwahrscheinlich. Eher wird es so sein, dass z. B. – um auf zwei offenkundig eng beieinander liegende Vorgaben einzugehen – die Erziehungsziele „... Familie als warmes Nest gestalten" (V 0701) und „... Begabungen des Kindes fördern" (0703) als thematisch eng zusammengehörig betrachtet werden, weil „Förderung" ein Ausdruck von „Nest-Gestaltung" ist. Aber: So einfach nachvollziehbar dieses Beispiel auch ist, so sehr könnte es als trivial, weil doch als selbstverständlich (miss-)verstanden werden. Eine Gegenfrage kann das vielleicht verdeutlichen: Erschiene es allen LeserInnen gleichermaßen offenkundig, wenn z. B. festgestellt würde, dass auch die Erziehungsvorstellung „... möglichst auf nichts verzichten" (V0714) in thematisch ebenso großer Nähe zu den eben genannten Zielen stehend gesehen würde? Die Einen mögen über eine solche Vermutung erstaunt den Kopf schütteln; für Andere mag es ein bekannter Zusammenhang sein. Mithin: Von selbstverständlichen oder gar 'logischen' Zusammenhängen bzw. Differenzen kann nicht die Rede sein. Deshalb wollten wir wissen, wie sich in diesen Fragen die Jugendlichen/Jungen Erwachsenen verhalten: Welche thematisch-konnotativen Gruppierungen innerhalb der Themen-Komplexe „Erziehungsziele", „Partnerschaftsmaximen" usw. haben sie – also das 'Kollektiv Jugendliche/Junge Erwachsene', nicht der je Einzelne – gebildet? Wenn wir das beantworten können, wissen wir – näherungsweise – wie das Gesamtfeld „Alltagsethik, Moral, Religion und Kirche" thematisch-dimensional strukturiert wird.

Die durch die Faktorenanalysen angestrebte statistische Durchleuchtung des Sachverhalts hat einen besonderen Prüf-Vorteil. Durch die Technik des Einander-Zuordnens lassen sich die einzelnen Item-Formulierungen in ihrem 'Verstanden-worden-Sein' interpretieren: Es besteht ja bei jeder Sprachgestalt der Antwort-Vorgaben das Problem, ob das, was der Formulierende meint, dass 'man' es darunter verstehe, so auch vom Befragten in gleicher Weise verstanden wird. In dieser Frage kann man durch eine Faktorenanalyse ein beträchtliches Stück Bestätigung der hypothetisch angenommenen Sichtweise bekommen. Und umgekehrt kann sich auch zeigen, dass manche Formulierungen von den Befragten – etwa aufgrund sprachlicher Unschärfen im Erhebungsbogen oder tatsächlicher inhaltlicher Überschneidungen – einer ganz anderen oder aber mehreren Konnotations-Dimensionen zugeordnet werden.

An dieser Stelle muss im Detail unerörtert bleiben, dass es für Faktorenanalysen unterschiedliche Berechnungsverfahren gibt, die i. d. R. zwar ähnliche, aber nicht exakt identische Ergebnisse produzieren.[3] Hier wurden nach dem allgemein üblichen Verfahren in der Analyse voneinander unabhängige Faktoren extrahiert. Die Bestimmung der Faktorenanzahl erfolgte allerdings in der Regel nach dem Kriterium einer guten Interpretierbarkeit der Faktoren.

ZUR PRÄSENTATION DER ERGEBNISSE IN DIESER BUCHPUBLIKATION

Jeder der nachfolgend in diesem „Teil A" präsentierten 16 Themenbereiche wird eröffnet von einem „Fragebogen-Auszug" aus der Gesamtstichprobe. Er gibt das Originalformat des Fragebogenformulars wieder und dokumentiert die Prozentwerte der einzelnen Rating-Stufen. Wer sich für die Ergebnisse der Teilstichproben interessiert, kann auf die Lektüre des Online-Forschungsberichtes verwiesen werden.[4] Die Beschränkung der Ergebnis-Präsentation in diesem Buch auf die Gesamtstichprobe gilt – mit Ausnahme der Vergleichsvariable „Konfession/Religion" – im Folgenden für sämtliche Mittelwerte-Vergleiche nach Merkmalskriterien, die innerhalb der Teilstichproben dann die sog. „Sub-Stichproben" bilden. Das ist beispielsweise für die „Erziehungsziele" der Vergleich nach Geschlecht in den ev., kath., muslimischen und konfessionslosen Teilstichproben.

Der Präsentation der sog. 'univariaten' Ergebnisauszählung folgt dann jeweils ein in 'kurven'-grafischer Form angelegter Vergleich von Mittelwerten der Items eines Themenkomplexes der Gesamtstichprobe mit denen der vier konfessionell-religiösen Teilstichproben. Danach schließt sich die Präsentation der Faktorenanalyse-Ergebnisse an, bei denen ebenfalls jeweils nur die Faktoren-Matrix der Gesamtstichprobe dokumentiert wird. In „Teil B" werden die Themenkomplexe in der

---

3 Soweit nichts anderes angegeben: Es werden ausschließlich Angaben von Personen berücksichtigt die *sämtliche* Fragen des jeweiligen Frage-Komplexes beantwortet haben; das Kaiserkriterium bestimmt die Zahl der zu extrahierenden Faktoren nach der Hauptachsen-, die Rotation erfolgt nach der orthogonalen Varimax-, die Berechnung der Faktorwerte nach der Regressionsmethode.

4 Vgl. den unter **http://ci-muenster.de/biblioinfothek/open_access.php** einsehbaren Forschungsbericht: A. Feige/C. Gennerich, „Was mir wichtig ist im Leben. Auffassungen Jugendlicher und Junger Erwachsener zu Alltagsethik, Moral, Religion und Kirche", Text- und Datenband, Braunschweig 2008.

gleichen Reihenfolge dann unter cluster- und wertefeldanalytischen Gesichtspunkten behandelt.

ZUM VERHÄLTNIS DER BUCHPUBLIKATION ZUM ONLINE-FORSCHUNGSBERICHT

Die Aufgabe dieser Buchpublikation ist die Kommunikation der wichtigsten Ergebnisse dieser außerordentlich umfangreichen Untersuchung. Sie kann nur die Verhältnisse in der Gesamtstichprobe präsentieren, wozu freilich regelmäßig die Unterschiede zwischen den Konfessions-/Religionsgruppen gehören. Nur dort in den folgenden 16 Teilabschnitten, wo es besonders wichtige Ergebnisse auch unter anderen Differenzierungsgesichtspunkten als den konfessionell-religiösen zu berichten gilt, werden sie – ausschließlich textlich – in angemessener Kürze erwähnt. Eine Lektüre des die Daten vollständig präsentierenden und dokumentierenden Forschungsberichts (http://ci-muenster.de/biblioinfothek/open_access.php) können sie sicherlich nicht ersetzen. Gleichwohl darf gesagt werden, dass die Buchpublikation in zwar nicht vollständigem, aber doch voll ausreichendem Maße die Signatur der erhobenen Untersuchungsdaten zuverlässig zu charakterisieren vermag: die „Suche nach einer Balance zwischen Autonomieverlangen und der Sehnsucht nach verlässlicher Geborgenheit".

II. Vorschau: Die Ergebnisse von Teil A in 'Schlagzeilen'

ERZIEHUNGSZIELE IM BLICK AUF DAS EIGENE KIND

Das eigene Kind möge zu einer Persönlichkeit reifen, mit der es sich als ein souveräner Interaktionspartner *aktiv* einbringen kann. Dafür werden zugleich die Maximen „Ehrlichkeit", „Liebe" und „Hilfsbereitschaft" hochgeschätzt. Das drittplatzierte Ziel „lernen, was Liebe *eigentlich* ausmacht" beschreibt etwas, was nicht der eigenen Selbstmächtigkeit entspringen kann, sondern vom Anderen auf mich zu kommt: Transzendierung des eigenen Selbst vom 'Ich und Du' in ein 'Wir' – religionstheoretisch eine „bedingte Transzendenz".

MAXIMEN IN DER PARTNERSCHAFTSBEZIEHUNG

„Offenheit" und „Vertrauen" und zugleich „Freiraum" und „Kompromisse" bilden ein beziehungsstiftendes Viereck. Innerhalb dessen sollen die Interaktionen zwischen handlungssouveränen Subjekten auf der Grundlage einer grundsätzlich monogam orientierten Zuwendungsbereitschaft und -verpflichtung *geregelt-verlässlich* ablaufen können.

FUNKTIONSZUWEISUNG FÜR 'GEWISSEN'

'Gewissen' ist allererst eine Steuerungsressource für das „Ich im (privaten) 'Wir'". Damit wird auch hier eine „bedingte Transzendenz" indiziert, die durch ihre Lebensalltagsimmanenz definiert und erlebbar wird. Nur minderheitlich wird 'Gewissen' mit der Kategorie „Gott" als dem Ausdruck der „*un*bedingten Transzendenz" verknüpft.

WAS ALS 'SÜNDE' GILT

Sünde wird allererst als eine 'Beziehungstat' im sozialen Nahbereich begriffen: eine Störung der „Mensch-Mensch-Beziehung" vor allem durch „Vertrauensmissbrauch". Ein Verständnis von 'Sünde' als Störung der „Mensch-Gott-Beziehung" ist eher nicht im Blick: Lebt man in einer intakten Beziehung – deren Voraussetzung Vertrauen, Gewaltlosigkeit und Ehrlichkeit ist, – lebt man bereits in einem insoweit 'paradiesischen', das heißt: 'nicht-sündhaften' Zustand.

UMGANG MIT KONFLIKTEN

Bevorzugt werden Beschreibungen, welche die eigene Verletzlichkeit als Ausdrucksgestalt von 'Nicht-Mächtigkeit' zuzugeben bereit sind; die den schwer steuerbaren Emotional-Zustand „Wut" nicht dementieren und die vor allem das Bedürfnis nach „Klärung" betonen: Das Leiden an der Beziehungsstörung soll konstruktiv-positiv gewendet werden können.

DIE BEDEUTUNG VON „GEMEINSCHAFT"
„Gemeinschaft" löst überwiegend *sehr* positive Empfindungen aus und signalisiert eher Beheimatung als dass es soziale Kontrolle bedeutet. Die Grundlage von Gemeinschaft ist allererst ein Tatbestand des Allgemein-Sozialen und weniger des Religiös-Institutionellen.

AUSLÖSER FÜR ÄNGSTE
„Einsamkeit/allein sein": Fast zwei Drittel (61 %) setzen dieses Item auf die Skalen-Position „4" bzw. „5". Faktorenanalytisch gesehen ist Angst dreidimensional strukturiert: „Identitätsverlust" – „soziale Isolation" – „Endlichkeitserfahrung".

GEFÜHL BEI „GOTTES SEGEN"
„Gottes Segen": Für die Mehrheit der Jugendlichen ist das kein Wortsymbol, um semantisch ein Kernelement ihres Welt-Verstehens zu erfassen. Allerdings: „Schutz" und „Sicherheit" sind die Gefühle, die noch am ehesten durch das Hören der Sentenz von „Gottes Segen" ausgelöst werden.

ASSOZIATIONEN ZUM ADJEKTIV „RELIGIÖS"
Allererst: „Ernsthaftigkeit", am wenigsten: „'schuldig' sein". 'Schuld' ist bei den Jugendlichen/Jungen Erwachsenen keine Kategorie herkömmlich als 'religiös' geltender Semantik.

ASSOZIATIONEN MIT „KIRCHE"
„Moder, Muffigkeit" und „Beklemmung" gehören mehrheitlich nicht zu den Gefühls-'Echos': Das Image von 'unmodern' für „Kirche"/„das Kirchliche" scheint sich stillschweigend erledigt zu haben. Bei Bedarf wird akzeptiert, was man sich im Bereich unmittelbarer Sozialkontakte selber nur schwer schaffen könnte: „Heiliger Ort", „Würde", „Geheimnis" und – vor allem – „Ruhe, Stille".

DETERMINANTEN DES LEBENSVERLAUFS
Die wirklich wichtigen Kategorien des Weltverstehens werden mit Rückgriff auf den personal repräsentierten sozialen Nahbereich gebildet – auf etwas, was ein 'Gesicht' hat. „Gott" als Ausdruck der „unbedingten Transzendenz" scheint kein solches 'Gesicht' zu besitzen und wird ähnlich abstrakt aufgefasst wie „Machtverhältnisse". Bei der kognitiven Positionierung des 'Selbst' wird das Leitbild des selbstsouverän handelnden, individualisierten Subjekts als Ausdruck des Autonomiever-

langens deutlich. Der einzig wesentliche Leitbildunterschied zwischen der kleinen Minderheit der „wortwörtlich" glaubenden Jugendlichen/Jungen Erwachsenen und der großen Mehrheit ihrer AltersgenossInnen liegt allein darin, dass erstere bereit sind, *auch* „Gott" (bzw. „Allah") in mindestens derselben Zustimmungsintensität zu benennen: also ein „auch" und nicht ein „stattdessen".

SINN DES LEBENS
In der Frage der Trägerschaften für den „Sinn des Lebens" findet sich nicht die übliche kulturelle Pluralität von nebeneinander bestehenden Auffassungen. Es gilt vielmehr ein Höchstmaß an Meinungshomogenität zwischen Christen, Muslimen und Konfessionslosen: Der „Sinn" des Lebens ist fraglos, wenngleich er auch 'bewirkt' und eingebettet ist – unter anderem durch und in Kontakt mit „Leuten, die ich mag/die mich mögen".

NACH-TOD-VORSTELLUNGEN
70 % können sich nicht vorstellen, dass da „einfach nichts" ist: Im Blick auf den (eigenen) „Tod" ist die (Un-)Vorstellung des 'Nichts' keine bevorzugte Option. Zugleich haben sie mit allen anderen Vorstellungsformulierungen noch größere Schwierigkeiten. Faktorenanalytisch wird aufgedeckt: Die Verweigerung der Option des „Nichts" ist konnotativ angebunden an sprachliche Vorstellungsgestalten, die von den Items „auf irgendeine Weise Gott zu begegnen", „das *Paradies* zu (er)leben" und als Glaubender „in den *Himmel* zu kommen" geprägt ist. Also: Auch die Optionsverweigerung („Nichts") ist damit ein Element derselben Dimension religiöser Semantik.

ENTSTEHUNG DER WELT
Keine der angebotenen Beschreibungen ist selbst-evident, wirklich fraglos. Konventionell-religiöse Semantik („Schöpfung Gottes") erreicht immerhin noch einen Gesamt-Mittelwert von 2.64 auf der 5er Skala und setzt damit zumindest eine deutliche Distanz zwischen sich und der definiten Negation der Position „1". Das Item „verstandesmäßig unerklärbar", das die Antwort sachverhaltlich offenhält, besitzt im Sinne der Lübbeschen „Kultur des Verhaltens zum Unverfügbaren" eine religiöse Qualität und wird zusammen mit der 'Urknall'-Hypothese relativ hoch angesiedelt.

III. Alltagsethik und Moral: „Was soll *gelten*?"

III.1 Wie ein *gutes* Leben zu leben ist – Erziehungsmaximen für die eigenen Kinder

Die in dieser Studie befragten Jugendlichen und Jungen Erwachsenen stehen am Anfang eines selbstbestimmten Lebens. Diese Phase ist geprägt von einer Spannung zwischen massivem *Orientierungsbedarf* und *Orientierungsbedürfnis* einerseits und einer Lust am *Ausprobieren* und *kreativen Gestalten* andererseits. Das macht die Frage wichtig: Welche *konstitutiven* Erwartungs- und Handlungsgesichtspunkte legen sie – besonders im Blick auf ihre *Sozial*beziehungen – für den Entwurf ihrer Subjekthaftigkeit und Individualität zugrunde? Um diesen Gesichtspunkten auf die Spur zu kommen, wurde nach den Maximen gefragt, die bei der zukünftigen Erziehung der eigenen Kinder gelten sollen. Sie können die wirklich als grundlegend und als 'legitim einforderbar' aufgefassten *Essentials* gut zum Vorschein bringen – handelt es sich doch bei ihnen um Gesichtspunkte, die von Jugendlichen affirmiert werden, die bewusstseinsmäßig noch nicht weit weg von eigenen Abhängigkeitserfahrungen sind und die deshalb besonders sensibel in dieser Frage reagieren.

Es zeigt sich bei der Betrachtung von Fragebogen-Auszug und Mittelwerte-Vergleichen zusammenfassend dies:

(1) Die Zustimmung fällt zu jenen Erziehungsmaximen – und damit zu den ihnen zugrunde liegenden Werthaltungen – überwältigend hoch aus, deren Semantiken Verhaltensqualitäten beschreiben, die Interaktionen fundieren und stabilisieren. Es sind – mit Skalen-(Zustimmungs-)Werten von deutlich *über* „4.0" – Fähigkeiten, die zur *Erwartungssicherheit* bzw. zur *Minimierung von Enttäuschungsrisiko* in Beziehungen beitragen sollen: „sich aufrichtig und ehrlich verhalten" (V0707), „Gefühle und Auffassungen Anderer respektieren" (V0704), „Lernen, was Liebe eigentlich ausmacht" (V0709), „auch ohne Aussicht auf Gegenleistung hilfsbereit sein" (V0711), „auch Ordnung lernen" (V0702) sowie „Familie als ein „warmes Nest" gestalten" (V0701). Zugleich signalisieren die Reaktionen auf V0712/V0708 („nicht unterbuttern lassen"/„sich durchsetzen"): Das eigene Kind möge zu einer Persönlichkeit werden, durch die es sich als ein souverän agierender Interaktionspartner *aktiv* einbringen kann und die Fähigkeit besitzt, Gemeinschafts- und persönliche Interessen miteinander zu vermitteln. Nicht allein also sind es Maximen wie „Ehrlichkeit", „Liebe" und „Hilfsbereitschaft" – so hochgeschätzt diese auch sind. Die Pointe liegt vielmehr in der offenkundigen Nähe dieser Maximen zu dem Gesichtspunkt eines auch zur Selbstdarstellung *fähigen* Subjekts. Dessen Förderung

für nötig zu halten wird *nicht* mit Bescheidenheits- oder Demutsattitüde verschwiegen, eben weil wohl genau dies als unaufrichtig erschiene.

Abb. 11: *Fragebogen-Auszug: Maximen der künftigen Kindererziehung, Gesamtstichprobe*

Was ist mir für die zukünftige Erziehung meiner Kinder wichtig?									
Ich möchte gerne … (n=8090-8153)	ganz unwichtig				ganz wichtig	%	Mittelwert	Standardabweichung	Pos.
… die Familie als ein 'warmes Nest' gestalten.	2	2	12	32	52	100	4,29	,913	v0701
… dass mein Kind auch Ordnung lernt. (Pünktlichkeit, Disziplin …)	1	1	8	34	55	100	4,4	,804	v0702
… die Begabungen meines Kindes fördern.	1	1	11	31	56	100	4,39	,815	v0703
… dass mein Kind lernt, Gefühle und Auffassungen anderer zu respektieren.	2	2	7	27	63	100	4,48	,835	v0704
…. dass mein Kind das Vertrauen lernt, von Gott geliebt und beschützt zu sein.	18	22	29	17	14	100	2,88	1,293	v0705
. … dass mein Kind möglichst viel von unserer Kultur vermittelt bekommt.	4	11	32	33	21	100	3,57	1,052	v0706
… dass mein Kind lernt, sich aufrichtig und ehrlich zu verhalten.	1	1	6	27	65	100	4,54	,751	v0707
…. dass mein Kind lernt, sich durchsetzen zu wollen und zu können.	1	2	16	34	47	100	4,23	,888	v0708
… dass mein Kind lernt, was Liebe eigentlich ausmacht.	1	2	9	29	59	100	4,41	,845	v0709
… dass mein Kind immer möglichst 'auf dem neuesten Stand ist', besonders mit neuen Techniken (z.B. Computer) umgehen kann.	5	17	37	26	15	100	3,28	1,072	v0710
… dass mein Kind lernt, auch ohne Aussicht auf Gegenleistung hilfsbereit zu sein.	2	2	12	38	47	100	4,27	,851	v0711
… dass mein Kind lernt, sich von anderen 'nicht unterbuttern' zu lassen.	2	2	11	32	52	100	4,31	,889	v0712
… dass mein Kind beten lernt.	30	24	24	12	10	100	2,48	1,300	v0713
… dass mein Kind möglichst auf nichts verzichten muss (z.B. gute Marken-Klamotten).	9	22	37	20	13	100	3,05	1,132	v0714

III. Alltagsethik und Moral: „Was soll *gelten*?"

Abb. 12: *Maximen der künftigen Kindererziehung, diff. nach Konfession, Gesamtstichprobe*

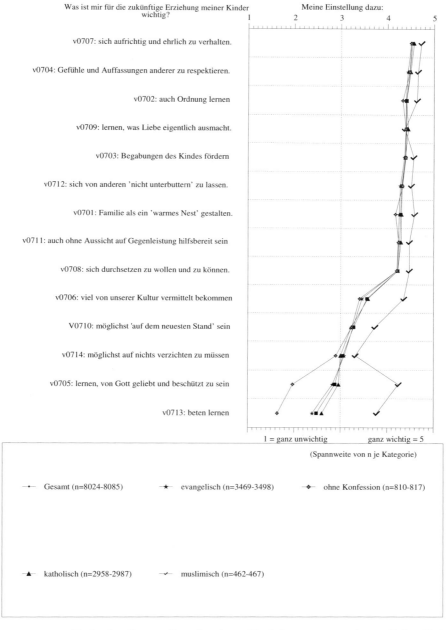

Der am unteren Ende der Rangreihe platzierte Erziehungswert mit *explizit* religiöser Semantik („lernen, von Gott geliebt und beschützt zu sein", V0705) scheint auf den ersten Blick als 'unter ferner liefen' positioniert zu sein. Aber: Dieses Ziel beschreibt kein direktes Handlungs- bzw. Verhaltensmuster. Es kennzeichnet vielmehr eine *Befindlichkeit*, der die Qualität des 'Transzendenten' innewohnt, die unmittelbar handlungspraktisch umzusetzen ohnehin nicht möglich ist. Der Skalenwert von „2,88" indiziert eine relativ breite Zustimmung zu einer Befindlichkeits-Kategorie im Fundus der Vorstellungen über das, was man sich für die Zukunft des eigenen Kindes wünscht. Es ist der Wunsch für eine Befindlichkeit, die nicht aus eigener Souveränitätsanstrengung erzwungen werden kann, sondern die eher als ein Geschenk begriffen werden muss. Nur wer theologisch-intellektuell die 'Summe' aller sozialethisch anzustrebenden Verhaltens- und Handlungs-Maximen zu ziehen und diese als Ausdruck von 'Gottesgeborgenheit' zu begreifen vermöchte, wäre beim Ankreuzen des Fragebogens in der Lage gewesen, das begrifflich formulierte Ergebnis dieser 'Summenbildung' – „Gott" – zum Spitzenreiter in seinem Zustimmungs-Ranking und damit zur ontologischen Voraussetzung aller weiteren Erziehungsmaximen zu erklären. Eine solche Theologisierung ist von Jugendlichen/Jungen Erwachsenen nicht zu erwarten, schon gar nicht von SchülerInnen an einer BBS. Als umso bemerkenswerter muss daher gelten, dass das Item der 'Gottesgeborgenheit' als eine für das Kind angestrebte Erlebensbefindlichkeit keinem mehrheitlichen Desinteresse verfallen ist, sondern vielmehr den – so gesehen – beträchtlichen Mittelwert von 2.88 aufweist.

Das Item „lernen, was Liebe eigentlich ausmacht" (V0709) belegt zwar den dritten Rangplatz und ist damit deutlich höher platziert als das Vermittlungsziel der 'Gottesgeborgenheit'. Aber auch dieses Item beschreibt etwas, was nicht der anstrengenden bzw. angestrengten Selbstmächtigkeit entspringen kann. Es kommt vielmehr von Anderen auf mich zu und kann insoweit als eine *Transzendierung* auch meines eigenen Selbst (und das des anderen) verstanden werden, gleichsam als eine des *'Ich und Du'* in ein *'Wir'*. Es ist eine Transzendenz die man religionstheoretisch vielleicht als „*bedingte*" verstehen könnte und nicht als „unbedingte", für die explizit die Kategorie „Gott" steht. Die „bedingte Transzendenz" wird durch ihre Lebensalltags*immanenz* definiert und *erlebbar*. Deshalb lässt sich ein so verstandener und im Begriff der *'eigentlichen'* Liebe aufgehobener Gedanke leichter nachvollziehen (und ankreuzen) als die eher theologisch-kognitive Kategorie „Gott". In die hinein ist die vorgenannte Befindlichkeit eben nicht ohne weiteres zu denken – so lange jedenfalls nicht, so lange man über die sprachliche Personalisierung („ER") „Gott" als eine verdinglichbare Objektivation vorgestellt bekommt, dessen Transzendenz eben deswegen so schwer vorstellbar ist. Demgegenüber ist dann die – religionstheoretisch gefasst – „bedingte Transzendenz" eher als eine solche sowohl zu erkennen als auch zu akzeptieren.

(2) Beim Vergleich nach Konfessionen/Religionen bleibt die Grundstruktur der Mittelwerte-Verteilung weitestgehend strukturstabil erhalten. Dabei stimmen die Muslime den meisten der angebotenen Ziele in nochmals gesteigerter Affirmations-Intensität zu, besonders deutlich im Blick auf die beiden Formulierungen mit explizit religiöser Semantik. Aber man darf nicht übersehen: Auch bei den Muslimen

III. Alltagsethik und Moral: „Was soll *gelten*?"

rangiert das Erziehungsziel „beten lernen" an drittletzter Stelle – wenn auch auf hohem Niveau. Es verwundert im Übrigen wohl nicht, dass die Befragten aus der Gruppe „ohne Konfession" im Blick auf die Geltung religiöser Semantik einen signifikant deutlichen Abstand von allen anderen in Richtung Ablehnung markieren.

(3) Es kennzeichnet die Lage, dass sich bei der Differenzierung nach sozialstatistischen und nach religiositätsorientiert-meinungspositionellen Variablen (Funktionseinschätzung des Christentums in der Gesellschaft, Haltung zum Kirchenaustritt, Aktivität in der Kirchen-/Moschee-Gemeinde; hier nicht dokumentiert – vgl. dazu den Online-Forschungsbericht) keine so wesentlichen Variationen ergeben, dass sie auch an dieser Stelle eigens benennungspflichtig wären.

Abb. 13: Faktorenanalyse: Maximen der künftigen Kindererziehung, Gesamtstichprobe

Faktorenanalyse: Maximen der künftigen Kindererziehung Varimaxrotation, Kaiserkriterium; n = 7.782				
Variablen:	Faktoren:			Beschreibung des Faktos:
	1	2	3	
V0704 Resp. v. Gefühlen/Auffas. Anderer	.78700	.03486	-.07802	Befähigung zur familien- und identitätsgestützten solidarischen Zuwendungs- und Liebesfähigkeit, sowie Eigenentfaltung
V0707 aufrichtig/ehrlich sich verhalten	.77034	.15140	.01980	
V0709 lernen, was Liebe eigentlich ist	.73822	.05230	.01784	
V0711 hilfsbereit (ggf.o. Gegenleistg.)	.65256	.19359	.04321	
V0702 auch Ordnung lernen	.61495	.18472	.20656	
V0701 Fam. als warmes Nest erfahren	.59163	.26349	.00703	
V0703 Begabungen d. Kindes fördern	.55255	.06905	.36545	
V0712 von anderen n. unterbuttern l.	.55133	-.18826	.34610	
V0705 Gefühl, v. Gott geliebt z. werden	.14923	.89037	-.01468	Vermittlung je kulturverankerter Sensibilität für ein Gefühl von 'Gottesgeborgenheit'
V0713 beten lernen	.06574	.88800	.00992	
V0706 viel unserer Kultur vermitteln	.26673	.53719	.31180	
V0710 'auf dem neuesten Stand sein'	.03207	.09303	.79827	Vermittlung von hedonistisch-egozentrierten Verhaltensmaximen
V0714 möglichst auf nichts verzichten	-.08506	.07540	.74831	
V0708 lernen, sich durchzusetzen	.42879	-.04649	.55488	
Eigenwerte	4.43	1.77	1.61	
Erklärte Varianz	31.6	12.7	11.5	**Summe = 55.8**

(4) Wie der faktorenanalytische Zugang zu den Daten in der Matrix der *Abbildung 13* zeigt, werden von den Befragten die 14 Items zu drei deutlich voneinander unterscheidbaren Dimensionen („Faktoren") gebündelt: „Befähigung zur familien- und identitätsgestützten solidarischen Zuwendungs- und Liebesfähigkeit sowie Eigenentfaltung", „Vermittlung je kulturverankerter Sensibilität für ein Gefühl von 'Gottesgeborgenheit'" und „Vermittlung von hedonistisch-egozentrierten Verhaltensmaximen". Von hervorhebenswerter Bedeutung für eine kultursoziologische Gegenwartsdiagnose ist, dass sich mit der Zuordnung der Werte „viel von unserer Kultur vermitteln" (V0706) zu „Gottesgeborgenheit" (V0705) und zu „beten lernen" (V0713) in Faktor 2 zeigt: Auch die interpersonal (familial) initiierte Kultur-

vermittlung erscheint *konnotativ* nicht als grundsätzlich 'religionsfrei', vielmehr wird 'Kultur' als im Kontext des 'Christlichen' aufgehoben begriffen.

III.2 Worauf man sich verlassen können muss – Maximen gelingender Partnerschaftsbeziehungen

Im ersten Abschnitt ging es um Werte-Kriterien für Entscheidungen, die im Umgang mit Schutzbefohlenen getroffen werden müssen. Sie verlangen daher ein besonderes Maß an Begründungspflichtigkeit. Demgegenüber darf in einer Partnerschaft unter Gleichaltrigen stärker auf die 'Selbstvertretungs-Fähigkeit' des Anderen gesetzt werden, weswegen man nicht befürchten muss, sich gegenüber einem noch inferioren Interaktionspartner evtl. unangemessen durchzusetzen.

<u>Abb. 14:</u>   Fragebogen-Auszug: Leitlinien der Gestaltung d. Partnerbeziehung, Gesamtstichprobe

Was ist in einer Beziehung wichtig?								
(n=7995-8182)	ganz unwichtig				ganz wichtig	%	Mittelwert	Standardabweichung	Pos.
Treue - auch die 'unsichtbare' in Gedanken	3	3	9	20	66	100	4,44	,943	v0601
Kompromisse in allen Bereichen (Lebensstil, Sex; Geschmack...)	2	4	17	33	44	100	4,13	,977	v0602
Notlügen	27	28	35	5	5	100	2,32	1,069	v0603
dem anderen Vertrauen geben müssen und es fordern dürfen	3	4	13	28	53	100	4,26	,982	v0604
Sex: alles - auch wenn ich es nicht unbedingt mag	13	22	33	19	14	100	2,99	1,209	v0605
auch bei ungleichem Einkommen alles teilen	5	11	27	29	29	100	3,64	1,158	v0606
ein Stück 'Freiraum' einräumen, der einem ganz allein gehört	3	4	15	29	50	100	4,2	,991	v0607
Möglichkeiten schaffen, viele unterschiedliche Erfahrungen im Zusammenleben sammeln zu können	3	6	22	38	31	100	3,89	1,010	v0608
sich auch noch außerhalb ein Stück weit seine 'Hörner abstoßen' können	26	22	29	14	9	100	2,56	1,249	v0609
auf den anderen stolz sein können (Beliebtheit, Aussehen, Attraktivität...)	4	11	24	33	29	100	3,72	1,106	v0610
absolute Offenheit - auch dann, wenn's weh tun sollte	3	3	14	25	55	100	4,26	1,013	v0611

(1) Die Elemente „Offenheit", „Vertrauen", „Freiraum" und „Kompromisse" bilden ein 'beziehungsstiftendes Viereck'. Innerhalb dessen sollen – auf der Grundlage einer grundsätzlich monogam orientierten Zuwendungsbereitschaft und -verpflichtung, die das Mittel der Notlüge *nicht* akzeptieren will – die Interaktionen zwischen handlungssouveränen Subjekten geregelt-verlässlich ablaufen können. Zugespitzt:

III. Alltagsethik und Moral: „Was soll *gelten*?"

Abb. 15: Leitlinien d. Gestaltung d. Partnerbeziehung, diff. nach Konfession/Religion, Gesamtstichprobe

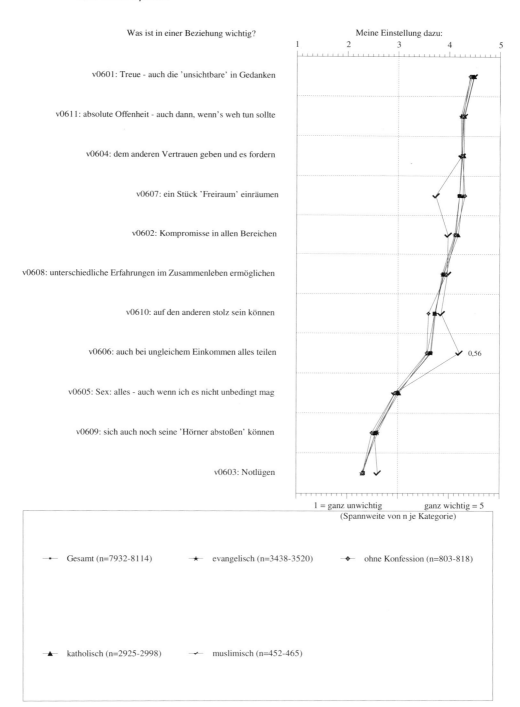

Auf der Basis einer exklusiven Zuwendungspflicht sollen die Individuen durchaus Individuen bleiben können. Aber dafür müssen „Vertrauen" und „Kompromisse" nicht nur als dafür nötige Voraussetzungen begriffen werden, sondern sie sind zugleich als aktiv zu gestaltende 'Interaktions-*Produkte*' zu realisieren. Demgegenüber erscheint die Positionierung körperorientierter Befriedigungsbedürfnisse (Sexualitätsauslebung) als deutlich nachrangig, das heißt: ggf. als beherrschungspflichtig.

(2) Die Qualitätskriterien von Partnerschaftsbeziehungen werden weitgehend konfessionen- *und* religionsindifferent definiert: katholische, evangelische, konfessionslose und muslimische Jugendliche stimmen in ihren Reaktionen zumeist sehr stark überein. Dass auch die Muslime das tun, ist angesichts der latent ethnozentrisch begründeten Vermutung, 'die' Muslime seien doch 'ziemlich anders', ein Ergebnis, das besonders aufmerksam zur Kenntnis genommen werden sollte. Freilich zeigt sich auch hier eine tendenzielle Differenzierung: Die Muslime sind bei ungleichem Einkommen eher bereit, zu teilen; sie räumen sich jedoch weniger individuelle Freiräume ein.

Abb. 16: *Faktorenanalyse: Leitlinien der Gestaltung der Partnerbeziehung, Gesamtstichprobe*

Faktorenanalyse: Leitlinien der Gestaltung der Partner-Beziehung Varimaxrotation, Kaiserkriterium; n = 7582 Variablen:	Faktoren: 1	2	3	Beschreibung des Faktors:
V0601: Treue (auch die unsichtb. in. Gedanken)	.68757	.03880	-.13796	„Ich und Du im Wir":
V0602: Kompromissbereitsch. i. allen Bereichen	.60566	.15670	.17427	Vertrauen erringen/ erarbeiten durch eine
V0611: (ggf. schmerzh.) absolute Offenheit	.59297	.16671	-.12153	das Individuum auch einschränkende
V0604: Vertrauen geben müssen / fordern dürfen	.58208	.21065	-.09291	Zuwendungsbereitschaft
V0606: auch b. ungleichem Einkommen gleich teilen	.54028	-.02312	.09550	und Zuwendungspflicht
V0607: jedem ein Stück Freiraum einräumen	.13780	.76634	.04087	in einer Partnerschafts-Konfiguration die
V0608: i. Zusammenleben: Varianten ermöglichen	*.33671*	.68048	-.02924	'Identität des Selbst' fördernde Komponenten
V0605: Sex: alles - auch wenn's nicht gefällt	.20568	-.18992	.74851	hedonistisch-egoistische
V0603: ggf. Notlügen	-.11997	.09466	.66668	Selbstbezüglichkeit
V0609: sich noch d. 'Hörner' abstoßen dürfen	-.16207	.45337	.53907	
Eigenwerte	2.35	1.46	1.01	
Erklärte Varianz	23.5	14.6	10.7	Summe = 48.2

(3) Die Entscheidungen und Urteilsstrukturen im Bereich der Beziehungsmaximen sind *nicht* determiniert von der Positionierung in religiös-institutionenorientierten Weltanschauungs-Fragen, wie sie in dieser Studie gestellt wurden (vgl. Ziffer [3] im vorangehenden Punkt III.1). Der Vergleich mit der muslimischen Teilstichprobe – dort im Blick auf die „Moscheegemeinde" – erbringt *keinen* Beleg für die evtl. existierende (ethnozentrische) Annahme, die Affirmationen/Nicht-Affirmationen von Partnerschafts-Gestaltungskriterien in Abhängigkeit vom Ausmaß der Aktivitäten in der Glaubensgemeinschaft (Kirche) ließen sich allein einem *christlichen* Kulturkon-

III. Alltagsethik und Moral: „Was soll *gelten*?" 43

text zurechnen, denn Korrelationen dieser Art finden sich auch in der muslimischen Teilstichprobe. Allerdings sind dort Spezifika eines muslimischen Partnerschaftsethos mit zu beachten.

(4) Durch die Faktorenanalyse wird – und zwar über alle Teilstichproben hinweg – deutlich: Man grenzt 'pro-soziale' Konnotationskomponenten von solchen mit egoistischem Selbstbezug sehr klar voneinander ab. Diese deutliche Unterscheidung wird in einigen Teilstichproben durch einige (wenige) Nebenladungen noch pointiert, ändert aber am Gesamtbild nichts: Von 'Mischfeldern', die uns in der nachfolgenden Generation einen 'postmodern-beliebigen' Persönlichkeitstypus signalisieren könnten, bei dem die Elemente des Egozentrierten und Pro-Sozialen neu gemischt werden, ist nichts zu entdecken.

III.3 'Gewissen' – Kohäsionskraft-Ressource der privaten Lebenswelt, kein allgemeiner religiöser Imperativ

(1) Tabelle und Grafik zeigen klar: Deutlich vorrangig wird 'Gewissen' begriffen als ein tragendes Steuerungselement für die *privaten* 'face-to-face'-Beziehungen, d. h. für die Gestaltung von Interaktionen (Tun, Dulden, Unterlassen) und für die Formulierung von Erwartbarem seitens der Partner/von Dritten in der Interaktion zwischen einander nahe stehenden Personen. Schlagwortartig: *'Gewissen' ist Kohäsionskraft-Ressource in der beschützend-privaten Lebenswelt.* Demgegenüber ist es erst nachrangig, d. h. für einen vergleichsweise kleineren Teil der Befragten 'auch' eine Charakteristik dessen, was als ausdifferenziert erscheinender 'religiöser Raum' gelten könnte, d. h. als Element des 'Glaubens' (ideologische Dimension) und ein

Abb. 17: Fragebogen-Auszug: Funktionsrelevanz von 'Gewissen', Gesamtstichprobe

	Das Gewissen spielt eine wichtige Rolle …							
(n=7708-8179)	überhaupt nicht				ganz gewiss	%	Mittel-wert	Standard-abweichung	Pos.
… in der Beziehung/Freundschaft	2	1	8	24	65	100	4,49	,821	v0801
… im Straßenverkehr	7	13	34	27	20	100	3,4	1,134	v0802
… im Betrieb / bei der Arbeit	3	7	27	37	26	100	3,76	1,011	v0803
… unter Politikern/innen	24	23	27	14	12	100	2,68	1,309	v0804
… beim christlichen Glauben	21	16	25	18	20	100	3,01	1,411	v0805
… in der Clique	5	7	27	35	26	100	3,71	1,079	v0806
… bei der Art und Weise, sein Geld zu verdienen	6	9	26	31	29	100	3,67	1,155	v0807
… im Geschäftsleben	7	14	34	26	19	100	3,36	1,156	v0808
… in der Familie	2	2	8	23	65	100	4,47	,873	v0809
… im kirchlich-religiösen Leben/in der Kirche	25	18	26	15	16	100	2,79	1,383	v0810a
… im religiösen Leben der Moschee/Gemeinde	36	16	22	12	14	100	2,53	1,428	v0810b

Abb. 18: *Funktionsrelevanz von 'Gewissen', diff. nach Konfession/Religion, Gesamtstichprobe*

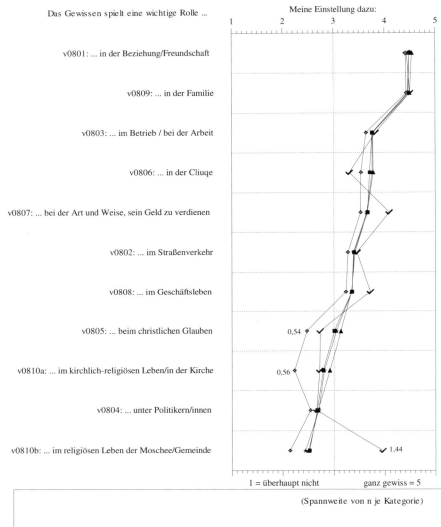

Element der organisierten Religionspraxis (pragmatische Dimension). Aber selbst die Zuordnung zum 'religiösen Raum' hat noch eine Zustimmungsquote hervorgebracht, die zumindest im Blick auf den „christlichen Glauben" (V0805) mit einem Mittelwert von knapp über 3,0 keineswegs von einer Meinungsminderheit sprechen lassen darf. Im Blick auf diese feststellbaren Unterschiede darf resümiert werden: 'Gewissen' als Kohäsionskraft-Ressource in der beschützend-privaten Lebenswelt bestätigt einmal mehr die *stark anthropozentrische Orientierung* der Jugendlichen/ Jungen Erwachsenen bei der differenzierenden Gewichtung der einzelnen Items, wie sich das auch schon bei den Themen „Maximen in Partnerschaftsbeziehungen" sowie „Maximen der künftigen Kindererziehung" gezeigt hat. 'Gewissen' ist allererst eine Steuerungsressource für das '*Ich* im (privaten) *Wir*' und deshalb ist im Sinne der oben erwähnten religionstheoretischen Unterscheidung damit zumindest nicht ausgeschlossen, auch das 'Gewissen' unter dem Gesichtspunkt der religiösen Semantik der Transzendenz zu verorten.

(2) Auch bei Differenzierung nach Konfessionen/Religionen wird die Grundstruktur der Mittelwerte-Verteilung nicht grundsätzlich modifiziert. Insbesondere unterscheiden sich die beiden christlichen Konfessionen untereinander nahezu überhaupt nicht. Erwartungsgemäß gehen freilich die Konfessionslosen im Bezug auf die Positionierung von „Gewissen" in Bezug auf den „christlichen Glauben" (V0805) eher auf Distanz. Und die Muslime sind tendenziell eher bereit, den Faktor 'Gewissen' auch im Bereich des 'Öffentlichen' zur Geltung gebracht sehen zu wollen, nämlich „bei der Art und Weise sein Geld zu verdienen" (V0807). Auch ist bei ihnen 'Gewissen' anders als bei den übrigen konfessionellen Gruppen stark mit dem Sozialkontext der Moschee/Gemeinde verknüpft.

(3) Im Bereich der weiteren, im Online-Forschungsbericht dokumentierten Differenzierungen zeigt sich: In den nicht-muslimischen Teilstichproben korreliert der niedrigste der angestrebten Schulabschlüsse (Hauptschulabschluss) mit der Tendenz, die Kohäsionskraft von 'Gewissen' auch und gerade in den sozialen Primär-Beziehungen „Familie/Freundschaft" nicht ganz so stark zu affirmieren wie die übrigen Bildungsabschluss-Kohorten dies tun. Höheres Bildungsniveau geht einher mit der Tendenz, 'Gewissen' und (christliche/muslimische) Religiosität/Gemeindebindung positiv zu affirmieren. Das bedeutet: 'Gewissen' als eine (auch) *religiöse* Reflexionsgröße erkennen zu können, ist ein Resultat von Bildungsprozessen. Zugleich wird die Hypothese gestützt, dass sich ein 'Gewissen' vor allem im Kontext einer positiven familialen Beziehungskultur ausbilden kann, die sich nachgewiesenermaßen eher in bildungsorientierten Familien findet.

Höhere *Distanz* zu einer kirchengemeindlichen Aktivität oder einer positiven Einschätzung des Werts des Christentums für die Gesellschaft; oder die Neigung zum Kirchenaustritt und schließlich die Distanz zur Akzeptanz kirchlich-biblischer Glaubenssätze: All das führt eher dazu, 'Gewissen' *nicht* als ein konstituierendes Merkmal von christlichem Glauben/christlichem Gemeindeleben zu halten. Entsprechend umgekehrt verläuft die Tendenz, wenn eine Übereinstimmung mit Christlichkeits-Grundsätzen und entsprechenden Sozialaktivitäten vorliegt. Grundsätzlich darf also formuliert werden: Einer Distanz zum 'religiösen Raum' wohnt die Tendenz inne, sich überhaupt in der Frage der Funktionsbestimmung von 'Gewissen' eher zurückhaltend zu äußern bzw. zu reagieren.

Abb. 19: *Faktorenanalyse: Funktionsrelevanz von 'Gewissen', Gesamtstichprobe*

Faktorenanalyse: Funktions-Relevanz von Gewissen Varimaxrotation, Kaiserkriterium; n = 7662 Variablen:	Faktoren: 1	2	3	Beschreibung des Faktors:
V0808: im Geschäftsleben	.82566	.05447	.02220	'Gewissen' als
V0807: i. d. Art, Geld zu verdienen	.70555	.24430	.01089	Funktionselement
V0802: im Straßenverkehr	.65778	.21271	.11757	öffentlich-gesellschaft-
V0803: im Betrieb / bei der Arbeit	.63581	*.39778*	.03098	licher Sozialbeziehungen
V0804: unter Politikern/ -innen	.56263	-.05243	*.36231*	
V0801: in e. Beziehung / Freundschaft	.11573	.84190	.04292	'Gewissen' als
V0809: in der Familie	.10377	.81511	.10561	Funktionselement in
V0806: in der Clique	*.30076*	.49365	.03762	privaten face-to-face-Beziehungen
V0805: b. christlichen Glauben	.08859	.07531	.91392	'Gewissen' als
V0810AB: i. Kirchen-/Moschee-Gemeinde.	.08995	.10570	.90406	Charakteristikum des Religiösen / der Religion
Eigenwerte	3.39	1.58	1.21	
Erklärte Varianz	33.9	15.8	12.1	**Summe = 61.8**

(4) Faktorenanalytisch zeigt sich: Die Befragten konnotieren im 2. Faktor („'Gewissen' als Funktionselement in privaten 'face-to-face-Beziehungen'") jene Items, die im Mittelwerte-Ranking *zugleich* die höchsten Zustimmungswerte von deutlich über 4.0 auf sich vereinigen können. Also auch unter dem Gesichtspunkt der *faktorenanalytisch* gewonnenen Strukturierung bestätigt sich der schon zuvor gewonnene Eindruck, dass 'Gewissen' ein Steuerungselement und eine Kohäsions-Ressource allererst im privat-persönlichen Beziehungsraum ist. Man unterscheidet – mit welchen Handlungskonsequenzen auch immer behaftet – zwischen der Ressource 'Gewissen' im privat-persönlichen Bereich und ihrer Funktionszuweisung im öffentlichen Bereich. Damit deutet sich an, dass 'Gewissen' als Kohäsions-Ressource in den verschiedenen Sozialkontexten von zumindest unterschiedlich spezifischem Gewicht ist. Von dieser Unterschiedlichkeit dürfte dann auch die Positionierung von 'Gewissen' im 'religiösen Raum' affiziert sein: Dort korreliert nämlich die Positionierung sehr stark mit der Nähe/Distanz zu diesem Raum, zumindest dort, wo *explizit* vom „christlichen Glauben" (V0805) und vom „kirchlichen Leben" (V0810a) die Rede ist. Das bedeutet: Zumindest für den nicht-muslimischen Bereich gilt faktoren-, d. h. *konnotationen*analytisch, dass die 'Ressource Gewissen' von ihrer – an die geglaubte 'Ursprungsquelle' stets erinnernden – Angebundenheit an die *institutionengesteuerte* Semantik des 'unbedingt Transzendenten' abgekoppelt zu sein scheint. Demgegenüber ist für die muslimische Teilstichprobe zu formulieren: 'Gewissen' ist Funktionselement in privaten face-to-face-Beziehungen

III. Alltagsethik und Moral: „Was soll *gelten*?"

und in der Öffentlichkeit der Moscheegemeinde. Das ist ein Signal dafür, dass im muslimischen Kontext 'Gewissen' eine Kohäsionsressource ist, in der 'Privates' und 'Religiöses' nicht, zumindest nicht in gleicher Stärke, semantisch entkoppelt erscheint. Freilich bleibt die kultur- und religionssoziologisch entscheidende Einsicht: 'Gewissen' ist auch im Bereich der Mehrheitsgesellschaft eine wichtige ethische Steuerungs- und Kontrollressource bei der Transzendierung des „Ich in ein Wir". Und das bedeutet mit Thomas Luckmann gesprochen: ein wichtiges Element bei der Privatisierung des 'Heiligen Kosmos' – ein Element mithin, dem aus soziologischer Perspektive die Qualität des Religiösen nicht abzuerkennen ist.

III.4 'Sünde' – eine wichtige Kategorie im Kosmos gelingender privater Beziehungsnetze

Die drei vorstehend behandelten Themenkreise haben sicherlich *auch* eine sich im Diskurs als religiös erweisende Dimension. Zugleich aber können sie unter sozialethischen Evaluationsgesichtspunkten betrachtet werden, die sich nicht unbedingt auf eine als 'religiös' empfundene Dimension bzw. Semantik beziehen müssen.

Abb. 20: Fragebogen-Auszug: Verhaltens-/Handlungsassoziationen zum Begriff 'Sünde', Gesamtstichprobe

(n=7961-8146)	Mit dem Wort 'Sünde' verbinde ich ...							
	überhaupt nicht				ja, das trifft es	%	Mittelwert	Standardabweichung	Pos.
... nur an sich selbst denken (Egoismus)	32	24	22	13	10	100	2,45	1,313	v0501
... was im Kaufhaus mal 'mitgehen' zu lassen (CDs, Zigaretten ...)	17	13	18	24	27	100	3,29	1,433	v0502
... voll ungesund leben (Fast-Food, Zigaretten, Alkohol, Drogen ...)	37	24	21	11	8	100	2,29	1,279	v0503
... Lust auf Rache ausleben	20	16	22	22	20	100	3,06	1,399	v0504
... lügen	12	12	24	26	26	100	3,42	1,310	v0505
... Vertrauen missbrauchen	13	6	16	28	38	100	3,72	1,355	v0506
... sexuelle Beziehungen vor der Ehe	73	10	6	4	8	100	1,64	1,219	v0507
... in der Partnerschaft mal fremdgehen	15	9	16	22	37	100	3,57	1,449	v0508
... schwul / lesbisch sein	61	12	8	5	14	100	1,99	1,466	v0509
... das Kind abtreiben bei ungewollter Schwangerschaft	29	16	25	11	19	100	2,77	1,457	v0510
... gegenüber jemandem Gewalt anwenden	13	9	24	23	30	100	3,47	1,357	v0511

Abb. 21: Verhaltens-/Handlungsassoziationen zum Begriff 'Sünde', diff. nach Konfession/Religion, Gesamtstichprobe

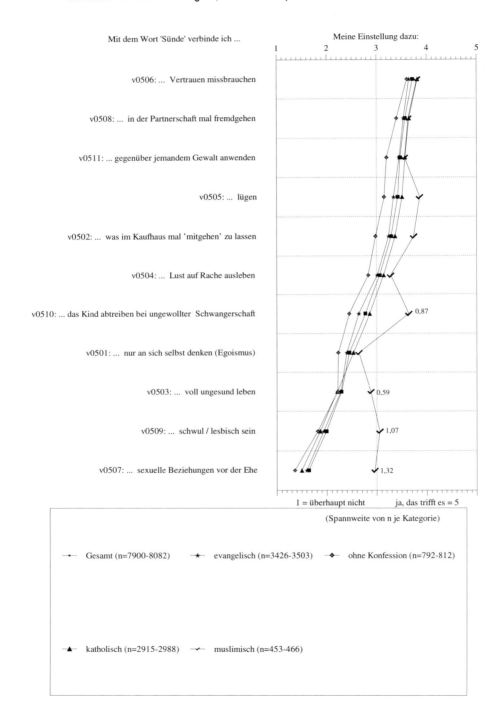

Dagegen besitzt der Begriff 'Sünde' eine explizit religiös-theologische Grundierung. Wie steht es da um die Zustimmungs-/Ablehnungshöhe der Items, die diese Kategorie indizieren, und welche konnotativen Bündelungen kommen faktorenanalytisch zum Vorschein?

(1) Als erstes fällt auf: Ein Skalenwert von „4.0" wird von keinem Item erreicht. Das ist Indiz dafür, dass für einen Großteil der Befragten selbst das am häufigsten gewählte Item eben 'nicht so ganz richtig' bzw. 'eigentlich' zu dem zu gehören scheint, von dem man gelernt hat, es 'wirklich' Sünde nennen zu sollen. Es könnte also sein, dass bspw. beim Angebot von 'töten' oder 'vergewaltigen' die durchschnittliche Zustimmungsquote noch einmal einen Sprung nach oben gemacht hätte.

An der gleichwohl hoch angesiedelten Spitze der Mittelwerte-Rangreihe versammeln sich konzentriert Beziehungswerte des persönlichen Nahbereichs. Als ihren gemeinsamen Nenner kann man formulieren: *'Sünde' – das ist eine 'Beziehungstat' im sozialen Nahbereich.* Auf den nachfolgenden Plätzen geht es um Elemente, die im Falle der Verletzung das umgebende Sozialsystem destabilisieren können: um den Eigentumsgedanken und die Existenz/Stabilität des Kollektivs (wobei Rache sicherlich auch auf Einzelpersonen gerichtet sein kann). Danach folgen egozentrierte Verhaltensorientierungen. Der Schwangerschaftsabbruch erscheint als eine eher individuelle Entscheidungskategorie, nicht eine solche des Kollektivs. Am Schluss der Rangreihe versammeln sich die Items der Dimension personaler Sexualitäts- und Körper-Orientierung. In der steht nicht allererst die (zu schützende) *Beziehung* als solche im Vordergrund, sondern die Orientierung auf den eigenen Körper, der aus einer Beziehung lediglich einen Selbstgewinn zieht.

Es sollte eigens festgehalten werden: „Abtreibung bei ungewollter Schwangerschaft" wird nicht (mehr) zu jenen Ausdrucksgestalten des gesollten/nichtgesollten Handelns gezählt, denen die Mehrheit der Befragten fraglos die Qualität der 'Sünde' zuweist. In der Sicht der hier untersuchten Alterskohorte der in 2005/2006 zwischen 15- und 25-Jährigen, die am Beginn eines zunehmend stärker selbstbestimmten Lebens mit der Aussicht auf möglichst viele Optionen stehen, ist der Schwangerschaftsabbruch kein vom *Kollektiv* zu entscheidender Sachverhalt – anders als unser Strafrecht das sieht, auch wenn es mit der Dreimonatsfrist regelmäßig geltende Ausnahmetatbestände definiert hat. Es ist vielmehr allererst ein Element des Individualbereichs. In dem darf so lange autonom entschieden werden, solange davon *Beziehungs*strukturen bzw. -Qualitäten nicht tangiert zu sein scheinen. Das kann man als Konsequenz bzw. als Ausdrucksgestalt dessen verstehen, was heute dem Menschen durch Medizin/Biotechnologie an Handlungsmächtigkeit zugewachsen ist. Stattdessen steht im Fokus der Aufmerksamkeit die Dimension der personalen Interaktionen und deren Stabilität: 'Sünde' in ihrer Eigentlichkeits-Gestalt ist ein *dys*funktionales Element von Beziehungsstrukturen bzw. von Beziehungsqualitäten. Darin zeigt sich ein Element einer starken, wenn nicht gar dominierenden Anthropozentrierung des Sündenbegriffs – auch wenn diese Deutung nur dann zu belegen wäre, wenn man zu den angebotenen Items auch explizit *theo*-zentrierte hinzugenommen hätte. Freilich sprechen alle anderen Ergebnisse der Studie dafür, dass auch dann die These von der Anthropozentrierung aufrecht erhalten werden könnte. Pointiert: Lebt man in einer intakten Beziehung – deren Voraussetzung Vertrauen, Gewaltlosigkeit und Ehrlichkeit ist –, lebt man in einem insoweit *paradiesischen*, das heißt: *nicht-sündhaften* Zustand.

(2) Durch Differenzierung nach Konfessionen- und Religionszugehörigkeiten ergeben sich bei drei der vier Items an der Spitze der Mittelwerte-Rangreihe so gut wie keine Veränderungen: Die Diagnose 'Sünde ist eine Beziehungstat' darf über die Konfessions- und Religionszugehörigkeitsgrenzen hinweg für alle Geltung beanspruchen. Allerdings gilt auch dies: Obwohl sich die muslimischen Befragten in Sachen Schwangerschaftsabbruch deutlich absetzen, bleiben auch sie *unterhalb* der Skalenposition „4". Das indiziert: Auch bei einem nennenswerten Teil der jungen Musliminnen und Muslime stellt der Schwangerschaftsabbruch keine 'Todsünde' (mehr) dar. Das dementiert nicht ihre Unterscheidbarkeit, vor allem nicht in Bezug auf das Item „schwul/lesbisch" (V0509) und „sexuelle Beziehungen vor der Ehe" (V0507). Aber es macht deutlich: Die benannten Ausdrucksgestalten von 'Sünde' haben keineswegs bei allen Muslimen den Status fraglos *geltender* Selbstverständlichkeiten.

(3) Im Blick auf die sozialstatistisch differenzierenden (im Online-Forschungsbericht dokumentierten) Analysen ist festzuhalten: Es gibt an mehreren Stellen Hinweise darauf, dass Bildungsniveau und sozialethisches Meinungsprofil miteinander korrelieren. Also: In seiner Alltagsanwendung ist der Sündenbegriff auch – und möglicherweise besonders – ein Phänomen höherer Bildung. Auch beim Themenkreis „Beziehungsmaximen in der Partnerschaft" sind die niedrigsten Bildungsgruppen zwar ebenfalls optisch links vom allgemeinen Mittelwert positioniert, dies aber in doch erkennbar schwächerer Ausprägung. Das macht deutlich: Sowohl in der Partnerschafts-Semantik als auch – und erst recht – in der Sünden-Semantik gibt es Unterschiede, die kausal durch verschiedene Bildungsherkünfte erklärbar sind. Die Grundaussage der Bildungsabhängigkeit in der Attribuierungspraxis gilt auch für die Muslime. Das bedeutet: Es ist eher eine Frage der Bildungsumstände als der der Zugehörigkeit zu einer religions-kulturellen Ethnie als solcher, wie man reagiert.

Selbst bei einer Teilgruppe, die man vielleicht als (protestantische) 'Fundamentalisten' bezeichnen könnte (insofern sie dem Satz zugestimmt haben: „Die Aussagen der Bibel und des kirchlichen Glaubensbekenntnisses sind *wortwörtlich* wahr"), findet sich keine Überschreitung der „4.0-Linie". Auch wenn sie als nicht eben kleine Minderheitengruppe (n = 397 bis 402) ein deutlich differentes Meinungsprofil produzieren, stehen sie gleichwohl *nicht* in 'Total-Opposition'. Das bedeutet, dass auch die Gruppe der 'Fundamentalisten' keineswegs nur aus solchen besteht,

III. Alltagsethik und Moral: „Was soll *gelten*?"

die als 'Leute vom anderen Stern' erscheinen. Dazu vermag der Online-Forschungsbericht interessante Detailaspekte beizusteuern.

Abb. 22: *Faktorenanalyse: Verhaltens-/Handlungsassoziationen zum Begriff 'Sünde', Gesamtstichprobe*

Faktorenanalyse: Verhaltens-/ Handlungsassoziationen zum Begriff 'Sünde' Varimaxrotation, Kaiserkriterium; n = 7634			
Variablen:	Faktoren: 1	2	Beschreibung des Faktors:
V0506: Vertrauen missbrauchen	.79994	-.05547	Interaktions-de-stabilisierende Verletzung von Erwartungssicherheit und Unversehrtheitsnorm
V0505: lügen	.74973	.15031	
V0511: Gewalt anwenden	.70214	.05459	
V0504: auf Rache ausleben	.69176	.14214	
V0508: i. Partnerschaft 'fremdgehen'	.66951	.06528	
V0502: im Kaufhaus was 'mitgehen' lassen	.66451	.16509	
V0501: nur an sich selbst denken	.51855	.17583	
V0507: Sex vor der Ehe	-.03869	.77082	Auf den eigenen Köper bezogene Verhaltens- und Entscheidungs-Muster
V0509: schwul / lesbisch sein	-.02245	.71586	
V0510: Abtreibung b. ungew. Schw.	.32559	.57940	
V0503: voll ungesund leben	.32899	.46794	
Eigenwerte	3.82	1.50	
Erklärte Varianz	34.7	13.6	**Summe = 48.4**

(4) Es ergibt sich in der Gesamt- wie auch in allen Teilstichproben eine zweifaktorielle Struktur, die – abgesehen von minimalen, inhaltlich nicht bedeutsamen Modifikationen in der Teilstichprobe der Muslime/der Konfessionslosen – inhaltlich identisch bleibt. *Zugleich* zeigt sich, dass die Items des Faktors 1 erneut weitgehend mit denen an der Spitze im Mittelwerte-Ranking übereinstimmen. Das darf als Bestätigung der Angemessenheit der Lesarten bei der Mittelwerte-Diskussion angesehen werden.

Als Besonderheit ist darauf aufmerksam zu machen, dass von den Muslimen „fremdgehen" (V0508) *primär* auf dem Faktor 2 („primär körperorientierte Verhaltens- und Entscheidungsmuster") lädt, d. h. dort 'beheimatet' wird – ein zur Kontextuierung der Mehrheitsgesellschaft vielleicht wichtiger Unterschied: „Fremdgehen" besitzt im religionskulturellen Kontext der Muslime sowohl eine eher geistig-abstrakte Konnotation im Bereich der personalen Beziehungskonstruktion als auch eine direkt körperbezogene. Interessant ist, dass bei den muslimischen Jugendlichen/Jungen Erwachsenen auch das Item „Lügen" (V0505) eine Anbindung an den Faktor 2 erfährt: Das Thema „Lügen" ist in seiner Objektivation im Erleben wohl sehr stark an den Sachverhalt der körperlichen Treue bzw. Exklusivität gebunden.

Als Fazit sollte festgehalten werden: Die deutlich werdende konsequente Anthropozentrierung des Sündenbegriffs bedeutet keineswegs, dass ihm in der Lebenspraxis der Befragten die Transzendenzqualität entzogen und ihm nur eine 'irdische' Ordnungs- und Pönalisierungsfunktion zugewiesen wird. Das Gegenteil ist der Fall: Das, was nicht verletzt werden darf, ist Vertrauen in eine Beziehungsstabilität, durch die das eigene Ich transzendierbar wird in ein Wir. Das ist – wie schon beim 'Gewissen' – eine Ausdrucksgestalt der Privatisierung des Heiligen Kosmos, denn für die soziologische Anthropologie ist diese Transzendierungsfähigkeit eine nur dem Menschen eignende Fähigkeit, die freilich im konkreten Fall verhindert oder beschädigt werden kann. In einer *Theo*logie kann die Störung einer „Mensch-Mensch-Beziehung" nur dann als 'Sünde' im religiös-theologischen Sinne akzeptiert werden, wenn sie von den Beteiligten als Ausfluss der gestörten „Mensch-*Gott*-Beziehung" verstanden wird. Es ist vorstehend schon darauf aufmerksam gemacht worden, welche objektiven Verstehensschwierigkeiten hier existieren. Diese dürften nicht etwa mit 'religiöser Verstocktheit' der Beteiligten erklärt werden. Vielmehr sollten sie gelesen werden als kommunikative Anschlussprobleme, die von der Theologie ausgehen: Der empirischen Sache nach zeigen die Jugendlichen/Jungen Erwachsenen mit ihrem Sündenverständnis eine tiefe Ernsthaftigkeit, die weit entfernt ist von jener Plattheit, in der das Wort und sein „Inhalt" etwa in der Werbung, mitunter aber auch im theologisch-kirchlichen Raum verwendet wird. Es ist die Frage an die *Theologie*, wie sie die Vorstellung von der „*un*bedingten Transzendenz Gottes" so zu kommunizieren – und das heißt: verstehbar *und* artikulierbar (vgl. Jung 1998) – zu machen versteht, dass der hier freigelegte Sündenbegriff nicht zum *status minor* herabgestuft wird.

IV. Elementarzustände des Lebens: „Was *fühle* ich?"

IV.1 Meine Gefühle nach durchlebten Konflikten

Der Topos „Konflikt" eignet sich gut, um im Unterricht die entscheidungs- und handlungspraktische Dimension des Zusammenhangs von „Ethik, Werten und Religion" zu behandeln. Nach den Erfahrungen von BerufsschullehrerInnen lassen sich bei den SchülerInnen in der Regel drei Empfindungsbereiche im Blick auf Konflikte unterscheiden: (1) sozialintegrative Empfindungs- und Reaktionsmuster; (2) stark emotionale, eher schwer steuerbare Gefühle sowie (3) Versuche machtsouveräner Situations- bzw. Reaktionsgestaltung. Welche Hauptergebnisse sind dazu aus der Mittelwerte- und Faktorenanalyse festzuhalten?

Abb. 23: Fragebogen-Auszug: Gefühle/Einstellungen nach Konflikten mit Eltern/Freunden, Gesamtstichprobe

Nach Konflikten mit Eltern oder Freunden habe ich ein Gefühl von ...								
(n=7966-8129)	fast nie				sehr oft	%	Mittelwert	Standardabweichung	Pos.
... Wut	8	12	28	27	25	100	3,48	1,221	v0401
... Niedergeschlagenheit	17	17	30	22	15	100	3,02	1,284	v0402
... Wunsch nach Rache	45	22	18	8	7	100	2,09	1,257	v0403
... Überlegenheit	28	23	30	11	9	100	2,51	1,244	v0404
... Wunsch nach Klärung	7	7	20	24	42	100	3,85	1,242	v0405
... Machtlosigkeit	32	24	29	8	6	100	2,33	1,180	v0406
... Erleichterung	42	20	25	8	5	100	2,15	1,195	v0407
... Zufriedenheit	52	19	20	6	4	100	1,9	1,138	v0408
... Erfolgsgefühl, etwas durchgesetzt zu haben	28	19	32	13	7	100	2,53	1,232	v0409
... Freude auf einen neuen Anfang	26	17	30	15	12	100	2,69	1,327	v0410

(1) Tabelle und Grafik machen es sehr deutlich: Die Jugendlichen/Jungen Erwachsenen bevorzugen jene Items, die (a) Verletzlichkeit als Ausdrucksgestalt von 'Nicht-Mächtigkeit' zuzugeben bereit sind; die (b) den schwer steuerbaren Emotional-Zustand „Wut" nicht dementieren und die (c) – *allererst!* – das Bedürfnis nach „Klärung" betonen. Deren Sinn ist es in der Regel, Einvernehmlichkeit, möglichst auch Harmonie herzustellen. Natürlich kann man mit dem „Wunsch nach Klärung" auch versuchen, zu zeigen, dass man Recht hatte. Aber auch ein solcher Versuch ist nicht sachidentisch mit einem Durchsetzungsbestreben, das ggf. auf Information und Argumentationstransparenz verzichten könnte. „Klärung" hingegen kann ohne solche kognitiven Operationen nicht verstanden werden. Insoweit ist „Klärung" als eine kulturelle Leistung zur Domestizierung negativ-emotionaler Befindlichkeiten zu verstehen. Die mit diesen Daten belegte Disposition der Jugendlichen/Jungen Erwachsenen in Sachen Konflikt ist hoch kompatibel zu den Ergebnissen der ande-

ren Themenkreis-Analysen, in denen das Bedürfnis nach Interaktionsstabilität, Erwartungssicherheit und Minimierung des Enttäuschungsrisikos in Beziehungen deutlich geworden ist – bis hin zu der Bereitschaft, die Verletzung von Beziehungsverhältnissen der Kategorie „Sünde" zuzuordnen.

Pointiert formuliert: Konflikte produzieren nicht nur Gefühle der Wut, sondern auch der Niedergeschlagenheit. Beides aber soll auf der Ebene eines möglichst „herrschaftsfreien Diskurses" überwunden werden können: Emotionalität *und* Konstruktivität sind Kennzeichen der Gefühlslage bei und nach Konflikten. Das gilt durchgängig, d. h., dass auch unter Einschluss der Muslime von einer großen Nähe der Einstellungen der Konfessions- *und* Religionsgruppen gesprochen werden kann.

(2) Die Zustimmungsverteilung zu den hier angesprochenen Gefühlen verläuft auch unbeeinflusst von den (weiterführend im Online-Forschungsbericht dokumentierten) Prüf-Variablen der „Einbindung in religionsgemeinschaftlich orientierte Sozialkontakte", der „Affirmationsbereitschaft im Blick auf das Christentum" und der „Haltung gegenüber einem biblisch-christlichen Glaubensprofil": Konfliktserleben und Konfliktregeln sind bei den befragten Jugendlichen/Jungen Erwachsenen weitgehend konfessions- bzw. religions*indifferent*. Nur ein leichter Unterschied findet sich bezogen auf das Erleben von „Niedergeschlagenheit" und „Überlegenheit", wobei die Muslime ersteres weniger einräumen und dagegen eher „Überlegenheit" affirmieren. Auf differentes Erleben von Konflikten bei unterschiedlichen Einstellungen zum Christentum und zu „Glaubensfragen" haben didaktische und methodische Vorbereitungen für den RU also eher weniger zu achten. Wohl mehr Aufmerksamkeit im Vorfeld sollte im Blick auf Konflikterleben und Konfliktkultur dagegen jenen Unterschieden in den Lebenswelt-Kontexten gelten, die im Zusammenhang mit dem Bildungsniveau der Befragten stehen. Hier signalisieren die differenzierten Analysen des Online-Forschungsberichts am ehesten Reaktionsunterschiede, die ein kompensatorisch wirkendes Bildungsverhalten erfordern.

(3) Inhaltlich bedeutsam für die Kennzeichnung der Gefühlslage der Jugendlichen/ Jungen Erwachsenen ist in faktorenanalytischer Perspektive: Mit „Niedergeschlagenheit" konnotiert nicht „Rache", sondern der sozialintegrative Modus der „Klärung". So wird deutlich, dass ein 'Leiden an der Beziehungsstörung' konstruktiv-positiv gewendet wird. Das ist eine wichtige Ergänzung zu der Feststellung aus der Mittelwerte-Analyse, dass eine starke Tendenz zur Bereitschaft besteht, Verletzlichkeit und schwer steuerbare Emotionalität wie „Wut" als Selbstkennzeichnung zuzulassen bzw. zuzugeben und zugleich den sozialintegrativen Modus der „Klärung" am stärksten zu affirmieren bzw. den Wunsch danach zu bestätigen. Durch die Faktorenanalyse wird nun zusätzlich deutlich, dass „Klärungsbedürfnis" wohl eher aus der Empfindung von Niedergeschlagenheit und weniger aus der Empfindung von Wut erwächst. Außerdem zeigt sich: „Erfolgsgefühl" (V0409) lädt zugleich auf Faktor 2, konnotiert also auch mit der Dimension der emotional schwer

IV. Elementarzustände des Lebens: „Was *fühle* ich?"

Abb. 24: Gefühle/Einstellungen nach Konflikten mit Eltern/Freunden, diff. nach Konfession/Religion

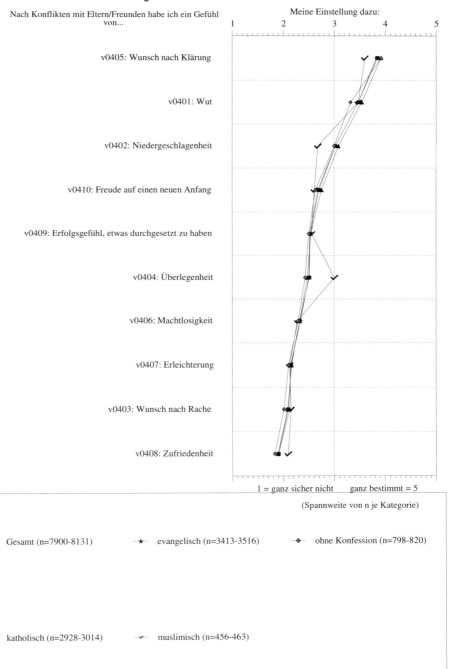

steuerbaren Gefühle. Das ist ein wichtiger Hinweis darauf, dass das 'Sich-durch-Setzen' als etwas gesehen wird, was man zwar zum einen zur Interaktionsfähigkeit braucht. Zum anderen aber kann es zur Destabilisierung bzw. Disharmonie von Sozialbeziehungen beitragen und könnte damit etwas gefährden, auf das es allen befragten Jugendlichen/Jungen Erwachsenen außerordentlich stark ankommt. Diese Ambivalenz im Urteil ist ein Hinweis für Gesprächsbedarf bzw. kann als ein guter Gesprächseinstieg angesehen werden, wenn es um die sozialethische Begründung von Anspruchs- bzw. Erwartungshaltungen geht, und wenn dabei die Frage ansteht, inwieweit sie nicht nur 'auch', sondern 'insbesondere' religiös begründet werden könnten.

Abb. 25: *Faktorenanalyse: Gefühle/Einstellungen nach Konflikten mit Eltern/Freunden, Gesamtstichprobe*

Faktorenanalyse: Gefühle/Einstell. n. Konflikten mit Eltern/Freunden Varimaxrotation, Kaiserkriterium; n = 7691				
Variablen:	Faktoren: 1	2	3	Beschreibung des Faktors:
V0408: Zufriedenheit	.81645	.12384	-.13128	Gefühlsdimension der als erleichternd, z.T. als Erfolg empfundenen Zufriedenheit, einen neuen Anfang machen zu können/gemacht zu haben
V0407: Erleichterung	.80931	.03565	.02049	
V0409: Erfolgsgefühl etwas durchgesetzt zu haben	.66982	*.33973*	-.06433	
V0410: Freude auf einen neuen Anfang	.62834	-.10859	.25131	
V0403: Wunsch nach Rache	.07200	.81503	-.07238	von Aggression geprägte Gefühlsdimension die sich bei „Niederlagen" in Wut & Wunsch nach Genugtuung durch Rache, bei „Siegen" im Auskosten von Überlegenheit äußert
V0401: Wut	-.09741	.68388	*.34578*	
V0404: Überlegenheit	.26184	.60085	-.07911	
V0402: Niedergeschlagenheit	-.12572	.14650	.78384	Gefühlsdimension der das Bewusstsein eigener Begrenztheit fördernde Verlustempfindung von Selbstmächtigkeit, die nach Bereinigung ('Klärung') strebt
V0405: Wunsch nach Klärung	.07838	-.25282	.67612	
V0406: Machtlosigkeit	.08109	.10139	.66317	
Eigenwerte	2.50	1.75	1.49	
Erklärte Varianz	25.0	17.5	14.9	**Summe =** 57.4

In den vier Teilstichproben findet sich eine weitgehende Identität der Konnotationsstrukturierungen (vgl. Online-Forschungsbericht). Bei den Muslimen ist eine positive Nebenladung des Items „Überlegenheit" (V0404) auch auf dem Faktor „Klärungsbedürfnis" auffällig – eine Platzierung, die dem Tenor dieses Faktors im Prinzip widerspricht. Das ist als Zeichen eines gewissen Orientierungsproblems zu lesen, das als Ausdruck stark empfundener und zugleich widersprüchlicher Strebungen zwischen Dominanz- und Integrationsbedürfnis begriffen werden kann. Das wiederum ist (auch) als Ausdruck ihrer derzeitigen gesellschaftlichen Platziertheit zu verstehen, die es selbst den Angehörigen der höheren Bildungsschichten unter den Muslimen nicht leicht macht, vollends und 'souverän-locker' in einer Mehrheitsgesellschaft Fuß zu fassen, wo Dimensionen wie Stärke, Stolz und Ehre von eher geringerem sozialen Tauschwert sind. Das macht es dann insbesondere für jene männlichen Muslime mit den niedrigsten Bildungsabschlüssen sehr schwer, sich in die hier aufgezeigte 'Werte-Topographie' der Mehrheit ihrer MitschülerInnen zu integrieren – eben weil das eine selbstverständliche Akzeptanz dieser Attitüden voraussetzte, die aber von ihren MitschülerInnen eher nicht praktiziert wird.

IV.2 Was ich verspüre, wenn ich das Wort „Gemeinschaft" höre

Das Wort „Gemeinschaft" ist vermutlich eines, das im Kreise der älteren Generations-Kohorten dieser Gesellschaft anders gehört wird als bei den derzeit 15- bis 25-Jährigen. Der politische Missbrauch des Gemeinschaftsbegriffs durch den Nationalsozialismus hatte bspw. Helmut Schelsky für die deutsche Nachkriegsjugend von der sogenannten „Skeptischen Generation" sprechen lassen, die dem Begriff der Gemeinschaft sehr distanziert gegenüber stand. Zugleich gilt, dass im Bereich der organisierten Religionspraxis weiterhin am Begriff der Gemeinschaft festgehalten wird. Weil sowohl im politischen wie im religiös-kirchlichen Bereich der Geltungsanspruch dieser Kategorie ständig unterstrichen wird, haben wir uns entschieden, die Befragten nach ihren Gefühlen zu fragen, die das Hören des Wortes „Gemeinschaft" bei ihnen auslöst. Im Sinne der Diagnose von Helmut Schelsky über die „Skeptische Generation" dürfte – wenn diese mit dem Item-Set unserer Untersuchung konfrontiert worden wäre – angenommen werden, dass bei ihr wohl eher die Gefühle der sozialen Kontrolle und des Zwangs im Vordergrund gestanden hätten. Was würde sich ein halbes Jahrhundert später als aktuelle Empfindung bei den derzeit 15- bis 25-Jährigen zeigen?

Abb. 26: Fragebogen-Auszug: Gefühlsassoziationen zum Begriff 'Gemeinschaft', Gesamtstichprobe

Wenn ich das Wort „Gemeinschaft" höre, dann verspüre ich spontan ein Gefühl von so was wie ...								
(n=8044-8125)	überhaupt nicht			genau das trifft es	%	Mittelwert	Standardabweichung	Pos.
... Rückhalt	13	11	23	30	24	100	3,41	1,303	v1101
... Überwachung	26	35	25	9	5	100	2,33	1,108	v1102
... Spass haben	3	3	16	37	41	100	4,09	,984	v1103
... Vertrauen	4	5	20	36	35	100	3,92	1,056	v1104
... Ehrlichkeit	4	7	23	33	34	100	3,85	1,082	v1105
... Bevormundung	27	36	26	7	4	100	2,24	1,041	v1106
... Harmonie	6	8	31	33	22	100	3,58	1,091	v1107
... Gleichmacherei	21	30	33	11	5	100	2,5	1,105	v1108
... Entspannung	9	16	34	26	16	100	3,23	1,165	v1109
... Heuchelei	42	28	20	6	4	100	2,02	1,104	v1110

(1) Es zeigt sich unübersehbar: Bei den heute 15- bis 25-jährigen Jugendlichen/ Jungen Erwachsenen löst das Hören des Wortes „Gemeinschaft" überwiegend *sehr* positive Empfindungen aus. Dabei überrascht es den Kenner der Jugendszene nicht, dass das Item „Spaß haben" (V1103) sich an die Spitze der als positiv empfundenen Funktionen setzt. „Gemeinschaft": das ist in erster Linie „Spaß haben", wobei – das zeigt die Alltagsbeobachtung von Jugendlichen – dieses „Spaß haben" ähnlich mul-

tifunktional benutzt wird wie das Wort „cool". Danach folgen jene Items, deren gemeinsamer Nenner die Schutz-Funktion ist und die insoweit das Motiv der Beheimatung anzeigen. Sie wiederum passen zu jenen Maximen für gelingende Partnerschaftsbeziehungen und Kindererziehungsprozesse, die besonders hoch im Kurs stehen. „Gemeinschaft", so kann man resümieren, bietet beides: Schutz bei gleichzeitigem Spaß; oder umgekehrt: Spaß, begleitet von dem willkommenen und angestrebten Effekt des Schutzes. „Gemeinschaft" – das signalisiert eher 'Beheimatung' als dass es 'soziale Kontrolle' indiziert. Nur wenn man „Spaß haben" mit Unernsthaftigkeit konnotierte und dieselbe wiederum als Dementi 'wahrer' Gemeinschaft begriffe, dann dürfte man den Zweifel plausibel finden, nach dem für die Jugendlichen/Jungen Erwachsenen doch eigentlich nur die Funktionsbeschreibung des „Spaß haben" zutreffe, wohingegen Misstrauen gegenüber den von ihnen ähnlich hoch affirmierten Funktionen wie „Vertrauen", „Ehrlichkeit", „Harmonie" und „Rückhalt" als Abbild der Realität angebracht erschiene. Demgegenüber ist zu sagen: Diese neben dem „Spaß haben" ebenfalls wichtigen Elemente einer positiv empfundenen Begriffsdefinition korrespondieren sachinhaltlich sehr deutlich mit den bevorzugten Maximen in der Kindererziehung und Partnerschaftsgestaltung ebenso wie mit ihrer inhaltlichen Kennzeichnung dessen, was sie als „Sünde" benennen.

Die Konfessionen- und Religionszugehörigkeitsvergleiche der Mittelwerte zeigen: Im Bereich der positiv empfundenen Gemeinschafts-Elemente findet sich zwischen den Mittelwerten der Teilstichproben eine große Nähe. Dabei stimmen auch deren jeweiligen Urteilsstreuungsmaße (Standardabweichungen) weitestgehend überein. Im Bereich der Beschreibungselemente „Gleichmacherei", „Überwachung", „Bevormundung" und „Heuchelei" setzt sich deutlich die muslimische Teilstichprobe in Richtung häufigerer Bestätigung dieser Gefühle ab. Das bedeutet: Im Kreis der muslimischen Jugendlichen/Jungen Erwachsenen werden die Elemente der sozialen Kontrolle erkennbar eher bzw. häufiger wahrgenommen. Dabei darf wohl davon ausgegangen werden, dass damit keine positive Gefühlslage verbunden ist. Auch wenn vermutet werden darf, dass hier sozio- und religionskulturelle Elemente miteinander vergesellschaftet sind: Es kann nicht entschieden werden, inwieweit diese Empfindung eher der minoritären Lebenssituation in einer Mehrheitsgesellschaft geschuldet ist oder aus Traditionen der Herkunftskultur abgeleitet oder gar in erster Linie auf 'rein religiös' legitimierte Komponenten der Lebensführung zurückzuführen ist.

(2) Wie darüber hinaus die differenzierenden Auszählungen (im Online-Forschungsbericht) zeigen, haben auch Angehörige der unteren Ausbildungsniveau-Kohorten vergleichsweise häufiger Empfindungen der sozialen Kontrolle und sie halten sich eher zurück im Bereich der Affirmation der sozialen Schutz- und Behei-

IV. Elementarzustände des Lebens: „Was *fühle* ich?"

Abb. 27: Gefühlsassoziationen zum Begriff 'Gemeinschaft', diff. nach Konfession/Religion, Gesamtstichprobe

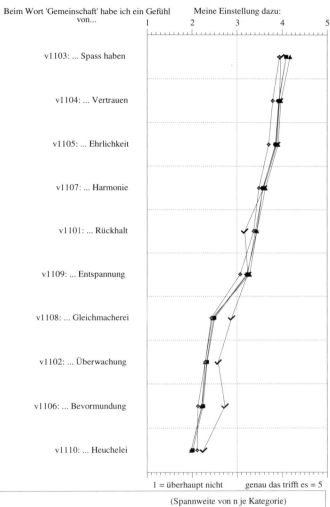

matungselemente. Freilich lässt sich bei den beiden christlichen Konfessionsgruppen im Bereich der eher als positiv empfundenen Items die niedrigste Ausbildungs-Kohorte *nicht* von den höherstufigen Bildungskohorten unterscheiden. Dagegen zeigt sich ein Unterschied bei den beiden anderen Teilstichproben (muslimisch/ohne Konfession) recht deutlich. Welche komplexen Lebenslagen-Kontexte zu diesem Teilergebnis beigetragen haben, kann auf Grund der erhobenen Datenlage nicht gesagt werden. Aber es ist ein Signal dafür, auf der Ebene des Gemeinschaftsbegriffs – der ja seinerseits auch eine wichtige Weltdeutungskategorie darstellt – dieser Frage in entsprechenden Forschungen weiter nachzugehen.

Auch wenn es einen (leichten) Unterschied macht, von welchen Empfindungs-Elementen man häufiger/weniger häufig berichtet, wenn man entweder „sehr aktiv" in einer Kirchengemeinde engagiert ist, oder wenn man mit Kirche und Religion „eigentlich gar nichts zu tun hat" – an der Grundstruktur des Reaktionsverhaltens ändert das im Prinzip *nichts*: „Spaß haben" bleibt immer an der Spitze; und „Heuchelei" wird stets als jene Empfindung gekennzeichnet, die man beim Hören des Wortes „Gemeinschaft" am wenigsten verspürt. Sozialpraktische und dogmatisch-ideologische Nähe/Ferne zum Bereich der organisierten Religionspraxis beeinflusst also eher nur peripher die Gefühlsselbstwahrnehmungen beim Gemeinschaftsbegriff. Das lässt die Diagnose berechtigt erscheinen, dass er sich weitestgehend unabhängig vom Bereich des Religiösen/des Kirchlichen empfindungsmäßig konstituiert – jedenfalls dürfte er nicht aus dieser Richtung seine zweifellos vorhandene Dignitäts-Legitimation erhalten. 'Gemeinschaft': Die Konstituenten dieses Empfindungs- und Strukturierungsphänomens sind allererst ein Tatbestand des 'Allgemein-Sozialen' und nicht des 'Institutionell-Religiösen'. Wenn es überhaupt einen Effekt aus der Richtung des religionspraktischen Engagements gibt, dann besteht er in der unterschiedlich hoch ausfallenden Affirmation der als positiv empfundenen Gemeinschafts-Gefühle, wirkt sich aber nicht im Bereich der Empfindung der eher negativ empfundenen sozialen Kontrollen aus.

Wenn man angenommen haben sollte, dass das Merkmal der Kirchenmitgliedschaft eine Art 'Weltanschauungsindikator'-Funktion besitzt, zeigt sich nun dagegen, dass die (immer noch) mehrheitlich verbreitete Mitgliedschaft in der Kirche eher keinen prognostisch sicheren Hinweis für bestimmte, 'gefestigte' Positionen in Weltanschauungsfragen bietet. Dennoch indiziert die Nähe oder Ferne zum Raum des Religiösen/des Kirchlichen – die auch, aber nicht ausschließlich oder dominant durch die Einstellung zum Kirchenaustritt abgebildet wird – ein *etwas* höheres Affirmations-Ausmaß der positiv verstandenen Elemente des Gemeinschaftsbegriffs. Insoweit besitzt diese Einstellung eine wenigstens schwache Prognosekraft.

IV. Elementarzustände des Lebens: „Was *fühle* ich?"

Abb. 28: Faktorenanalyse: Gefühlsassoziationen zum Begriff 'Gemeinschaft', Gesamtstichprobe

Faktorenanalyse: Gefühls-Assoziationen zum Begriff 'Gemeinschaft' Varimaxrotation, Kaiserkriterium; n = 7866			
Variablen:	Faktoren:		Beschreibung des Faktors:
	1	2	
v1105: Ehrlichkeit	.83818	-.07791	Gefühlsdimension offen-harmonischer Beherbergung als Grundlage/Förderung positiv erlebter Lebensqualität
v1104: Vertrauen	.82583	-.08915	
v1107: Harmonie	.77701	.03271	
v1103: Spaß haben	.76642	-.07663	
v1109: Entspannung	.71135	.06137	
v1101: Rückhalt	.52834	.07851	
v1106: Bevormundung	-.01922	.80625	Gefühlsdimension sozialer Kontrolle mit der Funktion von (verschleierter) Individualitätsbeschränkung
v1102: Überwachung	.04604	.72729	
v1110: Heuchelei	-.24981	.69910	
v1108: Gleichmacherei	.15837	.68098	
Eigenwerte	3.46	2.15	
Erklärte Varianz	34.6	21.5	**Summe = 56.1**

(3) Bei der Faktorenanalyse wird eine klare Strukturierung in zwei Dimensionen erkennbar. Diese entsprechen in ihrer internen Item-Besetzung exakt jener Unterteilung, die sich hermeneutisch bereits bei der Betrachtung der Mittelwerte nahe legte: Die Annahmen, die unter hermeneutisch-theoretischen Gesichtspunkten hypothetisch über die Unterschiede der für den Gemeinschaftsbegriff gesammelten Gefühls-Items formuliert worden waren, finden also auch ihre empirisch-faktorenanalytisch begründete Bestätigung, d. h. auch durch die Befragten selber. Zudem kann gesagt werden, dass die Elemente des Faktors 1 („Beherbergung") zugleich auch jene sind, von denen deutlich häufiger zustimmend bestätigt wird, dass sie zum Gefühlsbestand gehören, wenn man das Wort „Gemeinschaft" hört. Im Übrigen lädt nicht das Element „Spaß haben", sondern das Element „Ehrlichkeit" am stärksten auf den Faktor 1. Das unterstützt die Lesart, nach der es eben *nicht* allein darum geht, „Spaß zu haben". Eher zeigt diese Konnotation an, dass für die Jugendlichen/Jungen Erwachsen die Möglichkeit einer authentischen (ehrlichen) Selbstdarstellung ein zentrales Element ihrer Gemeinschaftserfahrung darstellt. Bedenkt man, dass der Akt des „Sich-Zeigens, wie man wirklich ist" verletzlich macht und dass die dafür notwendige Akzeptanzkultur in den jugendlichen Peer-Groups nicht immer auch gelebt wird, dann wird hier verständlich, weswegen der Begriff der Gemeinschaft, ganz anders als in der Nachkriegsgeneration, ein so hoch geschätztes *Ideal* darstellt.

IV.3 Meine Ängste – Worüber ich bereit bin, mir Sorgen zu machen

Abb. 29: Fragebogen-Auszug: Sachverhalte, die Angst auslösen, Gesamtstichprobe

Jeder Mensch hat mehr oder weniger Ängste.								
Ich habe Angst / keine Angst ... (n=8095-8165)	überhaupt keine Angst			große Angst	%	Mittelwert	Standardabweichung	Pos.
... vor dem Sterben	19	15	27	21	18	100	3,03	1,353	v1001
... vor unheilbaren Krankheiten	7	7	18	31	39	100	3,88	1,187	v1002
... vor Arbeitslosigkeit	6	8	26	34	26	100	3,66	1,119	v1003
... dass mein Freund / Freundin mich verlässt	11	13	26	25	26	100	3,41	1,301	v1004
... vor dem Tod	23	17	23	16	21	100	2,94	1,444	v1005
... vor Einsamkeit / Alleinsein	8	10	22	29	32	100	3,68	1,232	v1006
... vor Atomkrieg	16	15	21	22	27	100	3,29	1,404	v1007
... vor Terrorismus	13	14	23	26	24	100	3,36	1,323	v1008
... vor Sucht (Drogen, Alkohol, Tabletten ...)	27	21	21	15	16	100	2,72	1,415	v1009
... die Freiheit zu verlieren	10	13	20	25	32	100	3,56	1,317	v1010
... vor Mobbing	25	23	27	16	10	100	2,63	1,280	v1011

(1) Auf folgende Haupt-Charakteristika ist hinzuweisen: Es überrascht nicht, wenn man im Alter von 15 bis 25 Jahren, also mehr oder weniger noch *vor* der Hauptphase seines Lebens, berechtigt Angst davor hat, unheilbar krank zu werden, weil dies entweder ein langes Siechtum bedeutete und damit massiver Verlust von Lebensqualität oder das Gewärtig-Sein-Müssen des nahen Todes. Aber es konnte nicht unbedingt erwartet werden, dass aus dieser Alterskohorte und über alle Teilstichproben hinweg der Zustand von 'Einsamkeit/allein sein' als Angstauslöser benannt bzw. zugegeben wird: Zusammen 61 % setzen dieses Item auf die Skalen-Position „4"/„5". Auch das ist ein kompatibles Element im Mosaik des Befindlichkeitsbildes der gegenwärtig jungen Generation, der es – bei allem deutlich artikulierten Autonomieverlangen – sehr stark, zum Teil allererst, um interaktionsstabile Sozialbeziehungen, minimierte Enttäuschungsrisiken und die Beheimatung in einem Vertrauenskontext geht und die mehrheitlich den „Missbrauch von Vertrauen" als Element der Kategorie 'Sünde' deutlich klarer markiert als etwa den Sachverhalt des Schwangerschaftsabbruchs. Was immer die (sicherlich vielfältigen) Ursachen für diese prominente Positionierung sind, die je situationsaktuell oft in Spannung zum Autonomieverlangen geraten dürfte: Wenn der Zustand intakter Sozialität so selbstverständlich wäre, dass man sich – wie bei Selbstverständlichkeiten zwangsläufig – Alternativen dazu nicht vorstellen kann, dann wäre es dementsprechend auch kaum vorstellbar, sich „Einsamkeit/allein sein" als „durchaus möglich" vorzustellen und entsprechend Angst zu empfinden. Das berechtigt zu dem Umkehrschluss, dass von den Jugendlichen/Jungen Erwachsenen – an welchen Sachverhalten im Einzelnen auch immer festgemacht – wohl gehäuft bzw. intensiviert prekäre Beziehungsge-

IV. Elementarzustände des Lebens: „Was *fühle* ich?" 63

flechte bzw. Lebenslagen wahrgenommen werden, wodurch auch immer diese zustande gekommen sein mögen, etwa durch Autonomiestrebungen der Beteiligten. Zumindest kann es nicht als sachangemessen gelten, dass sich die generell in der Jugendphase mehr oder weniger versteckte, aber gleichwohl dominierende Befindlichkeit allgemeiner Orientierungs- und Verhaltensunsicherheit vor allem in der Empfindungsgestalt von Einsamkeit ausdrücken müsste. Zudem: Nicht einmal ganz ein Drittel setzt das Item „Sucht" auf die Skalen-Positionen „4"/„5". Wenn also gegenwärtig Jugendliche/Junge Erwachsene die Möglichkeit haben, zwischen verschiedenen Tatbeständen der Kategorie Angst auszuwählen, greifen sie eklatant häufiger auf ein Problem in der Sozialdimension zurück und benennen jenes weniger, bei dem die Gefahr eines persönlichen Identitäts-Verlusts viel stärker besteht. Und man kann nicht sagen, dass das Benennen von „Einsamkeit/allein sein" psychisch gesehen einfach leichter falle als das des personenbezogenen Gefährdungspotenzials der „Sucht". Im Übrigen verwundert wohl nicht, dass die relativ hohen Standardabweichungen signalisieren, dass überwiegend die Angst-Dispositionen individuell sehr verschieden ausfallen.

(2) Im Blick auf den Vergleich nach Konfession/Religion zeigen sich die meisten Mittelwerte (und im Hintergrund, mit Ausnahme der Muslime, auch die Standardabweichungen) als zwar z. T. hoch, aber zugleich wieder einmal sehr eng beieinander liegend. Von den Muslimen wird in erwähnenswertem Ausmaße weniger Angst vor dem Zustand der „Einsamkeit/des Alleinseins" (V1006) signalisiert; gleiches gilt im Blick auf das Item „dass mein Freund/Freundin mich verlässt" (V1004). Demgegenüber identifizieren sie „Sucht" (V1009) doch deutlich häufiger als eine Befindlichkeit, die bei ihnen Ängste auszulösen vermag – ein Befund, der dem strikten Alkoholverbot im Islam klar entspricht. Bei den ev./kath. Befragten fällt allgemein die Bereitschaft stärker aus, Angstauslöser zu benennen. Dieser Sachverhalt kann vielleicht als ein Indiz für die Hypothese gelesen werden, nach der für die Kultur von Gefühlsartikulationen die Existenz einer kirchlichen Sozialisation und Mitgliedschaft keineswegs unerheblich geworden ist. Wenn die mit der Bejahung von Ängsten gegebene Sorge um die Zukunft gar eine generell stärker ausgeprägte Zukunftsorientierung bei den kirchlich sozialisierten Jugendlichen anzeigen sollte, dann deutete sich damit auch an, dass ein hinreichend konsistenter und stabiler Rahmen der Selbst- und Weltdeutung – wie er in einer kirchlich geprägten Sozialisation gegeben ist – eine relevante Ressource der persönlichen Entwicklung darstellt. Die im Folgenden gesonderte Analyse des Einflusses von Nähe und Distanz zu einer Religionsgemeinschaft wird diese Überlegung bestätigen können.

(3) Die weiterführend vorgenommenen Differenzierungen können zeigen (vgl. Online-Forschungsbericht), dass weibliche Jugendliche/Junge Erwachsene vorhandene Ängste als stärker ausgeprägt vorhanden bestätigen (möglicherweise auch eher: 'bekennen'). Dieser Befund gilt über die Konfessions- *und* Religionsgrenzen hin-

weg. Insoweit kann man auch sagen, dass der Befund wohl generell zum Gender-Profil 'weiblich' gehört.

Abb. 30: *Sachverhalte, die Angst auslösen, diff. nach Konfession/Religion, Gesamtstichprobe*

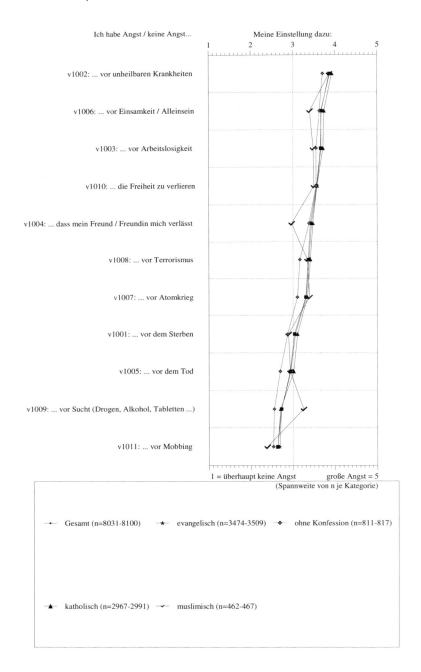

IV. Elementarzustände des Lebens: „Was *fühle* ich?"

Erkennbar deutlich gestaltet sich der kommunikative Umgang mit der Bestätigung/Verneinung von Angstgefühlen in Abhängigkeit des Faktors „Nähe/Distanz zu einer Religionsgemeinschaft": Mitgliedschaftsaffinität lässt vergleichsweise häufiger von solchen Gefühlen sprechen. Kommunikative Offenheit im Blick auf Ängste ist auch eher bei jenen zu finden, die dazu tendieren, die Existenz des Christentums als für die Gesellschaft positiv zu beurteilen. Es könnte also sein, dass sich im religionsgemeinschaftlichen Kontext ein ethisches Bewusstsein auch eher dergestalt entwickelt, dass sich in den Ängsten zugleich eine sorgende Verantwortung spiegelt. Auffällig ist zudem, dass es an der Haltung zum Kirchenaustritt – näherhin an dem Entschluss, ihn möglichst bald zu realisieren – zu hängen scheint, wie man sich in der Frage der Offenheit bei der Benennung konkreter Anlässe verhält: Die, die „ganz bestimmt so bald wie möglich austreten" wollen, berichten deutlich weniger von Angstgefühlen. Und umgekehrt verhält es sich bei jenen, für die „ein Kirchenaustritt unter keinen Umständen in Frage" kommt oder die „darüber eigentlich noch nie nachgedacht" haben. Die Bereitschaft, bei einer solchen Befragung die Anlässe dafür zu benennen bzw. zu bestätigen, könnte mit einer Weltwahrnehmung zusammenhängen, die ihrerseits wiederum die Haltung zur Institution prägt. Das freilich würde bedeuten, dass vieles, was überhaupt kirchlich-religiöse Milieuanbindung bzw. ihre Beibehaltung zu unterstützen verspricht, dazu beiträgt, auch das Verhältnis zum eigenen Selbst beeinflussen zu können, das zu einer offenen Benennung von Angstauslösern bzw. zur Wahrnehmung von Verantwortung befähigt. Und dieser Gesichtspunkt wiederum wird relevant, wenn es darum geht, über mögliche Wirkungen religiöser Bildung nachzudenken und zu schauen, auf welchen Gebieten des Selbstverhältnisses religiöse Bildung entsprechende Prozesse bzw. Positionierungen zu befördern helfen könnte.

Abb. 31: *Faktorenanalyse: Sachverhalte, die Angst auslösen, Gesamtstichprobe*

Faktorenanalyse: Sachverhalte, die Angst auslösen Varimaxrotation, Kaiserkriterium; n = 7875				
Variablen:	Faktoren: 1	2	3	Beschreibung des Faktors:
V1008: Terrorismus	.81020	.32976	.09286	Ängste vor Identitätsbedrohung und -verlust im Kontext eher abstrakter bzw. latenter Gewaltpotentiale
V1007: Atomkrieg	.80874	.32301	.07662	
V1009: Sucht (Drogen/Alkohol)	.67020	.02627	.29255	
V1011: Mobbing	.53726	.09408	*.37647*	
V1001: Sterben	.12140	.88999	.11779	Ängste im Bereich der Wahrnehmung der eigenen unvermeidlichen Endlichkeit
V1005: Tod	.13126	.86521	.11438	
V1002: unheilbare Krankheiten	.25506	.67151	.27011	
V1004: Trennung v. Partner/-in	.04074	.17800	.74486	Ängste vor sozialer Isolation, insbes. vor Verlust von face-to-face-Beziehungen
V1006: Einsamkeit / Alleinsein	.22366	.26345	.66121	
V1003: Arbeitslosigkeit	.19335	.12230	.58775	
V1010: Freiheit verlieren	*.45079*	-.11783	.52279	
Eigenwerte	4.26	1.46	1.01	
Erklärte Varianz	38.8	13.3	9.2	**Summe = 61.2**

(4) Faktoranalytisch differenziert sich das Gesamtfeld in drei Dimensionen aus. Von denen erscheinen mindestens die Faktoren 2 und 3 thematisch konsistent. Ins-

gesamt wird man sagen dürfen: Angst ist dreidimensional. Dabei kann die Dimension der „Endlichkeitserfahrung" als die Kontingenz des Lebens begriffen werden und die Dimension der „sozialen Isolation und des Identitätsverlusts" lässt Angst 'als im Lebensablauf platziert' verstehen.

Sowohl bei den Katholiken als auch bei den Muslimen kommt es zu einem nicht unwichtigen (im Online-Forschungsbericht dokumentierten) Faktorplatz-Tausch: Bei den katholischen Jugendlichen/Jungen Erwachsenen findet gewissermaßen ein 'faktorenanalytisches Upgrading' für den Faktor „Erfahrung eigener Endlichkeit" statt, der bei ihnen Platz 1 erhält. Und die Anbindung von „Sucht"/„Mobbing" an den Faktor 3 („soziale Isolationsängste") wird noch deutlicher vorgenommen. Damit strukturiert sich in der katholischen Teilstichprobe der Empfindungsraum zum Thema „Angst" vergleichsweise konturierter bzw. randschärfer als in der Gesamt- bzw. der evangelischen Teilstichprobe. Auch die Muslime setzen den Faktor der „Endlichkeitserfahrung" auf Platz 1 ihrer Faktorenreihenfolge. Sie versehen zudem das Item „Sterben" (V1001) mit einer außerordentlich hohen Faktorladung von .916. Der Faktor „Endlichkeitserfahrung", der ja zweifellos eine deutlich religiöse Komponente besitzt, erhält also sowohl bei den Katholiken wie bei den Muslimen eine prominentere Platzierung und die Muslime bestimmen insbesondere das Item „Sterben" durch die sehr hohe Faktorladung eindeutig zur Signatur dieses Faktors. Die „Endlichkeitserfahrung" ist bei Katholiken wie bei Muslimen mit scheinbar größerer Hafttiefe vorhanden, als bei den evangelischen und konfessionslosen Befragten in dieser gesamten Stichprobe.

IV.4   „Gottes Segen" – Was fühle ich, wenn ich das höre?

Bei der Item-Gestaltung dieses Themenkreises war der Fehler zu vermeiden, den eine theoretisch insuffiziente Popular-Demoskopie macht, wenn sie meint, direkt, kontextlos und womöglich nur in einer Ja-Nein-Dichotomie danach fragen zu können, ob man glaube, dass „es einen persönlichen Gott gibt" und die der Auffassung ist, mittels der entsprechenden Antwortverteilungen diagnostizieren zu können, ob es sich um eine 'religiöse' oder um eine 'säkularisierte' Population handelt. Zugleich ist einsichtig: Keine religiöse Rede – auch nicht eine solche, die sich eher nur einem Allgemein-Transzendenten verpflichtet sehen will – kommt ohne eine Begrifflichkeit zur Benennung des Gemeinten aus. So entsteht die Frage, wie man die *reflexive* Selbstwahrnehmung des Subjekts begriffskonstitutiv mit einbezieht. Deshalb wurde entsprechend dem theoretischen Ansatz von Joachim Matthes versucht, den Aspekt des Selbstverhältnisses in der Weise mit zu berücksichtigen, dass nach *Gefühlen* in einer Kommunikationssituation gefragt wurde: „Wenn ich den Satz von „... Gottes Segen höre, habe ich spontan das Gefühl von ...". So wird eine Reaktion auf die angebotene explizit religiöse Semantik („Gottes Segen") als „Spiegelung" protokollierbar, die – je nach Reaktionsvalenz – evtl. als eine an sich selber wahrgenommene „Verwirklichung" begriffen werden kann.

IV. Elementarzustände des Lebens: „Was *fühle* ich?"

Abb. 32: *Fragebogen-Auszug: Gefühlsassoziationen zum Wort 'Gottes Segen', Gesamtstichprobe*

(n=8069-8134)	Wenn ich den Satz von „ … Gottes Segen" höre, habe ich spontan ein Gefühl von …							
	überhaupt nicht				genau das trifft es	%	Mittel-wert	Standard-abwei-chung	Pos.
… Ermunterung	36	24	24	11	6	100	2,28	1,222	v0301
… Schutz	29	15	21	20	15	100	2,78	1,431	v0302
… Dankbarkeit	31	20	24	15	10	100	2,52	1,331	v0303
… Sicherheit	31	18	20	18	13	100	2,66	1,417	v0304
… Abhängigkeit	53	27	13	5	3	100	1,78	1,030	v0305
… Erleichterung	37	23	22	11	7	100	2,29	1,256	v0306
… Trost	37	21	22	13	8	100	2,33	1,298	v0307
… Zwang	61	21	10	4	3	100	1,67	1,035	v0308
… Freundlichkeit	31	17	25	19	9	100	2,58	1,329	v0309
… Überirdischem	56	18	13	7	6	100	1,88	1,213	v0310

(1) Auf die nicht-muslimischen Stichproben bezogen muss man mit aller Vorsicht konstatieren, dass die von der Sentenz „Gottes Segen" ausgelösten Gefühle eher nur als 'schwaches Echo' dessen identifiziert werden können, was in der institutionen-gesteuerten religiösen Sprachwelt intentional damit erreicht werden soll: „Gottes Segen" – das ist heute in unserer europäisch-postindustriellen Gesellschaft kein Wortsymbol, das als völlig selbstverständlich in Geltung stehend angesehen werden kann und mit dem es jedem Einzelnen ebenso wie dem 'Beobachter der Gesellschaft' gelingen könnte, *semantisch* ein Kernelement der Weltdeutung zu erfassen. Sicher ist freilich – weil anthropologisch unvermeidbar –, dass es bei jedem Menschen Weltdeutungskategorien gibt. Ob nun aber zur semantischen Repräsentation dieser Kategorien auch jene von „Gottes Segen" gehört, die das „Gefühl schlecht-hinniger Abhängigkeit" (Schleiermacher) eben auf den Begriff „Gott" bringen möchte, ist bezweifelbar. Der Grund liegt vermutlich sehr stark in der Attraktivität der vielen (populär simplifizierten) naturwissenschaftlichen (szientistischen) Welt-erklärungsangebote, zu denen eine – zudem oft 'menschlich' vereinfacht gedachte – '*Person*-Vorstellung mit Allmächtigkeitspotenz' in massiver Spannung steht. Die zur Sentenz von „Gottes Segen" von uns angebotenen Items bzw. Semantiken be-sitzen jedenfalls keine selbstverständliche Erschließungsqualität dafür, die Einsicht in die in „Gott" 'als der *un*bedingten Transzendenz' gründende Vorausgesetztheit des Daseins zu ermöglichen. Gegenwärtig können in unserer Mehrheitsgesellschaft solche intellektuellen Einsichtsprozesse *begrifflich* offenkundig nicht beim Topos von „Gottes Segen" (und damit auch beim Gottes-Begriff) beginnen und dann wei-ter entfaltet werden. Vielmehr können diese Einsichten – denen dann auch eine passende '*Glaubens*-Sprache' zuzugesellen wäre – allenfalls am Ende von diskursiv durchzuführenden religionsphilosophisch-anthropologischen Entfaltungen – mithin durch religiöse Bildungsprozesse bewirkt – stehen.

Abb. 33: *Gefühlsassoziationen zum Wort 'Gottes Segen', diff. nach Konfession/Religion, Gesamtstichprobe*

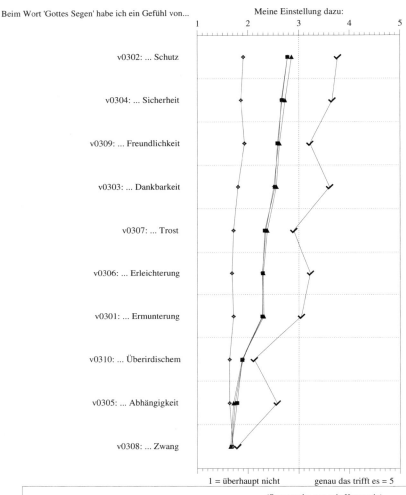

Gleichwohl sollte nicht übersehen werden: „Schutz" und „Sicherheit" – das sind (wenn man einmal von der minimalen Verschiebung bei den Konfessionslosen absieht) die *Gefühle*, die am ehesten durch das Hören der Sentenz von „Gottes Segen" ausgelöst werden. Ebenso einig ist man sich darin, dass „Zwang" (V0308) weitestgehend *nicht* zu den von dieser Sentenz ausgelösten Gefühlen gehört. Dieses Ergebnis könnte – im Kontext der schon an anderen Stellen dieser Untersuchung festgestellten Bedürftigkeiten – davon zeugen, dass die Kategorie des 'Beschützt-Seins' am ehesten auf ein positives Echo stößt. Die den Jugendlichen/Jungen Erwachsenen immer erst nahe zu bringende bzw. stets zu erneuernde Einsicht in die Vorausgesetztheit des eigenen Daseins erscheint daran zumindest leichter anknüpfbar. Und dann ist ebenfalls als ein wichtiges Signal zu beachten, dass die Gefühlsdimension des „Zwanges" eine ist, die am wenigsten mit der Sentenz von „Gottes Segen" konnotiert. Das kann so gelesen werden, dass „Segen" jedenfalls nichts ist, was den Charakter des Aufgezwungenen annimmt, sondern immer etwas ist, was man als Geschenk – also von außerhalb seines Selbst – frei entgegennehmen kann.

(2) Muslimische Jugendliche/Junge Erwachsene signalisieren demgegenüber mit vergleichsweise beeindruckender Deutlichkeit, dass sie die ihnen angebotenen Items zur Beschreibung ihrer Vorstellungen von „Gottes Segen" für hoch zustimmungsfähig halten. Dabei ist zu berücksichtigen, dass im islamischen Bereich der Topos des „Segens" (arab. *baraka*) theologisch-religiös nicht unbedingt dieselbe Bedeutung hat wie im Christentum, wenngleich sowohl der christliche wie islamische Gehalt weitgehend vom hebräischen Segensbegriff (*beracha*) beeinflusst sind. Die hohe Zustimmung geht daher sicherlich weniger darauf zurück, dass die angebotenen Items den islamischen Segensbegriff besser treffen, sondern dass die muslimischen Jugendlichen in ihrer Gesamtheit eher bereit sind, sich in einer Position des Empfangens der Zuwendung Gottes wahrzunehmen. Dass freilich die Situation bei den Muslimen *nicht* mit dem Etikett „völlig eindeutig" beschreibbar zu sein scheint, kann man ihren höheren Werten bei den Standardabweichungen der Itembeurteilungen entnehmen. Sie fallen etwa um ein Drittel (!) höher aus als in den nicht-muslimischen Stichproben. Das verbietet es, von 'den' Muslimen zu sprechen, bzw. von 'dem' Islam und seiner gleichsam unverrückbaren Verankertheit im soziokulturellen Bewusstsein der hier Antwortenden. Zudem muss daran erinnert werden, dass die hier befragten Muslime in der Regel Angehörige einer ethnischen Minderheit sind, in der – wegen der Minderheiten-Situation generell – der 'Verkehrswert' gruppenkohäsionsfördernder (auch religiös-traditioneller) Symbole mit einer Wirkungskraft eigener Art zu veranschlagen ist und die Symbole zur Aufrechterhaltung der kulturellen Identität eher Beheimatungseffekte auszulösen vermögen.

(3) Die weiteren Differenzierungen (vgl. Online-Forschungsbericht) erweisen u. a., dass eine höhere Bildungs-Aspiration bei den Konfessionslosen in nochmals gesteigerter Weise zu negativen Gefühlen führt, die vom Hören der Sentenz „Gottes Se-

gen" ausgelöst werden. Das könnte besonders typisch für einen Bildungsaspirations-Typ sein, wie er sich an Berufsbildenden Schulen findet, deren Vorbereitung auf die Hochschulreife eben doch nicht mit der gleichen Selbstverständlichkeit wie etwa an einem altsprachlichen Gymnasium abläuft. Einerseits lässt sich zwar zeigen, dass Bildung überhaupt ein Faktor sein kann, der zur Offenheit gegenüber religiöser Semantik zu führen vermag. Wenn aber qua Familientradition lebenslaufmäßig der Status der Konfessionslosigkeit gleichsam vorgegeben ist, könnte das Bemühen um sozialen Aufstieg durch Bildungsanstrengungen (wie besonders häufig an einer BBS) verstärkt dazu führen, sich einem Wissenschafts-Modell nahe zu sehen, von dem aus es in der Tat besonderer intellektueller Anstrengungen bedürfte, um erkennen zu können, dass mit diesem Modell eben kein Total-Zugang zur Welterkenntnis verknüpft ist.

Abb. 34: *Faktorenanalyse: Gefühlsassoziationen zum Wort „Gottes Segen", Gesamtstichprobe*

Faktorenanalyse: Gefühls-Assoziationen zum Wort 'Gottes Segen' Varimaxrotation, Kaiserkriterium; n = 7828			
Variablen:	Faktoren: 1	2	Beschreibung des Faktors:
V0302: Schutz	.88674	.07208	
V0304: Sicherheit	.88139	.07142	Mit Schutz- und
V0303: Dankbarkeit	.85117	.18664	Stabilisierungs-Funktion
V0306: Erleichterung	.81643	.27076	ausgestattete
V0307: Trost	.81091	.17782	Zuwendungsempfindungen
V0301: Ermunterung	.80555	.23978	
V0309: Freundlichkeit	.78362	.16892	
			eher die Persönlichkeit
V0308: Zwang	-.10522	.87675	einengende Gefühle
V0305: Abhängigkeit	*.32664*	.74315	eines von etwas Fremden
V0310: Überirdisches	.27937	.56145	Vereinnahmt-seins
Eigenwerte	5.52	1.42	
Erklärte Varianz	55.2	14.2	**Summe = 69.4**

Es überrascht wohl nicht: Die vier 'religiositätsorientiert-meinungspositionellen' Prüfvariablen (Aktivität in der Kirchengemeinde, Kirchenaustrittshaltung, Einstellung zum Christentum und die Frage der Wortwörtlichkeit der Bibel) zeigen vergleichsweise drastische Reaktionsunterschiede in der Frage der Gottes-Semantik. Aber es fragt sich natürlich: Beeinflusst die Semantik bzw. ihre Akzeptanz die in den Prüfvariablen beschriebenen Umstände oder ist es eher umgekehrt? Wie auch immer: An der Frage der Semantik und der mit ihr und durch sie erschließbaren Verstehensprozesse im religiösen Selbstverhältnis entscheidet sich wohl vieles. Insofern sind die 'Rede von Gott', also der Gebrauch der Gottes-Semantik, und insbesondere die Einführung in diese Semantik als Schlüsselkategorien bzw. -prozesse bei der religiösen Bildung zu verstehen. Die Bedingungen der Möglichkeit beim Aufbau von Weltdeutungskategorien bei Jugendlichen/Jungen Erwachsenen sind heute so gestaltet, dass für die Entfaltung eines religiös-reflexiven Selbstverhältnisses *nicht* selbstverständlich beim Gottesbegriff angefangen werden kann; dieser kann allenfalls am Ende eines Entfaltungsprozesses stehen.

(4) Die Faktoren-Matrix in *Abbildung 34* zeigt eindeutige, klar strukturierte Verhältnisse. Die Konnotationen-Strukturierung der Items durch die Jugendlichen/Jungen Erwachsenen lässt die Dimension 1 als eine kennzeichnen, die die Items der mit „Schutz- und Stabilisierungsfunktion ausgestatteten Zuwendungsempfindungen" bündelt. Entsprechend kann man den Charakter von Faktor 2 kennzeichnen als „eher die Persönlichkeit einengende Gefühle eines von etwas Fremdem Vereinnahmt-Seins."

Diese beiden Faktoren finden sich in dieser Gestalt und mit entsprechender Item-Besetzung in allen vier Teilstichproben. Damit wird belegt, dass über die Grenzen von Konfessionen *und* Religionen hinweg die semantische *Wahrnehmung* (aber eben nicht auch deren Akzeptanz!) gleich ausfällt. Und wie schon bei einigen anderen Themenkreisen gibt es wieder eine gewisse Gleichläufigkeit zwischen den in den Faktoren zusammengefassten Items und ihrer Zugehörigkeit zu Mittelwerte-Gruppen, die nach dem Kriterium von 'eher Zustimmung'/'eher Ablehnung' gebildet werden konnten.

IV.5 Gefühle beim Hören des Wortes „religiös"

Auch bei der Formulierung dieses Themenkreises ist bewusst nicht direkt gefragt worden, ob sich die Jugendlichen/Jungen Erwachsenen selber als 'religiös' einstufen. Zusätzlich wird angenommen, dass etwa mit dem angebotenen Item „Ernsthaftigkeit" eher Akzeptanz als Nicht-Akzeptanz indiziert ist und mit „Enge" oder „'schuldig' sein" eher Nicht-Akzeptanz verknüpft sein dürfte.

Abb. 35: *Fragebogen-Auszug: Gefühlsassoziationen zum Wort 'religiös', Gesamtstichprobe*

Wenn das Wort „religiös" fällt, dann verspüre ich spontan ein Gefühl von ...							
(n=7984-8070)	überhaupt nicht		genau das trifft es	%	Mittelwert	Standardabweichung	Pos.
... Ernsthaftigkeit	22	18	27	22	12	100	2,83	1,311	v1201
... Bevormundung	31	30	22	11	6	100	2,3	1,186	v1202
... Trost	29	25	26	15	5	100	2,43	1,199	v1203
... altmodisch sein	28	22	25	15	9	100	2,55	1,293	v1204
... Harmonie	25	24	30	15	6	100	2,54	1,192	v1205
... verklemmt sein	35	27	20	12	6	100	2,28	1,230	v1206
... Geborgenheit	26	23	26	17	9	100	2,58	1,268	v1207
... irgendwie 'versponnen' sein	36	31	22	7	4	100	2,12	1,099	v1208
... befreit sein	33	28	24	10	5	100	2,28	1,172	v1209
... Entspannung	32	29	24	10	5	100	2,27	1,152	v1210
...'schuldig' sein	51	30	13	4	2	100	1,78	,988	v1211
... Enge	41	27	18	9	6	100	2,12	1,197	v1212

(1) Das Gefühl, das bei evangelischen und katholischen Jugendlichen/Jungen Erwachsenen am ehesten ausgelöst wird, wenn sie das Wort „religiös" hören, ist „Ernsthaftigkeit". Und jenes Item, das sie gefühlsechomäßig am wenigsten bei sich entdecken können, wenn das Wort „religiös" fällt, ist „'schuldig' sein". Das bedeutet: Die Kategorie „Schuld" ist im Wahrnehmungsraum der hier Befragten keine Kategorie *religiöser* Semantik und dürfte insoweit wohl auch nicht mit solchen Kategorien wie „Gnade" und „Vergebung" konnotiert haben, wenn man danach gefragt hätte. Die Bedeutungsdistanz von „Schuld" zu „Vergebung" macht sich bis hinein in unser alltägliches Sprachverhalten deutlich: Auch nach schweren schuldhaften Verletzungen wird (nicht selten mit sehr selbstbewusst-forderndem Unterton) die Formulierung benutzt: „Ich entschuldige mich (doch) dafür!", statt zur Formulierung zu greifen: „Ich bitte um Verzeihung". In jedem Falle zeigt sich mindestens auf der Ebene dieser Frage, dass eine Verknüpfung von Religiosität und Schuld wohl eher nicht vorgenommen wird. Eine religiöse Bildungsdidaktik, die damit rechnen muss, dass bei vielen Jugendlichen/Jungen Erwachsenen das Gefühl der Vorausgesetztheit ihres Daseins eher nicht *explizit* thematisch ist, wird nun auch darauf aufmerksam gemacht, dass der Begriff der Schuld auf der Ebene sozialer Beziehungen als ein Element gegenseitiger Ansprüche angesehen wird bzw. auf diesen Aspekt beschränkt bleibt. Am ehesten positive Gefühlsechos lösen jene Items aus, die auch schon in einer Reihe anderer Themenkreise als Synonyma für das allgemein präsente und wohl als dringlich empfundene Bedürfnis nach sozialer Interaktionsstabilität, Erwartungssicherheit und Beziehungsrisiko-Minimierung aufgetreten sind. Wenn es also, so darf man an dieser Stelle spekulieren, religionspädagogisch-gesprächsstrategisch darum gehen sollte, eine Veranschaulichung dessen zu versuchen, was man als die Vorausgesetztheit seines Daseins – und das heißt: als dessen Transzendentalität – verstehen könnte, so verspricht dieser Versuch vielleicht am ehesten Erfolg, wenn man das Thema bzw. das Problem über den Rekurs auf die Sozialbeziehungs-Kategorie aufzuschlüsseln versuchte und dabei verdeutlichte, dass auch Sozialbeziehungen nicht allein (und oft genug gar nicht) das Resultat je eigener Gestaltungsmächtigkeit sind.

(2) Im Blick auf den Vergleich nach Konfessionen/Religionen zeigt sich ein Bild polarisierter bzw. dreigeteilter Verhältnisse: Dort, wo die Muslime massiv ihre Affirmation signalisieren, tun die Konfessionslosen das Gegenteil davon und die beiden konfessionellen Teilstichproben finden sich mit ihren Werten gleichsam in der Mitte wieder. Dabei gibt es bei den Muslimen das an dieser Stelle wohl eher negativ zu verstehende Signal, dass mit Religiosität auch „Bevormundung" (V1202) assoziiert sein kann. Insgesamt jedoch gibt es bei ihnen eine deutlich stärker ausgeprägte, positive Resonanz auf das Hören des Wortes „religiös". Sie fühlen sich u. a. stärker geborgen, befreit und entspannt, womit sich andeutet, dass im Migrationskontext die religiöse Selbstverortung hoch bedeutsam für die innere Beheimatung ist. Zu vermerken ist freilich ein leicht höheres Niveau der bei ihnen

IV. Elementarzustände des Lebens: „Was *fühle* ich?"

Abb. 36: Gefühlsassoziationen zum Wort 'religiös', diff. nach Konfession/Religion, Gesamtstichprobe

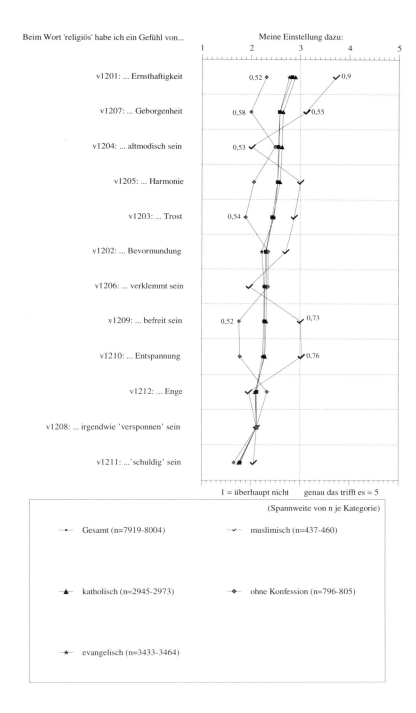

aufgewiesenen Standardabweichungen. Das bedeutet, dass sich das hier zeigende Bild – stärker als bei den anderen Teilstichproben – aus zum Teil eher divergierenden Auffassungen im Kreise der Muslime zusammensetzt.

(3) Die Konfrontation der Items mit den vier Vergleichsvariablen, die ihrerseits religiositätsorientiert-meinungspositionelle Topoi thematisieren (vgl. Online-Forschungsbericht), bestätigen den Eindruck, dass ein Teil dieser Items eher nicht geeignet erscheint, zum Bedeutungsraum 'religiös' zu gehören: „altmodisch sein", „Bevormundung", „verklemmt sein", „Enge", „versponnen sein" – und auch: „schuldig sein". Eine Affinität/Nicht-Affinität zum Topos 'religiös' ist vielmehr nur an solchen Items ablesbar (wohlgemerkt: nur in Bezug auf die angebotenen!), die ihrerseits als positiv empfindbare Gefühlsbeschreibungen gedeutet werden dürfen (Beispiel: „Geborgenheit"). So wird auch hier bestätigt, dass „schuldig sein" selbst bei denen, die hoch mit Kirche und „wortwörtlichem" Glaubensverständnis verbunden sind, kein Element der Kategorie 'Religiosität' ist.

Abb. 37: *Faktorenanalyse: Gefühlsassoziationen zum Wort 'religiös', Gesamtstichprobe*

Faktorenanalyse: Gefühls-Assoziationen zum Wort 'religiös' Varimaxrotation, Kaiserkriterium; n = 7735			
Variablen:	Faktoren: 1	2	Beschreibung des Faktors:
v1207: Geborgenheit	.87403	-.01989	'Religiosität' als befreiend-harmonisches, trostvolles und zugleich Ernsthaftigkeit abforderndes Geborgenheits-Erleben
v1209: befreit sein	.85324	-.00055	
v1210: Entspannung	.83804	.03775	
v1205: Harmonie	.83565	.04736	
v1203: Trost	.82160	.08400	
v1201: Ernsthaftigkeit	.64733	.20878	
v1206: verklemmt sein	-.04113	.80935	'Religiosität' als begrenzend-heteronome, nicht zur eigenen Identität zugehörige Erfahrung
v1212: Enge	-.04457	.75425	
v1204: altmodisch sein	-.08748	.72291	
v1208: irgendwie 'versponnen' sein	.12484	.71876	
v1202: Bevormundung	.17623	.67568	
v1211: schuldig	.29406	.52621	
Eigenwerte	4.32	2.86	
Erklärte Varianz	36.0	23.8	**Summe = 59.9**

(4) Die faktoranalytische Durchleuchtung des Datenbestandes zeigt eine sehr klare Strukturierung in zwei Faktoren. Die Strukturierung hält sich auch in den Teilstichproben weitestgehend durch. Im Detail (vgl. Online-Forschungsbericht) zeigt sich für die Teilstichproben der evangelischen, katholischen und konfessionslosen Jugendlichen/Jungen Erwachsenen, dass die höchste Ladung auf dem Faktor 1 nicht dem Item „Ernsthaftigkeit" zugewiesen wird, sondern dem – bereits in anderen Kontexten für wichtig erachteten – Item „Geborgenheit". In der Teilstichprobe der Muslime wird der Faktor 1 nicht vom Item „Geborgenheit", sondern von „befreit sein" angeführt – jenes Item, was in der Mittelwerte-Reihung der Muslime zwar nicht an der Spitze steht, aber doch im Vergleich zu den anderen Teilstichproben weiter oben positioniert wird. Für die Muslime stellt sich zudem die Frage, warum

„Bevormundung" (V1202) mit sehr hoher Nebenladung (.42) ebenfalls dem Faktor 1 zugeordnet wird. Es könnte dadurch vielleicht angezeigt sein, dass für sie „befreit sein" und zugleich „bevormundet werden" gleichsam der 'Preis' ist, den man zahlen muss, wenn dafür „Geborgenheit" gewährleistet ist. Zumindest ist es lebens- bzw. gefühlspraktisch nicht undenkbar, dass ein 'sich einer gewissen Regelhaftigkeit überantworten' – die man dann zugleich als „Bevormundung" empfinden könnte – zumindest dann als nicht absolut negativ empfunden wird, wenn man dadurch zugleich Verhaltenssicherheit als eine Variante von Geborgenheit erreicht. Dadurch könnte die Last des 'Immer-wieder-neu-entscheiden-Müssens' gemildert werden.

IV.6 Gefühle beim Hören des Wortes „Kirche/Moschee"

In der gleichen Absicht, wie schon bei den Sentenzen „Gottes Segen" und „religiös" sollte auch bei diesem Fragenkomplex vermieden werden, funktionalistisch nach dem Stellenwert von „Kirche" (für die Muslime: von „Moschee") im Leben der befragten Jugendlichen/Jungen Erwachsenen zu fragen. Dabei kann man die dazu in Betracht gezogenen Items in solche mit allgemein positiver Assoziation und in solche mit negativer Valenz unterteilen. Es wurde bei der Item-Auswahl der Versuch gemacht, Beschreibungselemente zu finden bzw. aus dem Fundus der von den RL gesammelten Schüler-Nennungen auszuwählen, die (1.) eine vom betrachtenden Subjekt losgelöste 'objektive' Wahrnehmungsgestalt skizzieren, und die (2.) die gleichsam 'körperliche' Gefühlsbefindlichkeit des Subjekts mit zu umgreifen versuchen. Man kann die Kategorie (1) auch folgendermaßen charakterisieren: Hier sind Items versammelt, die zwar einerseits vom subjektiven Gefühlsempfinden erfassbar sind. Aber sie repräsentieren zugleich doch etwas, zu dem man immer in der Position eines 'Gegenüber' verbleibt – eben weil man es sich nicht gefühls*umfassend* anverwandeln kann. Letzteres macht dagegen das Charakteristikum der in der Kategorie (2) zusammenfassbaren Items aus, in denen es um mögliche subjektive Kindheitserinnerungen geht: um das Gefühl von Nicht-Zugehörigkeit, von „Beklemmung", von Beheimatet-Sein und um das Gefühl einer „Sehnsucht nach mehr". Man könnte es auch so formulieren: Zum einen hat „Kirche" (bzw. Moschee) die Dimension als kulturelle Objektivation, zu der das Subjekt sich nur ins Verhältnis setzen kann. Zum anderen eignet ihr daneben etwas, das man sich subjektiv-gefühlsmäßig anverwandeln, gleichsam 'einverleiben' kann.

Damit sollte – ansatzweise! – thematisch werden können, was Funktion und Gestalt von Institutionen bzw. von Kultur und des Sozialen ausmacht, nämlich (im Sinne des Luckmann'schen Dreischritts von Externalisation – Objektivation – Internalisation): 'Objektivationen' zu sein, die im Laufe der Kulturgeschichte des Menschen zwar auch als Produkte der Externalisation seiner Handlungen und Wahrnehmungen zustande gekommen sind, die sich dann und dadurch aber auch als ein Gegenüber zu ihm platzieren können/konnten. Diese Objektivationen wiederum lassen sich dann als 'Gestalt' für nachwachsende Generationen internalisieren und können damit in den subjektiv verfügbar erscheinenden Gefühlsbestand aufgenommen werden. Die spannende Frage ist: Spiegeln sich diese theoretischen Intentionen in der Struktur der Reaktionen wider? Oder zeigen sich – sowohl in Gestalt von Faktoren wie auch in den nach rein hermeneutischen Kategorien gruppierbaren Zustimmungs-/Ablehnungshaltungen auf der Ebene der Mittelwerte – Wahrnehmungszusammenhänge, die gleichsam quer zu der hier hypothetisch formulierten Dichotomie von Anverwandelbarem und Nicht-Anverwandelbarem stehen? Dabei könnte man vielleicht auch von einer Dreiteilung sprechen, wenn man den subjektbezogenen Bereich des Anverwandelbaren noch nach positiv bzw. negativ geladenen Valenzen (etwa: „Freude" vs. „Beklemmung") unterteilt.

Abb. 38: Fragebogen-Auszug: Gefühlsassoziationen zum Wort 'Kirche' bzw. 'Moschee', Gesamtstichprobe

	Wenn ich das Wort „Kirche" höre, dann verspüre ich spontan ein Gefühl von so was wie ...							
(n=8025-8138)	überhaupt nicht			genau das trifft es	%	Mittelwert	Standardabweichung	Pos.
... Heiliger Ort	22	11	18	23	26	100	3,2	1,494	v0901
... Geheimnis	33	25	24	12	7	100	2,35	1,237	v0902
... Freude	33	24	26	11	6	100	2,33	1,204	v0903
... Erhabenheit	35	26	25	10	5	100	2,25	1,176	v0904
... Würde	28	17	24	21	11	100	2,69	1,345	v0905
... Moder, Muffigkeit	42	24	18	10	7	100	2,18	1,269	v0906
... Ruhe, Stille	16	6	15	29	35	100	3,62	1,407	v0907
... zu Hause sein	47	26	16	6	6	100	1,97	1,164	v0908
... nicht dazu gehören	41	20	18	10	12	100	2,34	1,401	v0909
... Beklemmung	43	26	18	8	5	100	2,04	1,162	v0910
... Erinnerungen an die Kindheit	39	18	20	14	9	100	2,35	1,344	v0911
... Sehnsucht nach mehr	50	24	15	6	5	100	1,93	1,159	v0912

(1) Deutlich wird bei den Mittelwerten der Konfessionsangehörigen aus der Gesamtstichprobe, dass – ähnlich dem Reaktions-Bild in den beiden vorstehenden Themenkreisen – die Reaktionsintensität eher 'verhalten' ausfällt, denn nur zwei Werte überscheiten überhaupt die Skalen-Position von „3". Der höchste Wert liegt noch deutlich unter „4"; und neun von zwölf Items sind in ihren Mittelwerteausprägungen äußerst dicht beieinander positioniert. Zwei Sachverhalte sind allererst zur Kenntnis zu nehmen: Zum einen kommt es hinsichtlich der Unterscheidungskategorie (1) [= Elemente kultureller Objektivationen, die eher schwer bzw. nicht gefühlsumfassend persönlich anverwandelbar sind] zu höheren Item-Mittelwerten. Dadurch wird indiziert, dass dieses 'Gefühlsecho' häufiger bestätigt werden kann als das 'Echo' zu Items der Kategorie (2). Zum anderen sind hier aber zugleich große Meinungsstreuungen anzutreffen.

IV. Elementarzustände des Lebens: „Was *fühle* ich?"

Abb. 39: Gefühlsassoziationen zum. Wort 'Kirche' bzw. 'Moschee', diff. nach Konfession, Gesamtstichprobe

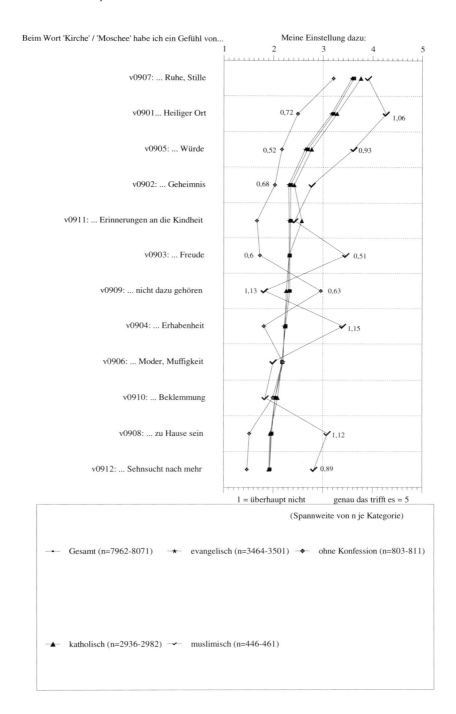

(2) Die Unterscheidung nach Konfessionen/Religion zeigt, dass die beiden christlich-konfessionellen Teilstichproben weitestgehend ähnlich sind. Die Mittelwerte der muslimischen Teilstichprobe präsentieren sich dagegen in einer zum Teil erheblich anders ausfallenden Reihenfolge: Insbesondere zeigen sich in zwei Bereichen der Items signifikant deutliche Unterschiede zu den christlich-konfessionellen Teilstichproben: Zum einen stimmen sie mehr den beiden Items „zu Hause sein" (V0908) und „Sehnsucht nach mehr" (V0912) zu, die einen Hinweis geben auf die Bedeutung der Moschee als symbolischer Ort von Beheimatung im Kontext der Fremde. Zum anderen bejahen sie stärker die Items, die „Würde", „Erhabenheit" und „Heiligkeit". Dies mag verwundern, da die Moschee in der islamischen Theologie kaum eine spezielle sakrale Bedeutung zugewiesen bekommt. So kann man in einer Moschee unbefangen diskutieren oder sich ggf. auch ganz schlicht zum Schlafen legen. Erklärbar wird die hohe Zustimmung zum Motiv der Heiligkeit der Moschee jedoch in praktischer Hinsicht dadurch, dass die Moschee über die Praxis des Gebets und die Ähnlichkeit des Gottesnames „Allah" im Arabischen mit der Silhouette einer Moschee mit heiligen Symbolen verknüpft ist.

Wichtig erscheint auch, dass über die Konfessions- und Religionsgrenzen hinweg die Items „Moder, Muffigkeit"/„Beklemmung" (V0906/V9010) mehrheitlich eher *nicht* zu den Gefühlsechos gehören, die im Blick auf das Wort „Kirche/Moschee" als negativ zu hörende Echos bestätigt werden. Im Kreise der nicht-muslimischen Jugendlichen/Jungen Erwachsenen scheint sich das Stereotyp von 'unmodern' für „Kirche/das Kirchliche" gleichsam stillschweigend erledigt zu haben. Wichtiger noch dürfte sein, dass sie, die ja mehrheitlich getauft/gefirmt sind, die Kirche wohl nicht als eine Institution erlebt haben, die bei ihnen „Beklemmung" auslöst. Hierzu könnte nun kritisch eingewendet werden, dass sich da, wo es keinen Kontakt gibt, auch keine Beklemmung einstellen könne. Dagegen müsste gehalten werden, dass es mindestens ein Minimum an Institutions-Kontakten über den Ritus der Firmung/Konfirmationen gegeben haben muss, an denen Beklemmungsgefühle hätten erlebt werden können. Freilich: Firmung/Konfirmation sind bekanntlich jene Begegnungsorte, deren religionspädagogischen Akteure die Entwicklungen in kirchlichen Modernisierungsprozessen oft genug vorweggenommen haben, denen eine parochial verfasste Kirchlichkeit samt dazugehörigem Bewusstsein häufig genug nur höchst schwerfällig zu folgen vermochte bzw. zu folgen vermag. Insoweit überrascht das Ergebnis der Absenz negativer Erinnerungen nicht wirklich.

Zusammenfassend: Für die Mehrheit der Befragten ist von einer *emotionalen Distanz* dort zu sprechen, wo es sich um Items handelt, die ihrerseits etwas beschreiben, was man sich als Subjekt leichter anverwandeln kann, als das, was in den Variablen V0907 bis V0902 gekennzeichnet ist. Was bedeutet es, dass ausgerechnet das Nicht-Anverwandelbare eher Zustimmung erfährt – wenn auch auf insgesamt niedrigem Zustimmungsniveau? In den Augen der Jugendlichen/Jungen Erwachsenen nimmt 'Kirche' immer stärker den Charakter einer Service-Organisation an, deren

IV. Elementarzustände des Lebens: „Was *fühle* ich?"

Leistungen bei Bedarf in einen persönlichen Lebensablauf hineinzuholen der Entscheidungssouveränität jedes Einzelnen vorbehalten bleibt. Und dann ist es nicht überraschend, dass solche Angebote der 'Service-Organisation Kirche' bevorzugt werden, die etwas bieten, was man sich im Bereich unmittelbarer Sozialkontakte selber nur schwer schaffen könnte: „Heiliger Ort", „Würde", „Geheimnis" und – vor allem – „Ruhe, Stille". So gesehen signalisieren selbst die Konfessionslosen, dass eben diese Elemente am ehesten zu jenen zählen, die positiv empfindbare 'Gefühlsechos' auslösen, weil sie heute ohne Beklemmung bzw. Vereinnahmungsphobien erlebbar sind.

Abb. 40: *Faktorenanalyse: Gefühlsassoziationen zum Wort 'Kirche' bzw. 'Moschee', Gesamtstichprobe*

Faktorenanalyse: Assoziationen z. Wort 'Kirche' bzw. 'Moschee' Varimaxrotation, Kaiserkriterium; n = 7736				
Variablen:	Faktoren:			Beschreibung des Faktors:
	1	2	3	
V0901: heiliger Ort	.80779	.21330	-.14642	Gefühlswahrnehmung
V0907: Ruhe, Stille	.78799	.05279	.02605	eines bedrohungsfreien, dem
V0905: Würde	.66670	.47194	-.07353	Individuum verdeckt zugewandten
V0902: Geheimnis	.65717	.23789	.17605	und zugleich letztlich
V0904: Erhabenheit	.60499	.52544	-.01239	unfassbaren 'Gegenübers'
V0912: Sehnsucht nach mehr	.11066	.85568	-.02079	Gefühlswahrnehmung einer
V0908: zu Hause sein	.25614	.74803	-.12551	das Individuum
V0903: Freude	.53357	.64849	-.13984	umhüllend-schützenden Beheimatung
V0911: Erinnerungen an die Kindheit	.17927	.62450	.11217	
V0910: Beklemmung	.09034	.09678	.79542	Gefühlswahrnehmung einer das Individuum
V0909: nicht dazu gehören	-.05721	-.17496	.73938	ausschließenden,
V0906: Moder, Muffigkeit	-.04147	.01073	.72920	altersgruppenfernen Fremdheit
Eigenwerte	4.62	1.80	1.06	
Erklärte Varianz	38.5	15.0	8.9	**Summe = 62.4**

(3) Für alle vier 'meinungspositionellen' Vergleichsvariablen in beiden christlich-konfessionellen Teilstichproben zeigt sich mit leichten Variationen (siehe Online-Forschungsbericht): „nicht dazugehören", „Moder, Muffigkeit" sowie „Beklemmung" sind keine Beurteilungspunkte, bei denen es zwischen 'Kirchen- bzw. Christentumsfremden' einerseits und den 'Kirchentreuen' andererseits zu Streit über die Angemessenheit dieser Qualifizierung käme – sie gehören überhaupt nicht (mehr) zu den Schlüsselcharakteristika bei der Beschreibung des Objekts „Kirche".
Auch die in der Kirchengemeinde „sehr Aktiven" und die, die das Christentum für „immer gültig" halten; sowie die, für die „ein Kirchenaustritt unter keinen Umständen in Frage" kommt, und diejenigen, für die die „Aussagen der Bibel und des kirchlichen Glaubensbekenntnisses wortwörtlich wahr" sind – für alle gilt, dass sie *nicht* in total affirmativer Weise reagieren. Vielmehr sind Differenzierungen bzw. Urteilsstreuungen auch in ihren Reihen zu beobachten. Die „wortwörtlich Glaubenden" dürfen also nicht mit einer „face-to-face-Gruppe mit Sektencharakter" ver-

wechselt werden. Vielmehr zeigen auch ihre 'Gefühlsechos' eine gleichsam 'gesund' zu nennende Distanzierung gegenüber dem, was sozialgestaltlich eine Institution ist und bleibt. Man kann dort nie mit der intimen Nähe und Zugewandtheit rechnen, wie sie in den primären Sozialbeziehungen der Familie, Verwandtschaft und der Peer-Group zu erwarten sind und von den Jugendlichen und jungen Erwachsenen auch dringlich erwartet werden.

(4) Ein validitätsmäßig wichtiges Ergebnis ist: Die faktorenanalytisch extrahierten drei Konnotations-Dimensionen entsprechen weitgehend den theoretisch konzipierten Intentionen bei der Formulierung und Auswahl der Items für diesen Themenkreis. Damit wird, nicht zum ersten Mal, die vorgängig erstellte hermeneutische Lesart der Items empirisch bestätigt. Auf dem Faktor 1 versammeln sich (mehrheitlich) jene 'Gefühlsechos', die der Kategorie (1) zuzuordnen sind, d. h. denen gegenüber sich das Subjekt eher nur ins Verhältnis zu setzen vermag, als dass es sich diese Elemente subjektiv-emotional vollständig anverwandeln könnte. Alle fünf Items (von denen V0904 [„Erhabenheit"] bei den beiden christlich-konfessionellen Teilstichproben im Mittelfeld rangiert) umschreiben die Gefühlswahrnehmung eines „bedrohungsfreien, verdeckt zugewandten und zugleich letztlich unfassbaren 'Gegenüber'". Bei der Diskussion der Mittelwerte-Ergebnisse war von der Möglichkeit gesprochen worden, die übrigen Items noch einer weiteren Binnen-Differenzierung zu unterziehen, indem man sie in solche mit positiven bzw. negativen Valenzen unterteilt. Genau dies geschieht durch die Ausdifferenzierung zweier weiterer Faktoren, von denen der Faktor 2 die 'Gefühlsechos' mit positiver Valenz zusammenfasst und der Faktor 3 jene mit einer negativ zu empfindenden Konnotation. Deren gemeinsamer Nenner ist der der „altersgruppenfernen Fremdheit".

Nun könnte das Argument nahe liegen, dass sich bei solchermaßen formulierten Items eigentlich gar nichts anderes hat ergeben können. Als Gegenargument kann auf die (im Online-Forschungsbericht dokumentierten) Teilstichproben der Konfessionslosen (und mit Einschränkung auch auf die der Muslime) verwiesen werden, bei denen Umformulierungen bzw. andere Akzentsetzungen vorgenommen werden. Das zeigt empirisch, dass die für die beiden großen christlich-konfessionellen Teilstichproben gefundenen Faktor-Strukturen bzw. Item-Konnotation keineswegs als 'anders nicht denkbar' gekennzeichnet werden dürften.

Ein weiteres Differenzierungsergebnis aus dem Online-Forschungsbericht: Das Image-Element der „umhüllend-schützenden Beheimatung" ist bei evangelischen (und auch bei katholischen) Jugendlichen/Jungen Erwachsenen durch seinen dortigen Faktorplatz 1 stärker konturiert als in den Teilstichproben der Muslime und Konfessionslosen. Es muss also sowohl in der öffentlichen wie auch in der je individuell lebenspraktischen Wahrnehmbarkeit des Phänomens „Kirche" etwas geben, was zur Konturierung dieses Image-Elements beiträgt. Und was immer es ist – es entspricht zumindest dem gesollten Selbstbild der Institution, beides zu sein: Symbol für ein „unfassbares Gegenüber" *und* für ein „Geborgenheitsgefühl". Im Blick auf das Image kann man auf Grundlage der Daten bestätigen, dass dies im Blick auf die hier befragten Jugendlichen/Jungen Erwachsenen der beiden christlichen Konfessionen wohl ansatzweise auch zu gelingen scheint.

Die Konnotationen-Strukturierung bei den muslimischen Jugendlichen/Jungen Erwachsenen zeichnet das Bild einer Transzendenz, die man sich mit „Freude" als mögliches „zu Hause" vorstellt und bezüglich derer auch „Sehnsucht nach mehr" besteht. Das signalisiert den bereits erwähnten objektiv anderen Charakter einer Moschee, die zwar Sakralraum ist, aber im Migrationskontext auch eine dezidierte Beheimatungsfunktion besitzt. Die Konfessionslosen weisen, nicht unerwartet, eine Konnotierungs-Struktur auf, nach der sie kaum die Assoziation einer „umhüllend-schützenden Beheimatung" haben. Sie nehmen vielmehr eher das Distante, Unfassbare der Religion/des Religiösen wahr, wobei sie allerdings zugleich auch „Freude" und „zu Hause sein" auf den Faktor 1 platzieren: Es scheint, als zeige das ein Stereotyp, das die Konfessionslosen von denen besitzen, denen sie als Konfessionslose eben nicht angehören.

V. Zur Ordnung der 'Welt': „Was *glaube* ich?"

V.1 Wer und was lenken meinen Lebensverlauf?

Die strukturellen Vernetzungen, in denen wir leben – etwa solche weltwirtschaftlicher Art –, werden immer dichter und selbstreflexiver. Zugleich sind wir im Grundsatz von der Vorstellung geprägt, wir seien als Individuen entscheidungssouverän, zu bestimmen, wie wir unser Leben gestalten möchten. In der Alltagspraxis navigiert unser Bewusstsein mehr oder weniger virtuos zwischen der Einsicht in die Bindungen und Rückbindungen, die durch Vernetzungen entstehen, und unserem Autonomieverlangen. Entsprechend galt es bei der Entwicklung der Items zu überlegen, in welchen konkreten Erfahrungs-Dimensionen sich die Wahrnehmung der eigenen 'Positioniertheit in der Welt' bei den Jugendlichen/Jungen Erwachsenen abspielt: Welche signifikanten Verbal-Symbole stehen bei ihnen in Geltung, die beim Ausfüllen des Fragebogens auch wiedererkannt werden können? Es musste (1.) um die Dimension der Unterscheidung zwischen Öffentlichkeit und Privatheit gehen – um Determinanten etwa im Bereich der Familie, der Partnerschaft, des Freundeskreises auf der einen Seite und solchen aus dem Raum des Gesellschafts-Systems auf der anderen. Im Bereich der Semantik war (2.) zwischen religionskulturell-christlich besetzten Verbal-Symbolen und religionskulturell unspezifischen Kontingenz-Chiffren zu unterscheiden. Und angesichts unserer Selbstsignatur als 'individuelle Individuen' mit voller Entscheidungssouveränität musste (3.) auch das egozentrierte Kraftpotenzial des „ich selbst" einbezogen werden.

(1) Die angebotene Skalen-Breite für die Reaktion auf die ausgewählten Items ist weitgehend genutzt worden, das heißt, dass nicht entweder nur allgemein zustimmungsfähige oder nur eher nicht-zustimmungsfähige Items angeboten worden sind. In der Spitzengruppe sind Items der Dimension des sozial-privaten Netzwerkes vertreten. Mit einem ähnlich hohen Wert stimmen die Befragten auch der dritten von uns gebildeten hermeneutischen Dimension zu: der des „Ich". Diese Positionierung signalisiert, dass das „Ich" als eine Komplementär- bzw. Verbundkategorie begriffen zu werden scheint: „Ohne mich" geht es nicht, aber „nur mit mir" geht es auch nicht. Des Weiteren ist auffallend, dass das Item „nur ich selbst" (V0107) deutlich näher zum „privat-sozialen Beziehungsnetz" platziert ist als zu V0103, wo es um die abstrakten „Machtverhältnisse in der Gesellschaft" geht. Ausweislich der geringeren Höhe des letztgenannten Mittelwerts tritt dieses Item in der Wahrnehmung zumindest eines Teils der Jugendlichen/Jungen Erwachsenen vermutlich wegen seiner emotionalen Unanschaulichkeit eher in den Hintergrund: „Gesellschaftliche Machtverhältnisse" sind in ihren Konsequenzen eher nur indirekt spürbar. Damit ist deren auch gefühlsmäßige Anverwandlung an ein persönliches Lebens-

V. Zur Ordnung der 'Welt': „Was *glaube* ich?"

konzept nur mit Unterstützung bewusster gedanklicher Operationen möglich. Die den Befragten wichtigen Weltdeutungskategorien werden von ihnen deshalb zu größeren Anteilen mit Items aus dem *personal* repräsentierten sozialen Nahbereich belegt. Es sind welche, die offenbar ein 'Gesicht' haben. Dabei wird beim Stichwort 'Gesicht' offenkundig, dass die ebenfalls als Item angebotene Determinante „Gott" für die Mehrheit der hier befragten Jugendlichen/Jungen Erwachsenen *kein* solches 'Gesicht' zu besitzen scheint. Vermutlich wird „Gott" von ihr ähnlich abstrakt aufgefasst wie „Machtverhältnisse". Es ist also weitestgehend die Struktur des sozialen Nahbereichs, von der die zugleich für wichtig erachtete Aktivität des „Ich" für die Mehrheit aller Befragten wesentlich bestimmt erscheint. Damit wird auch eine Größe beschrieben, auf die man als 'Handlungssouverän' mit einwirken zu können glaubt. Diese ja nicht unberechtigte Vorstellung der *Mit*einwirkung könnte auch das vielleicht eher als bedrängend erlebte Gefühl eines ohnmächtigen Ausgeliefert-Seins zu begrenzen helfen, wie man es gegenüber einer Größe „Gott" empfinden könnte. Durch den Nahbereich erscheint immer die Möglichkeit zur Mitgestaltung präsent – zumindest so lange Interaktionsstabilität, Erwartungssicherheit und Minimierung des Enttäuschungsrisikos als im Hintergrund wirkende Bedingungen angenommen bzw. vorausgesetzt werden dürfen. Freilich: Genau die objektiv nicht bestreitbare Unerlässlichkeit der letztgenannten drei Bedingungen für selbstsouveränes und zugleich beziehungsorientiertes Agieren ist aber offenkundig nicht bewusstseinspräsent. Das lässt die Frage der Benennbarkeit der Basis dieser Unerlässlichkeit – die Vorausgesetztheit des eigenen Daseins – auch nicht dringlich werden. Und das äußert sich folglich in niedrigeren Zustimmungsmittelwerten zu „Schicksal", „höhere Macht", „geheimnisvolle Kraft" – oder eben: „Gott".

Abb. 41: Fragebogen-Auszug: Bestimmungsfaktoren des eigenen Lebenslaufs, Gesamtstichprobe

(n=7732-8112)	ganz sicher nicht			ganz bestimmt	%	Mittelwert	Standardabweichung	Pos.
Wer oder was lenkt und bestimmte meinen Lebenslauf?								
Das Zusammenleben mit meinen Eltern / Familienangehörigen / meinem Lebenspartner	5	6	26	28	35	100	3,82	1,127	v0101
mein Sternzeichen	64	21	10	3	2	100	1,58	,931	v0102
die Machtverhältnisse in der Gesellschaft	28	26	32	10	4	100	2,37	1,112	v0103
Gott	45	20	18	8	9	100	2,17	1,319	v0104a
Allah	83	3	4	3	6	100	1,46	1,121	v0104b
Freunde	6	11	27	33	23	100	3,57	1,127	v0105
Menschen, die ich kenne / gekannt habe	11	20	36	24	10	100	3,01	1,126	v0106
nur ich selbst	7	7	23	27	36	100	3,76	1,210	v0107
mein Beruf / meine Arbeit	10	10	34	32	14	100	3,3	1,130	v0108
eine irgendwie geheimnisvolle 'Kraft'	67	14	10	5	4	100	1,65	1,108	v0109
meine Clique	22	17	27	22	13	100	2,86	1,324	v0110
meine Religions- / Glaubensgemeinschaft	54	22	14	6	4	100	1,84	1,121	v0111

Abb. 42: Bestimmungsfaktoren des eigenen Lebensverlaufs, diff. nach Konfession/Religion, Gesamtstichprobe

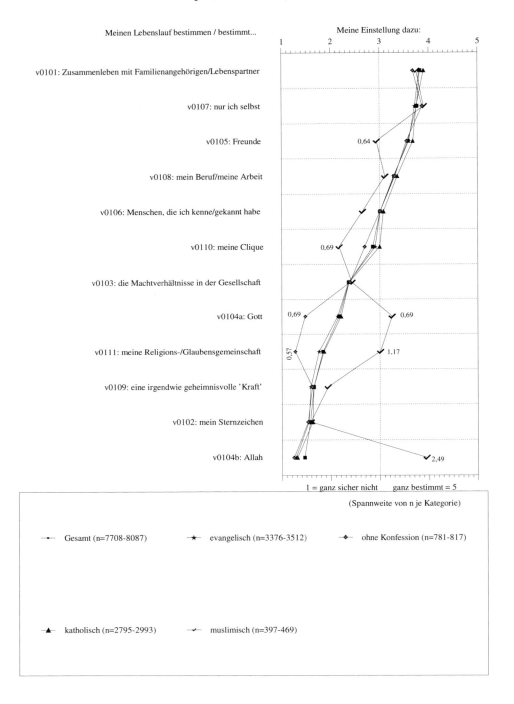

(2) Wichtige Ausprägungsunterschiede liegen nicht zwischen den Jugendlichen/ Jungen Erwachsenen 'mit' und denen 'ohne Konfessionszugehörigkeit'. Die Trennlinie verläuft vielmehr zwischen ihnen und den Muslimen. Zumindest in der kommunikativen Praxis der Muslime nimmt die Gottes-Semantik nicht nur einen vergleichsweise höherrangigen Platz ein, sondern sie steht auch an der Spitze, begleitet von dem etwa gleich stark unterstützten Hinweis auf das eigene „Ich" sowie auf die Eingebundenheit in den verwandtschaftlichen Kontext. Welche Umstände zu dieser Platzierung bei den Muslimen auch immer führen bzw. geführt haben (die [hier nicht abgebildete] Standardabweichung beträgt immerhin 1.38 und liegt damit erkennbar höher als die der anderen Teilstichproben): In jedem Fall erweist sich, dass bei den allermeisten muslimischen Jugendlichen/Jungen Erwachsenen „Allah" – soziologisch formuliert – als Kontingenzanerkennungsformel wohl in eher selbstverständlicher Geltung steht. Welche Tiefenwirkung in der Lebensalltags-Praxis das für diejenigen hat, die in dieser und noch einer höheren Skalen-Wertigkeit zuzustimmen bereit sind, ist eine andere Frage. Keine Frage aber ist es, dass die Gottes-Semantik als solche akzeptiert ist: „Gott" steht für sie explizit als ein Symbol für die geglaubte Vorausgesetztheit der eigenen Existenz und vermag mit kommunikativer Alltagtauglichkeit daran zu erinnern. Der Vergleich mit der Positionierung der Konfessionslosen zu den Mittelwerten der Befragten-Mehrheit – die ev. und kath. SchülerInnen – zeigt überdies, dass in der Teilstichprobe der Muslime die ansonsten genannten Items des personalen Nahbereichs tendenziell weniger häufig genannt werden. Zumindest ist auffällig, dass die bei den nicht-muslimischen Jugendlichen/Jungen Erwachsenen hoch geschätzte „Clique" bei den Muslimen an drittletzter Stelle rangiert. Das spricht dafür, dass sie als Einflussgröße eher keine nennenswerte Bedeutung hat. Und die nachrangige Platzierung der „Machtverhältnisse in der Gesellschaft" (V0103) in der muslimischen Teilstichprobe macht ebenfalls deutlich, dass diese Möglichkeit der kognitiven Weltdeutung für sie eher nicht in Betracht kommt.

Zusammenfassend: Außerhalb der Kohorte der muslimischen Jugendlichen/Jungen Erwachsenen wird bei der kognitiven Positionierung des 'Selbst' ein Wahrnehmungszugang bevorzugt, der am ehesten dem Leitbild des selbstsouverän handelnden, individualisierten Subjekts entspricht, wodurch das bei den Befragten vorhandene Autonomieverlangen deutlich wird. Wenn es der Kooperation mit anderen bedarf bzw. wenn es eine Eingebundenheit und Rückbindung zur Kenntnis zu nehmen gilt, dann sind es Personen des sozialen Nahbereichs, im Blick auf die es dann auch den eigenen Beitrag zu interaktionsstabilen Verhältnissen, zu Erwartungssicherheit und zur Risikominimierung zu leisten gilt.

(3) Weitere statistische Differenzierungen (vgl. Online-Forschungsbericht) zeigen: Hinter einer ablehnenden Haltung zum Kirchen*austritt* und hinter einer fast schon fundamentalistisch verstehbaren Affirmation der „wortwörtlichen" Gültigkeit von Formulierungen der Bibel und des Glaubensbekenntnisses bei den diesen Vorgaben zustimmenden Jugendlichen/Jungen Erwachsenen steht – mit Ausnahme der Items

„Gott" und „Religionsgemeinschaft" – keineswegs ein völlig alternativer Lebensentwurf. Bei dieser Teilgruppe gibt es keine Weltdeutungskategorie, die grundsätzlich anders bewertet wird. Nicht einmal eine wirklich wesentlich zu nennende Einschränkung im Blick auf das Votum für „nur ich selbst" (V0107) findet sich. Es gibt zwar eine Tendenz, diesen Punkt nicht mit gleich hoher Zustimmung auszustatten, aber die Distanz fällt vergleichsweise gering aus. Der Unterschied zwischen den „wortwörtlich glaubenden" Jugendlichen/Jungen Erwachsenen und der großen Mehrheit ihrer AltersgenossInnen liegt also *allein* darin, dass erstere bereit sind, *auch* „Gott" (bzw. „Allah") in mindestens derselben Zustimmungsintensität zu benennen, wie das die anderen für die Elemente aus dem personalen Nahbereich und für das eigene „Ich" als einem Bestimmungsfaktor des eigenen Lebensverlaufs tun. Zu mehr Unterschieden in den durch Mittelwerte repräsentierten Bestimmungsgrößen für den eigenen Lebensverlauf kommt es nicht. Pointiert formuliert: Die Differenz besteht in dem „*auch*" – nicht in einem „stattdessen".

Ebenfalls von nicht geringer Bedeutung ist: Die Sub-Stichprobe derer, die sagen: „mit vielen kirchlichen Glaubens-Formulierungen habe ich Schwierigkeiten. Trotzdem bin ich Christ und glaube an das Wesentliche: Gott und Jesus Christus" [n = 1.621 bis 1.739] platzieren 'ihren' Zustimmungswert zum Bestimmungsfaktor „Gott" ziemlich präzise auf der Skalenposition „3". Zusammen mit jenen, die der Auffassung sind: „Die Aussagen der Bibel und des kirchlichen Glaubensbekenntnisses sind wortwörtlich wahr" (n = 373 bis 401) und die 'ihren' Sub-Stichproben-Mittelwert auf die Skalenposition „4" setzen, bilden sie (mit n = 2.140, max.) eine Teilmenge der Gesamtstichprobe (ca. 8.000), die mit rd. 25 % Anteil keineswegs als verschwindend geringe Minderheit qualifiziert werden kann. Es ist vielmehr eine, die sich der Akzeptanz einer Gottes-Semantik nicht bzw. nicht völlig entzieht. Zugleich unterscheidet sie sich hinsichtlich aller anderen Kennzeichnungsmöglichkeiten für „Bestimmungsfaktoren des eigenen Lebensverlaufs" *nicht* signifikant von allen übrigen. Wir haben es also nicht mit diastatischen Verhältnissen zu tun, durch die die Befragten, die mehrheitlich aus den beiden christlich-konfessionellen Teilstichproben kommen, entweder in Befürworter oder in Ablehner der Gottes-Semantik eingeteilt werden müssten. Vielmehr handelt es sich um fließende Übergänge in der Akzeptanz dieser Semantik. In *keiner* der Teilgruppen findet man ein ganz anderes Profil bzw. einen radikal anderen Lebensentwurfs.

(4) Das Element mit dem stärksten Beitrag für den Faktor 1 („Peers/Familie") sind die „Freunde". Damit bestätigt sich auch aus dieser Perspektive ein Stück weit, wie wichtig in dieser Altersphase die Eingebundenheit in eine Peer-Group ist, die heute mindestens bis zum 25. Lebensjahr reicht. Zu deren Schutzfunktion braucht es fördernde und zu fordernde Bedingungen für die Gewährleistung von Interaktionsstabilität, Erwartungssicherheit und Risikominimierung in Gestalt der Beachtung diesbezüglicher sozialethischer Lebensregeln. Das Ergebnis, dass „Eltern/Lebenspartner" (V0101) auch eine Nebenladung auf Faktor 2 („meine Religion/Glaubensgemeinschaft") besitzen, mag eher überraschen. Hier könnte sich eine gewisse

V. Zur Ordnung der 'Welt': „Was *glaube* ich?"

'Kosmisierung' von „Familie/Elternhaus" im Sinne von „geordnete, geschützte Welt, die mich trägt und prägt" zeigen. Dabei meint Kosmisierung nicht Transzendierung, sondern soll nur für 'geordnete, schützende Welt' stehen. Wenn das richtig ist, wirft das freilich auch ein erhellendes Licht auf die Wahrnehmung des ebenfalls in dieser Dimension 'beheimateten' Bestimmungsfaktors „Gott". Dem ist dann wohl in gleicher Weise ein Stück weit eine Beheimatungs- und Schutzfunktion zuzuweisen – es sei denn, man wollte argumentieren, dass sowohl „Eltern" wie auch „Gott" als Ausdruck einer repressiv-strafenden Instanz zu verstehen seien. Angesichts der heute veränderten Beziehungen zwischen Kindern und Eltern dürfte dies wohl keiner ernsthaft behaupten wollen.

Abb. 43: Faktorenanalyse: Bestimmungsfaktoren des eigenen Lebenslaufs, Gesamtstichprobe

Faktorenanalyse: Bestimmungfaktoren des eigenen Lebenslaufs Varimaxrotation, Kaiserkriterium; n = 7259					
Variablen:	Faktoren:				Beschreibung des Faktors:
	1	2	3	4	
V0105: Freunde	.85284	.00684	.06571	.00109	
V0110: meine Clique	.76533	-.05422	.14859	-.00424	Peers +Familie
V0106: Menschen, die ich kenne / gekannt habe	.72229	.02807	.16821	-.07789	
V0101: Zusammensein m. Eltern / Lebenspartner	.53022	*.36165*	-.18223	.11831	
V0104AB: Gott / Allah	-.00209	.88920	.15338	-.03346	meine Religions- / Glaubensgemeinschaft
V0111: meine Religions- / Glaubensgemeinschaft	.04209	.86832	.18250	-.04349	
V0109: eine irgendwie geheimnisvolle 'Kraft'	.04998	.18056	.80171	.00442	nicht-konfessionelle Religiosität / unspezifisches Transzendenz-Bewusstsein
V0102: mein Sternzeichen	.15566	.09205	.76442	.03246	
V0107: nur ich selbst	-.28230	-.15724	.05236	.79328	Ego & Berufsaktivität
V0108: mein Beruf / meine Arbeit	*.43190*	.12506	-.01244	.64087	
Eigenwerte	2.73	1.74	1.11	1.03	
Erklärte Varianz	27.3	17.4	11.1	10.3	**Summe =** 66.1

In den im weiterführenden Online-Forschungsbericht dokumentierten Teilstichproben zeigt sich, dass die muslimischen Jugendlichen/Jungen Erwachsenen zusammen mit den Elementen des sozialen Netzwerks im personalen Nahbereich auch das Item „mein Beruf/meine Arbeit" auf Faktor 1 'beheimaten', und durch eine Nebenladung verbinden sie dieses Element ebenfalls mit dem Faktor 4. Der Unterschied zwischen ihnen und der evangelischen und katholischen Teilstichprobe besteht also in der Standard-Positionierung dieses Elements: „Arbeit" wird durch seine Ent-Bindung vom Element „nur ich allein" ein Stück weit von dem entlastet, was man als 'protestantisch'-*individuelles* Arbeitsethos ansehen und in der Verknüpfung der Items V0107/V0108 in den beiden christlich-konfessionellen Teilstichproben erfasst sehen könnte. Zumindest wird bei den Muslimen durch die Umpositionierung von V0108 eine andere Akzentsetzung deutlich.

In der Stichprobe der Konfessionslosen kommt es zu einem deutlich anderen Bild der Strukturierungen: So wird „ich allein" (V0107) *solo* auf dem Faktor 4 positioniert und selbst eine Nebenladungs-Anbindung zu einem der anderen Faktoren zeigt sich nicht. Insoweit wird bei den Konfessionslosen das „Ich" konsequent individualisiert. Wie außerordentlich deutlich dieses Alleinstellungsmerkmal von „ich allein" gemeint ist, macht sich auch durch eine *negative* Nebenladung von „Eltern"

(V0101) auf dem Faktor 4 bemerkbar: „Eltern" und „ich allein" werden als tendenziell gegensätzlich wahrgenommen. Stattdessen wird bei den Konfessionslosen der Faktor 1 konsequent auf das Sozialnetz der Peers reduziert. Alle Modifikationen zusammengenommen: Konfessionslose Jugendliche/Junge Erwachsene signalisieren am konsequentesten ihre Zugehörigkeit zu einem 'Jugend-Raum', der eine eigene, dominant wahrgenommene Lebens-Welt mit je eigenen Sinnüberschüssen zu sein scheint. Das ist ein wichtiges Indiz für das Verständnis der Gottes-Semantik in dieser Teil-Population. Zum einen nämlich weisen die konfessionslosen Jugendlichen/Jungen Erwachsenen das Element „Gott" konsequent den beiden anderen Elementen („irgendwie geheimnisvolle Kraft/Sternzeichen) zu, die ebenfalls als eine Ausdrucksgestalt von Transzendenz anzusehen sind. Zum anderen entbinden sie es von der Konnotation mit dem Element „Eltern".

V.2 Der 'Sinn meines Lebens' – gibt es den und was trägt ihn?

Die befragten Jugendlichen/Jungen Erwachsenen, die beim Beantworten des Fragebogens durch Ankreuzen darüber Auskunft geben, was ihnen wichtig ist; was sie von anderen erwarten; wie sie die Welt sehen und wovon bzw. wodurch sie sich getragen bzw. begleitet sehen – diese Jugendlichen signalisieren dadurch zugleich implizit, dass sie sich als Element eines – freilich mehr oder weniger geordneten – Ganzen, eines 'Zusammenhangs' sehen. Durch den wird ihnen ein Wissen von sich selbst und von 'Welt' vermittelt. Dafür kann man auch die Chiffre „Sinn" einsetzen: Ohne denselben, d. h. ohne die Annahme seiner Existenz wären die vorbenannten Aktivitäten des Antwortens, Einschätzens, Wollens und Tuns in der je intendierten Weise nicht möglich. Insoweit kann man argumentieren, dass „Sinn" 'per se' existiert.

Freilich würde es mit dieser Auffassung nicht zur Frage kommen können, wie sich bzw. woraufhin sich die Erwartungen an das Verhalten anderer, die Einschätzungen des Tuns anderer sowie die Wahrnehmung dessen, was mich begleitet bzw. wovon ich mich getragen sehe, herausbilden (können). Hier nun kommt der Begriff der „Erfahrung" hinzu, der besonders in primären Sozialisationsprozessen für die Ausbildung der Persönlichkeit grundlegend ist. Das in der Regel fraglose Vertrauen in die Existenz einer mehr oder weniger geordneten Welt, eines Kosmos, gründet auf Erfahrung: „Sinnvoll" ist deswegen dann „jener Zusammenhang von Erfahrungen, der Entscheidung [...] dadurch ermöglicht, daß er die Tragweite der Alternativen deutlich macht. [...] Diese Sinnforderung wird von einem Willen getragen: nicht demjenigen Willen, der gestellte Alternativen entscheidet, sondern dem, der zuvor entscheidbare Alternativen verlangt." (Schaeffler 1974, 1337). Es ist also mit zwei Dimensionen des Sinn-Begriffs zu operieren: Zum einen mit der der Erfahrung, die ihrerseits angebunden ist an die Kategorie der entscheidbaren Alternativen sowie an die Kategorie des Willens. Zum anderen geht es um die Dimension der Vorausge-

V. Zur Ordnung der 'Welt': „Was *glaube* ich?"

setztheit, weil alles 'Erfahrbare', vom je Einzelnen her gesehen, nicht allein von ihm bzw. aus ihm *heraus*gesetzt wird, sondern ihm eben zugleich immer auch *voraus*gesetzt ist und damit etwas bietet, worauf er als geborener und älter werdender Mensch zurückgreifen kann.

Abb. 44:   Fragebogen-Auszug: 'Fundorte'/Bestimmungsquellen für 'Sinn des Lebens', Gesamtstichprobe

(n=8096-8172)	Den 'Sinn' meines Lebens…								
	stimmt nicht				stimmt	%	Mittelwert	Standardabweichung	Pos.
… finde vor allem ich in meiner Arbeit / im Beruf.	19	22	34	17	7	100	2,72	1,169	v0201
… kann ich mir gar nicht selber 'machen', der ist 'irgendwie da'.	28	23	29	13	7	100	2,5	1,226	v0202
… muss ich mir ganz allein selber schaffen / erarbeiten.	10	11	25	30	24	100	3,47	1,247	v0203
… gibt es überhaupt nicht.	63	14	15	4	4	100	1,72	1,112	v0204
… erfahre ich durch Leute, die ich mag / die mich mögen.	13	13	29	28	17	100	3,23	1,243	v0205
… finde ich vor allem in dem, was ich selbst gestalten kann.	6	8	28	34	24	100	3,61	1,124	v0206
…finde ich vor allem in meiner Freizeit.	8	11	28	30	24	100	3,5	1,182	v0207

Unser Interesse richtete sich nun darauf, die Präsenz dieser beiden Dimensionen im Bewusstsein der Jugendlichen/Jungen Erwachsenen zu erkunden. Bei der Dimension der Erfahrung, deren Sinnfälligkeit in der Entscheidbarkeit zwischen Alternativen begründet liegt, musste sprachlich das handelnde Subjekt in den Vordergrund gestellt werden. Die Teildimension der Vorausgesetztheit, die als Bedingung der Möglichkeit für Erfahrbarkeit unvermeidlich ist, sollte nicht repräsentiert sein durch einen pauschalen Verweis auf 'die Verhältnisse'; und auch nicht durch die gängige (wenn auch nicht allseits akzeptierte) Kontingenzbewältigungsformel „Gott". Vielmehr musste sie dem Bereich der ja immer schon vorgefundenen Sozialität menschlicher Existenz zugeordnet sein, bzw. es sollte erlaubt sein, diese Vorgängigkeit durch ein vage-diffuses „irgendwie" zu benennen. Und es musste selbstverständlich auch die Möglichkeit angeboten werden, die Existenz von „Sinn" strikt zu dementieren.

(1) Es zeigt sich: Trotz des recht hohen Abstraktionsgrades des Topos „Sinn des Lebens" sind die Intentionen der Fragebogengestalter verstanden worden. Es gibt keine Hinweise, dass nicht das gemessen wurde, was gemessen werden sollte.

Das Ergebnis lautet: Die befragten Jugendlichen/Jungen Erwachsenen weigern sich, so etwas wie 'Sinnlosigkeit des Lebens' zu bestätigen. Zu der These „den 'Sinn' meines Lebens … gibt es überhaupt nicht" sagen 63 % „stimmt *nicht*"; und weitere 14 % „stimmt eher nicht". Das macht zusammen 77 % bzw. es ergibt einen durchschnittlichen Skalenpositionswert von nur 1.72 – ein Wert, der in den bisher vorgestellten Themenkreisen relativ selten erreicht worden ist. Demgegenüber gibt es am anderen Ende des Mittelwerte-Ranking nicht dieselben klaren Verhältnisse: Für die Skalenpositionen „4" und „5" kommen im Blick auf das an der Spitze stehende Item „... finde ich in dem, was ich selbst gestalten kann" (V0206) nur zusammen 58% an zustimmenden Voten zusammen. Weitestgehend einig sind sich also die befragten Jugendlichen/Jungen Erwachsenen nur im Dementi von 'Sinn*losigkeit*'. Welche Fundorte und Bestimmungsquellen sie im Einzelnen dann auch immer für sich selber als gegeben/gültig erachten und entsprechende Vorgaben ankreuzen: Es ruht immer auf der grundlegenden Vertrauensleistung auf, *dass* es Sinn einfach 'gibt'.

Wäre überhaupt etwas anderes erwartbar gewesen? Es ist nicht zwingend, dass sich „Sinn" als aktives Bewusstseinsprodukt bei den Jugendlichen nachweisen lässt. Wenn man bspw. Anlass haben würde, heute – analog zur Schelsky'schen Rede von der „Skeptischen Generation" – von einer „Zynisch-hoffnungslosen Generation" zu sprechen, die sich angesichts der Schnelligkeit des sozio-ökonomischen Strukturwandels und der Drohsignale einer Klimakatastrophe meint, keinen Optimismus mehr leisten zu können, dann wäre ja auch nicht unerwartbar gewesen, einen entsprechend hohen Anteil für die Behauptung von der 'Sinnlosigkeit des Lebens' protokollieren zu können. Offenkundig aber ist eine solche pessimistische Perspektive zumindest nicht bewusstseinspräsent. Möglicherweise ist sie untergründig gefühls-latent vorhanden, aber auf der Ebene der Explikation jedenfalls ist von einem 'Sinnlosigkeits-Pessimismus' weitgehend nichts zu sehen. Im Gegenschluss verweist das auf die Existenz eines sozialen Optimismus', der die Weltwahrnehmung bzw. die Weltdeutung der befragten Jugendlichen/Jungen Erwachsenen trägt. Ein wichtiges Zeichen in diesem Zusammenhang ist, dass das Item „... erfahre ich durch Leute, die ich mag/die mich mögen" (V0205) mit seinem Hinweis auf die eufunktionale Wirkung von Sozialkontexten des personalen Nahbereichs eine mittlere Skalenposition im Feld der möglichen Wahlalternativen einnimmt. Man muss ja sehen: Alltagssprachlich auf seinen sozialen Kontext als Bestimmungsquelle für den 'Sinn des Lebens' zu verweisen, erfordert recht hohes Niveau an Reflexionsfähigkeit. Das darf man bei den Befragten nicht selbstverständlich voraussetzen. Gerade deshalb ist die Positionierung von V0205 als eine weitere Bestätigung des Eindrucks anzusehen, der sich bei der Durchmusterung der Reaktionen auf die Fragen dieser Studie immer wieder einstellt: Es ist für die große Mehrheit der Jugendlichen/Jungen Erwachsenen die Hochschätzung des Stellenwerts des sozialen Nahbereichs, zu dessen Aufrechterhaltung und Bewahrung es der *Interaktionsstabilität*, *Erwartungssicherheit* und der *Minimierung des Enttäuschungsrisikos* bedarf. Wie kann das gelesen werden? Zwar ist die Dimension der Vorausgesetztheit fragetechnisch möglicherweise nur sub-optimal realisiert worden, insofern V0202 („ist 'irgendwie da'") offen lassen muss, inwieweit damit auch akzeptiert wird, dass man

V. Zur Ordnung der 'Welt': „Was *glaube* ich?"

Abb. 45: 'Fundorte'/Bestimmungsquellen für 'Sinn des Lebens', diff. nach Konfession/Religion, Gesamtstichprobe

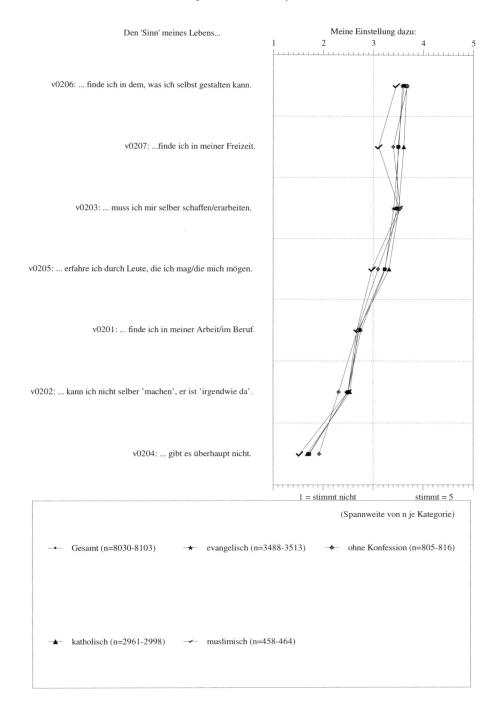

sich eben dem „'irgendwie'" zugleich auch verdankt. In der Tat ist es schwer, das Wissen darum gegenüber einer Kategorie des 'irgendwie' zum Ausdruck zu bringen. Daran gemessen erscheint es umso bedeutsamer, dass das Item „Leute, die ich mag/die mich mögen" (V0205) in seiner vergleichsweise sehr anschaulichen Konkretion (in der gleichwohl jeglicher Hinweis auf eine 'Leistung' – noch dazu einer Leistung eines „Ich" – vermieden wird) eine so relativ hohe Zustimmungsquote erreicht hat. Es gibt also einen nicht nur minderheitlichen Anteil unter den Jugendlichen/Jungen Erwachsenen, der sich der Vorausgesetztheit seiner individuellen Existenz in einem sozialen Zusammenhang bewusst ist. Auch wenn sie es vermutlich nicht so ausdrücken würden/könnten: Damit machen sie der Sache nach klar, dass der Sinn, den ihr eigenes Leben 'hat', nicht (allein) das Produkt ihrer handlungssouveränen Selbstmächtigkeit ist. Dieses Ergebnis ist insoweit auch identisch mit den Ergebnissen der Frage nach den Bestimmungsfaktoren des Lebensverlaufs des vorangegangen Themenkreises. In dem ist – neben der eigenen Person – vorrangig auch das soziale Netz personaler Nahbeziehungen wichtig. Abstrakte (wiewohl wirkmächtige) „gesellschaftliche Machtverhältnisse" verbleiben demgegenüber eher im Bewusstseinshintergrund. Insoweit wird man sagen dürfen, dass die Jugendlichen/Jungen Erwachsenen in beiden Themenkreisen weitgehend gestaltkonsistent reagiert haben.

(2)/(3) Als wichtiges Ergebnis der Differenzierung nach Konfessionen/Religion in der Gesamtstichprobe ebenso wie nach weiteren Merkmalen und nach Teilstichproben ist ein *sehr hohes* Maß an Urteilsübereinstimmung festzustellen, sodass es sich an dieser Stelle erübrigt, auf Details hinzuweisen. Dieser Sachverhalt ist gleichwohl sorgfältig zur Kenntnis zu nehmen: In der Frage der Determinanten für den Sinn des Lebens findet sich in der Alterskohorte der 15- bis 25-Jährigen die übliche Pluralität nebeneinander bestehender Auffassungen *nicht*, sondern ein Höchstmaß an Homogenität zwischen Christen, Muslimen und Konfessionslosen: Der „Sinn des Lebens" ist fraglos.

(4) Die Faktoren-Matrix macht anschaulich: Man weiß semantisch-konnotativ sehr wohl zwischen „Sozialität" als einem Element der Vorausgesetztheit der eigenen Existenz und mit-konstitutivem Element für 'gelebten Sinn' einerseits und auf der anderen Seite dem Element der auf Erfahrung gründenden Eigenaktivität zu differenzieren. Damit bestätigt sich empirisch, was zuvor bei der Fragebogengestaltung an theoretisch-hermeneutischen Überlegungen angestellt worden war. Eine *negative* Nebenladung des Items „... gibt es überhaupt nicht" (V0204) auf dem Faktor 2 („'Sinn' als Ausdruck souveräner Konstitution des 'Selbst' durch eigenes Engagement") macht deutlich, worauf sich das Dementi von 'Sinnlosigkeit' näherhin bezieht: Es liegt in der Souveränitätsentscheidung jedes Einzelnen, wie man sein Leben gestaltet und auf eben dieser Gestaltung beruht die Selbstevidenz des Lebens – mithin sein 'Sinn'.

V. Zur Ordnung der 'Welt': „Was *glaube* ich?"

Abb. 46: Faktorenanalyse: 'Fundorte'/Bestimmungsquellen für den 'Sinn des Lebens', Gesamtstichprobe

Faktorenanalyse: 'Fundorte'/Bestimmungsquellen f. 'Sinn des Lebens' Varimaxrotation, Kaiserkriterium; n = 7861				
Variablen:	Faktoren:			Beschreibung des Faktors:
	1	2	3	
V0207: finde ich in meiner Freizeit	.76988	.02575	-.05248	'Sinn' als Produkt und Ausdruck von *Sozialität* i.V.m. eigener *Kreativität*
V0205: erfahre ich d. Leute, die mich mögen	.74120	.02926	.14528	
V0206: d. eigenes kreatives Gestalten	.62633	.32371	-.19872	
V0201: finde ich in meiner Arbeit	.02054	.81554	.17380	'Sinn' aus Ausdruck souveräner Konstitution des *'Selbst'* durch eigenes *Engagement*
V0203: muss man s. selber erarbeiten	.15856	.63976	-.27554	
V0202: kann ich nicht selber machen	.11450	.11403	.85348	'Sinn' als person-extern existente *Unverfügbarkeitskategorie* oder als subjektbezogene *Vergeblichkeitserfahrung*
V0204: gibt es überhaupt nicht.	-.15884	-.31058	.46109	
Eigenwerte	1.92	1.13	.95	
Erklärte Varianz	27.4	16.1	13.6	**Summe = 57.1**

Bei der Differenzierung der Faktorenmatrix nach Konfessionen/Religion (vgl. Online-Forschungsbericht) ist es ein bemerkenswertes Ergebnis, dass sich – von Detail-Verschiebungen abgesehen – im Grundprinzip bei den muslimischen Befragten dieselben Konnotations-Strukturen finden wie in der Mehrheitsgesellschaft. Das steht nicht im Widerspruch zu den Ergebnissen der Analysen zum Thema „Gottes Segen" oder zu den „Bestimmungsfaktoren des Lebensverlaufs". Vielmehr: In diesem Themenkreis „Sinn des Lebens" ist bewusst darauf geachtet worden, in der Item-Batterie den semantisch eindeutig besetzten Begriff „Gott" *nicht* auftauchen zu lassen. Wenn er nun die religions- und soziokulturell ihm eignende Exklusions- bzw. Inklusionskraft seiner Etikettierungs-Semantik in 'Gläubige'/'Nicht-Gläubige' *nicht* entfalten kann, dann zeigen sich eher keine Unterschiede zwischen den Muslimen, den Christen und den Konfessionslosen. Das wiederum könnte ein Indiz dafür sein, dass der '*Rede* von Gott' Aufmerksamkeit vor allem als einem Problem der Semantik zu widmen ist. Anders formuliert: Ehe man die hier im Blick auf die Muslime gefundenen Ergebnisse als den Erweis ihrer größeren Religiosität ansieht, sollte man zunächst der Frage nach den Bedingungen der alltagspragmatisch eingesetzten religiösen Semantik/Semiotik nachgehen. Das bedeutet, davon die Frage zu unterscheiden, welche Spuren die damit beschriebenen Probleme bzw. Phänomene in das Alltagsbewusstsein einschreiben. Dazu bedürfte es freilich qualitativer Forschungsinstrumente, ehe man mit einer flächendeckenden Überprüfung von vielleicht vorfindlichen Mustern beginnen könnte.

Die Konfessionslosen reagieren, mit abgeschwächter Intensität, strukturidentisch zu den evangelischen Jugendlichen/Jungen Erwachsenen. Angesichts der oftmals geführten Debatte über den eher kontinuierlichen Übergang zwischen 'protestantisch' und 'konfessionslos', aber natürlich auch im Hinblick auf die These von der Selbstprotestantisierung im katholischen Bereich ist dieses Ergebnis als ein wichtiges Element der Gegenwarts-Signatur anzusehen.

V.3 Was passiert nach meinem Tod mit mir?

Das Thema über Vorstellungen „... nach meinem Tod" gehört zu den mit Abstand schwierigsten und diffizilsten. Das liegt nicht allein daran, dass für die hier befragten Jugendlichen/Jungen Erwachsenen das Thema „eigener Tod" lebensgefühlsmäßig weit weg ist. Jede Beschäftigung damit ist ein Akt kognitiver Disziplin, die – von Ausnahmen (schwere Krankheit) natürlich abgesehen – auf nichts zurückgreifen kann, was für die Jugendlichen/Jungen Erwachsenen an Erfahrbarem auch nur in die Nähe des Themas „*eigener* Tod" gekommen wäre. Aber nicht nur die große thematische Distanz der hier Befragten stellt ein Problem dar. Bei den bisher angesprochenen Topoi mit ausschließlicher oder partizipierender Religiositätsqualität – etwa „Sünde" und „Gottes Segen" oder „Gewissen", und „Bestimmungsfaktoren meines Lebensverlaufs" – handelte es sich zwar mehr oder weniger explizit um Kategorien des Transzendenten. Zugleich aber waren sie stets auf das gegenwärtig Seiende bezogene Kategorien. Damit waren sie anbindbar an ein in sich zu verspürendes Lebensgefühl und waren damit auch etwas insoweit Vorstellbares. Mit der Frage nach Vorstellungen darüber, was „*mir*" nach „*meinem* Tod" geschehe, wird nun nach etwas im Prinzip eben Unvorstellbarem gefragt, nach der Vorstellung von der Nicht-Existenz der gegenwärtigen Erfahrung des „Selbst". Die Konsequenz dieser Einsicht für eine empirische Umfrage-Forschung zu diesem Themengebiet liegt darin, dass sie sich für ihre Frageformulierungen notwendigerweise nur einer problemspezifischen, und das heißt eben: religiösen (zumindest: philosophischen) Sprache bedienen kann. Diese wiederum zeichnet sich dadurch aus, dass sie das prinzipiell Unvorstellbare gleichwohl zum Ausdruck bringen muss, dies aber nur sprachlich-metaphorisch zu tun vermag. Nun ist zu beobachten, dass sich in der Bevölkerung die Distanz zu den dafür von der religiösen Tradition verwendeten bzw. angebotenen Semantiken vergrößert hat. Auch wenn noch ein Jeder sterben muss: Der Tod ist dennoch nicht alltäglich, selbst schwerste Krankheiten können heute immer häufiger überwunden werden und die Oma stirbt allein im Krankenhaus – die explizit-religiöse und die nicht-religiöse Semantik des Todes nährt sich nicht (mehr) aus der Alltagserfahrung. Deswegen erhebt sich die Frage, wie nach 'etwas' gefragt werden kann, das zum einen nicht nur theologisch, sondern auch religionssoziologisch als unhintergehbares Charakteristikum des Menschlichen zu begreifen ist, für das aber der Konsens im Blick auf die dafür passende Semantik heute wenn nicht in der Auflösung, so doch in einem dynamischen Veränderungsprozess begriffen ist? Fragt man nun, was 'die Leute' an diesbezüglicher Semantik – gleichsam für sich privat – bevorzugen würden, macht man die Entdeckung, dass es dafür offenbar keine Semantik gibt, die sich als alternativ zur institutionell verwalteten religiösen Sprache versteht. Vielmehr gibt es nur das Phänomen, dass man in der Regel allein eine Negation der dafür herkömmlich angebotenen Semantik zu artikulieren weiß. So bleibt nur der Versuch, die Sprachgestalten dieser Negation, vor allem die Objekte dieser Negation sowie die Elemente der Begriffs-Synkretismen in ihren am ehesten gängigsten Sprachgestalten zu erfassen. Der konstruktive Beitrag liegt dann in der näheren Beschreibung der Desiderata, die durch die von den Leuten geübte Sprachpragmatik offenkundig werden, wenn sie versuchen, etwas zu beschreiben, was man im Leben zwar eine Weile lang verdrängen kann, was sich aber, auf welche Weise auch immer, spätestens gegen Ende eines Lebens zunehmend Bewusstseinsgeltung verschafft. So konnte es also ('nur') darum gehen, wiederum unter Rückgriff auf Erfahrungen mit Schüler-Semantiken, nach sprachlichen Ausdrucksgestalten zu suchen, die es vermöchten, sowohl den Umstand zu erfassen, sich in der Frage der Nach-Tod-Vorstellungen nur in der Negation artikulieren zu können, als auch das Ausmaß an Akzeptanz traditionell angebotener Semantik zu protokollieren sowie zusätzlich einige Angebote in Richtung synkretistischer Vorstellungen mit einzubringen. Dabei kommt es sehr viel stärker auf die Ergebnisse des faktorenanalytischen Screening des Datenmaterials an. Denn es sind die *konnotativen* Strukturierungen – als eine Ausdrucksgestalt der von uns angezielten 'Spiegelungen' von „Verwirklichungen" –, die etwas über die im Wahrnehmungshorizont der Befragten *latenten* semantischen Räume aussagen können, soweit überhaupt über die Feststellung von semantischen Nähen und Distanzen etwas zu Möglichkeiten für Ausdrucksgestalten (nicht aber unbedingt für deren Akzeptanz) in Erfahrung gebracht werden kann. Das gilt in dem ausgewählten Item-Set besonders für die in V1408 zum Ausdruck kommende 'nihilistische' Vorstellung: „Ich existiere nicht mehr: da ist nichts – einfach nichts".

(1) Für die Gesamtstichprobe ist festzustellen: Es ist eine Mehrheit von ca. 70 %, die angibt, sie könne sich *nicht* vorstellen, dass da „einfach nichts" sei. Die Mehrheit der befragten Jugendlichen/Jungen Erwachsenen signalisiert also, dass für sie im Blick auf den „Tod" zumindest die (Un-)Vorstellung des 'Nichts' *keine* bevorzugte Option ist. Zugleich macht sie freilich deutlich, dass sie mit allen anderen, gleichsam 'konkretistischen' Vorstellungen noch größere Schwierigkeiten hat. Jedenfalls ist sie nicht bereit, ein Urteil des Inhalts abzugeben, da sei man sich „ganz sicher". Im Gegenteil: Überwiegend ist die Häufigkeit der Wahl des Urteils „*so* ganz sicher nicht" vertreten. Das Hauptergebnis der Frage nach den Vorstellungen über das, was „nach meinem Tod mit mir" geschieht, indiziert also eher den Sachverhalt der 'Nicht-Befassung'.

(2) Im Blick auf den Vergleich nach Konfessionen/Religion zeigt sich: Es gibt von diesem Bild der Mehrheit der Gesamtstichprobe (ev./kath. Befragte) zum Teil massive Abweichungen in den beiden anderen Teilstichproben, d. h. es sind erheblich andere Wahrnehmungen und Akzeptanzen zu protokollieren.

Abb. 47: Fragebogen-Auszug: Vorstellungen über 'Nach-Tod-Existenz', Gesamtstichprobe

(n=7653-8052)	Was passiert nach meinem Tod mit mir?					%	Mittelwert	Standardabweichung	Pos.
	nein, so wird's ganz sicher nicht sein				da bin ich mir ganz sicher				
Ich werde auf der Erde als ein neues Lebewesen wiedergeboren.	40	15	33	7	5	100	2,22	1,185	v1401
Ich (er)lebe dann das Leben im Paradies.	31	16	36	9	8	100	2,47	1,243	v1402
Ich habe ein Wiedersehen mit allen, die ich kenne/kannte.	25	12	36	16	12	100	2,78	1,306	v1403
Ich existiere dann auf einem anderen Planeten	56	18	21	3	3	100	1,79	1,040	v1404
Gläubige kommen in den Himmel und Ungläubige in die Hölle.	50	15	25	5	6	100	2,03	1,218	v1405
Ich begegne dann - auf irgendeine Weise – Gott	37	13	30	11	10	100	2,43	1,334	v1406a
Ich begegne dann - auf irgendeine Weise – Allah.	65	10	17	4	5	100	1,73	1,144	v1406b
Meine Seele 'schwebt' dann irgendwie.	31	14	38	11	7	100	2,48	1,209	v1407
Ich existiere nicht mehr: da ist nichts - einfach nichts.	30	9	30	12	19	100	2,82	1,464	v1408

So zeigt sich für die Teilstichprobe der Konfessionslosen, dass sie – zum einen – deutlich häufiger bereit sind, die Rede vom „Nichts" (V1408) als eine für sie akzeptable, Zutreffendes beschreibende Sprachgestalt zu halten. Demgegenüber positionieren sich die muslimischen Jugendlichen/Jungen Erwachsenen deutlich gegenläufig: Die für sie geltende univariate Mittelwerte-Verteilung demonstriert, dass bei ihnen die Akzeptanz der herkömmlichen religiösen Semantik deutlich höher ausfällt. Freilich zeigt sie auch dies: Auch in der muslimischen Teilstichprobe vermag der für sie zusammen geltende Mittelwert für V1406b („Ich begegne dann – auf irgendeine Weise – Allah") die Marke von 3.45 _nicht_ zu überschreiten. Darüber hinaus zeigt der Blick auf die Standardabweichungen, dass eine deutlich höhere Streuung zu notieren ist, also für die muslimische Teilstichprobe eine Tendenz zur Inhomogenität des Urteilens gerade bezüglich dieser Frage zu protokollieren ist (bezogen auf das Item „Gott": Muslime sd = 1.53; o. Konf. sd = 1.14; Ev. sd = 1.28; Kath. sd = 1.30). Und umgekehrt ist festzustellen, dass sich ihr Mittelwert für das Item „Ich existiere nicht mehr: Da ist nichts – einfach nichts" (V1408) mit 2.21 sich von der katholischen Teilstichprobe um 'nur' 0.56 Skalen-Distanzpunkte in Richtung der Ablehnungs-Skalenposition „1" wegbewegt. Es ist also keineswegs so, dass im Blick auf den vorzustellenden 'Zustand' von den Muslimen in absolut fragloser Affirmation auf die Formel „Allah" zurückgegriffen würde: Nicht einmal 50 % der befragten muslimischen Jugendlichen/Jungen Erwachsenen wählen die Skalenpositionen „4" und „5" zusammengenommen. Ein fast gleich hoher Anteil

V. Zur Ordnung der 'Welt': „Was *glaube* ich?"

von 30 % positioniert sich, Unentschiedenheit demonstrierend, auf der Skalenposition „3". Es wäre also ein Fehlurteil zu meinen, für muslimische Jugendliche/Junge Erwachsenen sei eine durchgängige Akzeptanz der religiösen Semantik zur Beschreibung des Ereignisses „Tod" 'typisch' und demgegenüber gelte für die Angehörigen der deutschen Mehrheitsgesellschaft, besonders natürlich für deren konfessionslosen Teil das krasse Gegenteil. Man sollte es vielmehr so formulieren: Die Reaktionsattitüden bei den Muslimen im Blick auf das 'eigentlich Unsagbare' fallen in Richtung 'semantischer Nichtbefassung' weniger deutlich aus. Aber sie sind dennoch sehr deutlich von einem Status entfernt, den man als fraglose Affirmation zu qualifizieren hätte. Und auch wenn die Mittelwerte-Ergebnisse der Muslime erweisen, dass bei ihnen an der Spitze jene Sprachgestalten („Allah", „Himmel/ Hölle" und „Paradies") stehen, die die gültigen Doktrinen repräsentieren: Nicht viel weniger muslimische Jugendliche/Junge Erwachsene sehen sich motiviert, das Item „meine Seele 'schwebt' dann irgendwie" (V1407) als eine Art 'Offen-Halten' der Frage zu benutzen. Zu der müsste man auch nicht – gleichsam in islamischer religious correctness – überzeugt sagen: „Nein, so wird's ganz sicher nicht sein".

Insgesamt gesehen: Wieweit eine theologisch begründete Semantik sich an die vorstehend dargestellten Ergebnisse anzuschließen vermöchte und die Aufgabe hätte, zur Klarheit darüber beizutragen, um welche wie formulierbare Frage es beim „Thema Tod" überhaupt nur gehen kann, ist an dieser Stelle nur zu notieren, nicht aber zu beantworten. Die Ergebnisse zu den einzelnen Items signalisieren zumindest auch Chancen. Religiöse Rede könnte man auch dort als hilfreich erleben, wo – etwa an den erlebbaren Grenzfällen des Lebens wie schwere Krankheit – diese religiöse Rede nicht zugleich auch zu Vorstellungsgestalten zwingt, die nicht (mehr) mit dem Wissensbestand kompatibel erscheint, den man heute naturwissenschaftlich über die Bedingungen der Möglichkeit von 'Leben', gar von menschlicher Existenz in seiner evolutiv aktuellen Gestalt besitzt. Das Signal der 'Nicht-Befassung', das seitens der Jugendlichen/Jungen Erwachsenen ausgesendet wird und das die Frage ja letztendlich offen hält, und vor allem die am ehesten zustimmungsfähige Ablehnung des „nihil" ist als ein Signal möglicher Thematisierbarkeit bei den SchülerInnen zu deuten.

(3) Unter dem Gesichtspunkt der im Online-Forschungsbericht dokumentierten sozialstatistischen und religiositätsorientiert-meinungspositionellen Variablen ist festzustellen: Es ergeben sich bei den ersteren keine nennenswerten Variationen, bei den letzteren dagegen schon. Diese sind – erwartbar – den Ergebnissen zum Thema „Bestimmungsfaktoren des Lebens" sehr ähnlich: Affirmation des Christlich-Kirchlichen (unterschiedlicher Intensitätsgrade) korreliert mit der Affirmation der Items mit explizit religionsbezogener Semantik und umgekehrt. Für die z. T. nicht uninteressanten Details sei auf den Online-Forschungsbericht verwiesen.

Abb. 48: Vorstellungen über 'Nach-Tod-Existenz', diff. nach Konfession/Religion, Gesamtstichprobe

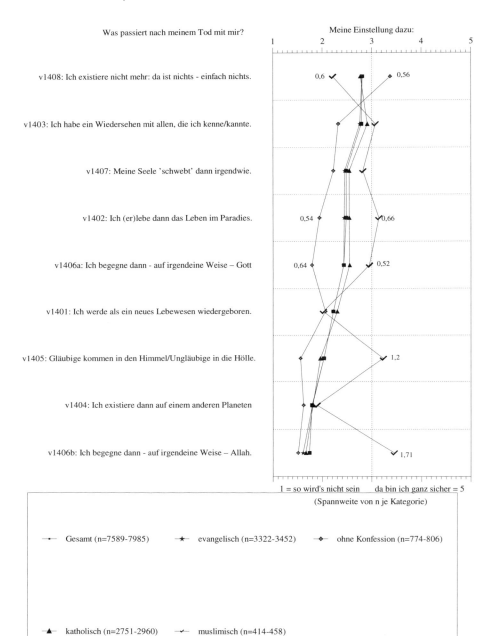

V. Zur Ordnung der 'Welt': „Was *glaube* ich?"

Abb. 49:   *Faktorenanalyse: Vorstellungen über 'Nach-Tod-Existenz', Gesamtstichprobe*

Faktorenanalyse: Vorstellungen über 'Nach-Tod-Existenz' Varimaxrotation, Kaiserkriterium; n = 7833 Variablen:	Faktoren: 1	2	Beschreibung des Faktors:
v1406: Gott/Allah	.79782	.15852	
v1402: (er)lebe das Leben im Paradies	.72524	.30823	religionssystem-konventionell
v1408: (*negativ*): da ist nichts – einfach nichts	−.69905	.08449	(christl/musl.) formulierte
v1403: Wiedersehen mit all., d. ich kenne	.64543	.35522	Transzendenzvorstellungen
v1405: Gläubige: Himmel; Ungläubige: Hölle	.59241	.26200	
v1404: existiere dann auf and. Planeten	.06558	.81554	religionssystem-ungebundene,
v1401: werde als neues Lebewesen geboren	.13040	.72444	tendenziell esoterisch
v1407: Seele 'schwebt irgendwie'	.35668	.58063	eingefärbte Re-Inkarnationsvorstellung
Eigenwerte	3.30	1.12	
Erklärte Varianz	41.2	14.0	**Summe = 55.2**

(4) Faktorenanalytisch gibt es folgende Hauptergebnisse: Das Item „Da ist nichts – einfach nichts" (V1408) wird angebunden an eher religiös-konventionelle Vorstellungen und zwar in Gestalt einer *negativ* ladenden Hauptladung auf dem Faktor 1 („religiös-konventionelle Transzendenzvorstellungen"), wenn auch nicht an dessen Spitze positioniert. Das bedeutet: Die Ablehnung der Vorstellung vom „Nichts" passt eher nicht zu Items wie „anderer Planet" oder „neu geboren", sondern konnotiert mit „Gott", „Paradies", „Himmel/Hölle" – und auch mit „Wiedersehen". Die Weigerung bzw. die Unfähigkeit, die Option des „Nichts" als eine für sich angemessene Vorstellung zu akzeptieren, wird also zugleich konnotativ angebunden an einen Vorstellungsraum, der von den folgenden Items geprägt ist: „auf irgendeine Weise *Gott* begegnen", „das *Paradies* (er)leben" und als Gläubiger „in den *Himmel* kommen". Das 'Angebunden-Sein' meint keineswegs eine Affirmation der vorgenannten Items. Aber es gibt das Signal, dass die Optionsverweigerung aus einem gemeinsamen Vorstellungs- bzw. Gefühlsraum stammt. Dementsprechend kann man umgekehrt auch sagen, dass eine Präferenz *für* die Option des „Nichts" (etwa bei den Konfessionslosen) zugleich eine Distanz zu dem mit den Variablen V1406, V1402, V1405 und V1403 umschriebenen 'Raum für Vorstellbarkeiten' signalisiert – also zu diesem 'Raum' des Faktors 1 und nicht zu jenem, der mit Faktor 2 („religionssystem-ungebundene, esoterisch eingefärbte Re-Inkarnationsvorstellungen") umschrieben ist. Es ist schon darauf hingewiesen worden, dass die feststellbare Distanz zur vorhandenen religiösen Semantik nicht bedeutet, dass sich an deren Stelle eine praktizierte Alternative setzt, sondern nur zu einer Art 'Nicht-Befassung' führt. In der Konnotationen-Analyse zeigt sich nun untergründig, welche semantischen Elemente gleichwohl immer noch allererst im Blick sind. Das wiederum ist vermutlich nicht zuletzt deswegen so, weil diese Items auch weiterhin Elemente einer durch die Kirchen und Religionsgemeinschaften öffentlich gemachten Semantik sind. Des Weiteren: Zur Kenntnis zu nehmen ist, dass das Item „Seele 'schwebt' irgendwie" (V1407) auf dem Faktor 2 nicht nur eine schwache Hauptladung auf-

weist, sondern zugleich auch eine Nebenladung auf Faktor 1. Dieses Item war ja als eine Möglichkeit konzipiert worden, die Vorstellung von einer (eben doch kaum vorstellbaren) definitorischen 'End-Gültigkeit' zu vermeiden, ohne Näheres über die Existenzform des Selbst („der Seele") „nach meinem Tod" ausdrücken zu müssen. Empirisch gesehen wird also von den Jugendlichen/Jungen Erwachsenen der Begriff der „Seele" ebenfalls ambivalent gesehen und 'passt' sowohl zu der herkömmlichen religiösen Semantik als auch zu jener, die nicht dem kirchlich-institutionell verwalteten Chiffren-Vorrat entstammt. Diese Ambivalenz könnte auch als ein Signal für besondere kommunikative Anschlussfähigkeit in entsprechenden religionspädagogischen und religionsphilosophischen Diskursen angesehen werden, wie das auch für das Item „da ist nichts – einfach nichts" (V1408) wegen seiner spezifischen Positionierung gilt.

Der Vergleich der Faktormatrix der ev. Teilstichprobe mit der der Gesamtstichprobe im weiterführenden Online-Forschungsbericht erweist eine weitestgehende Übereinstimmung. Anders bei den katholischen Jugendlichen/Jungen Erwachsenen: Bei ihnen wird der Faktor 1 nun vom Item „da ist nichts – einfach nichts" (V1408) 'angeführt', definiert also hauptsächlich dessen Gesamtcharakter. Anders formuliert: Bei katholischen Jugendlichen/Jungen Erwachsenen ist die Verknüpfung der tendenziellen Unvorstellbarkeit eines „Nichts" mit der überkommenen religiösen Semantik besonders deutlich ausgeprägt. Die im Online-Forschungsbericht dokumentierten Datenkonstellationen deuten zugleich darauf hin, dass gerade katholische Jugendlichen/Junge Erwachsene besondere Schwierigkeiten zu haben scheinen, die existierende offizielle theologische Semantik als einen lehramtlich konzipierten Gesamtentwurf wahrzunehmen und entsprechend zu akzeptieren. So gesehen wären sie zwischen einer 'irgendwie immer noch' grundgelegten emotional-lebensweltlichen Anbindung an das 'Katholische' einerseits und einer Unfähigkeit/ einem Unwillen gegenüber einzelnen Vorstellungsinhalten positioniert – oder anders formuliert: 'hin und her gerissen'. Für die muslimische Teilstichprobe ist zu vermerken, dass sich die Grundstruktur gegenüber der Gesamtstichprobe und der evangelischen Teilstichprobe im Grundsatz nicht verändert.

Für die Konfessionslosen konnte ja schon an etlichen anderen Stellen festgestellt werden, dass sich allzu eindeutige Co-Zuweisungen in Richtung 'strikt a-religiös' oder 'programmatisch kontra-kirchlich' verbieten. Das gilt auch hier: Sie zeigen ein Bild von Uneindeutigkeit in einer Frage, die ihrerseits ja auch im Kreis jener Befragten nicht zu Total-Affirmationen geführt hat, die sich ausweislich anderer Fragestellungen selbst als 'gläubige Christen' oder 'gläubige Muslime' gekennzeichnet haben. Das bedeutet: Es hieße den Status der Konfessionslosigkeit missverstehen, wenn man ihn umstandslos mit programmatischem Atheismus gleichsetzte oder als aufgeklärten Szientismus verstünde und nicht als ein Merkmal, das zunächst nur eine formale Mitgliedschaftsbeschreibung enthält, nämlich die Eigenschaft der 'Nicht-Mitgliedschaft in der Institution Kirche'. In unserer Mehrheitsgesellschaft präjudiziert der Status der Konfessionslosigkeit die Frage der religiösen Ansprechbarkeit keineswegs zwingend. In jedem Fall signalisiert er aber, dass eine Kommunikation nicht bei bestimmten religiösen Semantiken beginnen, sondern allenfalls dort enden kann.

V.4 'Schöpfung' oder 'Zufallsprodukt' – Wie ist die Welt entstanden?

Ein inhaltlicher Zusammenhang zwischen Nach-Tod-Vorstellungen und Vermutungen über die Weltentstehung dürfte darin bestehen, dass sich Antworten auf beide Fragen aus einem gemeinsamen Weltbild herleiten können: Wer in einem die herkömmlich religiöse Semantik fraglos affirmierenden Kontext aufgewachsen ist, in der die Welt selbstverständlich als „Gottes Schöpfung" betrachtet wird, der wird eher die Auffassung vertreten oder zumindest nicht dezidiert ablehnen, nach seinem Tode „– in irgendeiner Weise – Gott zu begegnen". Der Zustand des 'Vorher' wird wieder zu einem Zustand des 'Nachher': die Verbindung von 'Ewigkeit zu Ewigkeit'. Ein nicht unerheblicher Unterschied zwischen beiden Themenkreisen besteht allerdings darin, dass es keine ernstzunehmenden wissenschaftlichen Spekulationen über das 'Danach' gibt. Wohl aber gibt es naturwissenschaftlich-theoretisch begründete und durch empirische Messungen partiell unterfütterte Theorien und Partial-Hypothesen über den Anfang, zumindest über den Verlauf dessen, was sich im Laufe der Jahrhunderte den Beobachtungen des Menschen erschlossen hat, die dabei auf immer rascher wachsende Fähigkeiten und Fertigkeiten aufbauen konnten. Die Resultate astrophysikalischer Forschungen, vor allem solche mit Hilfe von Bilder produzierenden Sonden, sind geradezu selbst-evident und beeinflussen unser Lebensgefühl zwar indirekt, aber sicherlich außerordentlich nachhaltig. Zur Beschreibung dieser 'Welt' vielleicht auch religiöse Chiffren, religiöse Metaphorik einzusetzen, ist freilich etwas anderes als die Chiffren-Gestaltung für das Zukünftig-Unvorstellbare: den eigenen Tod. Und deshalb könnte es sein, dass alle diese in der Regel nur hintergründig wirksamen Problemwahrnehmungen zu einem Reaktionsverhalten führen, das im Vergleich zu den Antworten zu Nach-Tod-Vorstellungen verändert ist und eben deswegen die Konnotationen-Struktur bei der *Verknüpfung* von 'religiöser' und (natur-)wissenschaftlich-szientistischer Semantik zusätzlich erhellen könnte.

(1) Es ist versucht worden, den vorstehend skizzierten Überlegungen durch die Entwicklung von fünf Items Rechnung zu tragen. Das bedeutete sowohl die Aufnahme religiös-konventioneller Semantik, repräsentiert im Item „als 'Schöpfung Gottes'" (V1502), als auch von naturwissenschaftlichen Hypothesen in Gestalt des Items „im 'Urknall'" (V1501). Die Erklärungshypothese im Item „als Ergebnis von Zufallsprozessen" (V1504) setzt sich in einen Gegensatz zur Vorstellung von einem Kosmos, also einer geordnet gestalteten Welt. Damit unterscheidet sich die Zufalls-

These von der Vorstellung eines 'Urknalls' – letztere Vorstellung müsste die Annahme einer Geordnetheit nicht dementieren. Im figurativ-anschaulichen Bereich verbleibt das Erklärungsangebot der „Außerirdischen" (V1503), das auf der Dimension des Zurechenbaren verbleibt. Gleichsam quer zu dieser Polung 'zurechenbar' vs. 'nicht-zurechenbar' ist das Angebot des Items platziert „das kann man mit menschlichem Verstand nicht erklären" (V1505). Dadurch soll 'das ganz Andere', das 'eigentlich Unaussprechliche' semantisch erfasst werden, ohne den offenkundig bestehenden Sachverhalt ('Welt') dementieren zu müssen. Es ist gleichsam der sprachliche Ausdruck für etwas, was unverfügbar bleibt, mit dessen Resultat jedoch der Mensch lebt/leben muss. Wenn nach Lübbe Religion als die „Kultur des Verhaltens zum Unverfügbaren" anzusehen ist, dann beschreibt dieses Item zwar eine religiöse Ausdrucksgestalt, aber keine, die sich der herkömmlichen religiösen Semantik bedient („Schöpfung Gottes").

Abb. 50: Fragebogen-Auszug: Vorstellungen über Weltentstehung, Gesamtstichprobe

(n=7974-8024)	Wie ist die Welt entstanden?					%	Mittelwert	Standardabweichung	Pos.
	bestimmt nicht				das trifft genau zu				
im 'Urknall'	19	6	20	26	30	100	3,42	1,451	v1501
als 'Schöpfung Gottes'	34	14	23	14	15	100	2,64	1,446	v1502
durch Außerirdische	71	13	12	2	2	100	1,52	,938	v1503
als Ergebnis von Zufallsprozessen	33	11	24	21	11	100	2,69	1,468	v1504
das kann man mit dem menschlichen Verstand nicht erklären	23	11	27	17	22	100	3,04	1,443	v1505

Die Ausprägungen der gefundenen Standardabweichungen sind mit die höchsten in dieser Untersuchung, künden also von einer recht massiven Urteilsstreuung. Das ist Indiz für die Strittigkeit unter den befragten Jugendlichen/Jungen Erwachsenen. Zum einen könnte es ein Signal für Desinteresse sein, wodurch auch beliebig zustande kommende Ergebnisse nicht ausgeschlossen werden können. Es könnte freilich auch sein, dass sich darin ein Moment bewusst gewordener Unsicherheit zeigt. Die könnte ihrerseits eine gewisse Sensibilität gegenüber dem Verhältnis von 'Selbst' und 'Welt' belegen. So gesehen wäre die hohe Urteilsstreuung ein Signal für den prinzipiell religiösen Charakter dieses Themenkreises – und zwar auch dann, wenn konkret-inhaltlich auf die Items mit konventionell-religiöser Semantik eher nicht zurückgegriffen wird.

In der Gesamtstichprobe findet sich kein Item, das die Qualität von Selbstevidenz besitzt, d. h. ausweislich seines Mittelwertes wirklich fraglos ist. Das Item „Außerirdische" (V1503) wird von den Befragten als wohl eher unseriös ausgesondert. Das Item der konventionell-religiösen Semantik („Schöpfung Gottes") erreicht einen Gesamt-Mittelwert von 2.64 und setzt damit doch zumindest eine deutliche Distanz

V. Zur Ordnung der 'Welt': „Was *glaube* ich?"

Abb. 51: Vorstellungen über Weltentstehung, diff. nach Konfession/Religion, Gesamtstichprobe

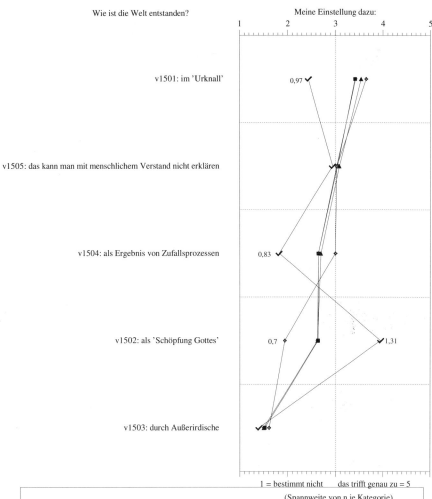

zwischen sich und der Skalenposition „1", die eine volle Ablehnung signalisiert. Unter dem Gesichtspunkt der Distanz zwischen den Mittelwerten rückt damit die Gottes-Semantik in die Nähe des Wertes ihrer Negation, nämlich zur Erklärung als „Zufallsprozess". Das Item „das kann man mit menschlichem Verstand nicht erklären" (V1505) als Angebot einer religiösen Deutung jenseits der herkömmlich-religiösen Semantik hat die mittlere Skalenposition von „3" knapp überschritten (3.04). Damit kann festgehalten werden: Das Item „verstandesmäßig unerklärbar" (das 'quer' zur Polung von 'zurechenbar' vs. 'nicht-zurechenbar' steht und aus dieser Positionierung seine besondere Qualität bezieht) wird – auf niedrigem Niveau – zusammen mit der „Urknall"-Hypothese *relativ* hoch angesiedelt und signalisiert eine kommunikative Ansprechbarkeit, die der Beginn eines religiösen Diskurses, eines Redens über Religion sein könnte.

(2) Differenziert man nach Konfessionen/Religionen, zeigen die Muslime in *Abbildung 51*, dass sie auch in dieser Frage ein hohe Nähe zur religiös-konventionellen Semantik haben: Sie positionieren die „Schöpfung Gottes" (V1502) ganz nahe an die Skalenposition „4" und schaffen damit einen deutlichen Abstand zu dem von ihnen nächstplatzierten Mittelwert, der auch bei ihnen vom Item „das kann man mit menschlichem Verstand nicht erklären" (V1505) gebildet wird. Die Konfessionslosen stehen in nennenswerter Opposition nur zur Schöpfungs-Semantik von V1502; ansonsten sieht man sie mit den Befragten aus der evangelischen und katholischen Teilstichprobe in dieser Frage sehr nahe beieinander.

(3) Wie schon bei den beiden vorstehenden Themenkreisen finden sich kaum Differenzierungen nach sozialstatistischen Gesichtspunkten, dagegen solche bei den meinungspositionellen (siehe Online-Forschungsbericht). Dort verlaufen sie nach dem nun schon bekannten Muster, sodass hier nicht näher darauf eingegangen werden muss.

Abb. 52: Faktorenanalyse: Vorstellungen über Weltentstehung, Gesamtstichprobe

Faktorenanalyse: Vorstellungen über Weltentstehung Varimaxrotation, Kaiserkriterium; n = 7800			
Variablen:	Faktoren: 1	2	Beschreibung des Faktors:
v1502: (*negativ*): als Schöpfung Gottes	-.76090	.00183	explizit die Schöpfungs-Semantik dementierende (natur-) wissenschaftl. 'Erklärungs'- Modelle
v1501: im Urknall	.73151	-.14208	
v1504: Ergebnis v. Zufallsprozessen	.63499	.49263	
v1503: durch Außerirdische	.14022	.69010	Ein durch eine ‚Unerklärbarkeits-Erklärung' sich ausdrückendes pragmatisches 'Sich-dazu-verhalten'
v1505: f. Verstand: unerklärbar	-.29439	.68873	
Eigenwerte	1.65	1.19	
Erklärte Varianz	32.9	23.8	**Summe = 56.7**

(4) Die 'Hauptbotschaft' der Faktorenanalyse in *Abbildung 52* insgesamt wie auch der inhaltlichen Besetzung des Faktors 1 („die Schöpfungs-Semantik explizit dementierende, naturwissenschaftliche Erklärungsmodelle") liegt in dem Signal: Zufalls- und Urknall-Semantik erscheinen als unvereinbar mit der Semantik von „Gottes Schöpfung".

Allerdings: Die katholischen Jugendlichen/Jungen Erwachsenen weisen erhebliche Abweichungen auf (siehe Online-Forschungsbericht), insoweit bei ihnen die Schöpfungs-Semantik eine eigene Dimension ausbildet. Dabei werden zusätzlich durch eine positive Nebenladung des Items „für den Verstand unerklärbar" (V1505) auf ihrem Faktor 1 („Schöpfung") eben diese „Schöpfung" und die „Unerklärlichkeit" für kompatibel (!) gehalten: Schöpfung „ist", und sie ist zugleich darin „unerklärlich". Wenn diese Lesart richtig ist, ist dieser Sachverhalt ein weiteres Mosaiksteinchen bei der Beschreibung dessen, was sich als 'das Katholische' auch bei Schülerinnen und Schülern des Berufsbildenden Schulsystems in Deutschland nachzeichnen ließe. Die muslimischen Jugendlichen/Jungen Erwachsenen sind näher an der Konnotationen-Struktur der evangelischen bzw. der Gesamtstichprobe, indem sie „Zufall"/„Urknall" (V1504/1501) als mit „Schöpfung" (V1502) inkompatibel erklären, wobei sie – konsequenterweise – zusätzlich die „Außerirdischen" (V1503) hinzurechnen. Das Item „Unerklärlichkeit" (V5101) macht eine eigene Dimension aus und erhält damit eigene Dignität als Beschreibungsfigur. Die Konfessionslosen zeigen eine mit der evangelischen Teilstichprobe identische Dimensionierungsstruktur.

VI. Wo fühle ich mich zugehörig?

EINSTELLUNGEN ZUR INSTITUTION KIRCHE UND ZU DOGMATISIERTEN GLAUBENS-
FORMULIERUNGEN

Im Verlaufe der Hinweise auf die Ergebnisse der Auszählungen, die nach sozialstatistischen und anderen Gesichtspunkten differenzieren, sind regelmäßig die 'religiositätsorientiert-meinungspositionellen' Variablen einbezogen worden. Es sind Fragestellungen, die bereits in einer Untersuchung von 1982 (Feige 1982) und in einer Kirchentagsbesucher-Befragung 1987 (Feige und Lukatis 1987) gestellt worden sind. Sie werden um der Vollständigkeit der Datendokumentation willen im Folgenden weitgehend unkommentiert präsentiert, eingebettet in einen Vergleich mit den Ergebnissen aus 1982/1987. Für diesen Vergleich ist darauf hinzuweisen, dass dort überwiegend konfessionsgebundene jüngere SchülerInnen des Allgemeinbildenden Schulwesens die Hauptmenge der Stichprobe gebildet haben, sodass eine Interpretation der Veränderung nur eingeschränkt möglich ist.

Abb. 53: Fragebogen-Auszug: Funktion des Christentums für Gesellschaft, konf. Vergleich 2006

Über den Wert des Christentums für unsere Gesellschaft gibt es eine Menge unterschiedlicher Auffassungen. Welche der folgenden kommt Ihrer Meinung am nächsten? (V1801)				
Angaben in Prozent (n=7675)	Gesamt-Stichprobe	Ev.	Kath.	o. Konf.
Das Christentum ist heute total veraltet und in der modernen Welt überflüssig.	19	18	17	26
Das Christentum macht die Menschen unmündig und abhängig.	8	7	8	18
Das Christentum gehört irgendwie dazu.	39	42	39	31
Das Christentum ist zwar manchmal schwer verstehbar - trotzdem ist es für die Menschen unverzichtbar.	24	23	27	17
Das Christentum war und ist immer gültig – es kann von niemandem in Frage gestellt werden.	10	11	9	7
Gesamt	100	100	100	100

(1)

Das „Christentum in der Gesellschaft" als „irgendwie dazugehörig", als „zwar schwer verstehbar, aber dennoch unverzichtbar" oder als „fraglos" halten 73% der Gesamtstichprobe (ev.: 76%; kath.: 75%). Anders formuliert: Drei Viertel der Jugendlichen/Jungen Erwachsenen, die ihrerseits die Mehrheit dieser Alterskohorte in der Bevölkerung repräsentieren, akzeptieren das Christentum als Kulturgrundlage, wobei die Konfessionszugehörigkeit keine wesentlich differenzierende Rolle spielt. Selbst bei den Konfessionslosen sind es noch 55%, die einer der drei vorstehenden

VI. Wo fühle ich mich zugehörig? 107

Aussagen zustimmen. Es zeigt sich ein leichter Geschlechtereffekt: Die Frauen reagieren etwas affirmierender bzw. sind bei der Ablehnung etwas zurückhaltender Eine Altersvariation findet so gut wie nicht statt.

Abb. 54: *Einschätzung der Zukunft der Kirche 1982/2006*

Was meinen Sie: Wird die Kirche eines Tages in unserer Gesellschaft nur noch ein bedeutungsloses Randdasein führen?			
	BBS/2006 ev. n=3410	BBS/2006 kath. n=2980	Schüler ev. 1982 n=1725
Nein, ich glaube nicht, dass sie völlig bedeutungslos werden wird.	62	62	79.6
Ja, diese Entwicklung sehe ich kommen.	37	37	19.4
k. A.			
Prozent (%)	100	100	100

Abb. 55: *Einstellungen zu dogmatisierten Glaubens-Formulierungen 1982/2006*

Welche der folgenden Beschreibungen trifft für Sie persönlich am ehesten zu?			
	BBS/2006 ev. n=3328	BBS/2006 kath. n=2828	Schüler ev. 1982 n=1725
Die Aussagen der Bibel und des kirchlichen Glaubensbekenntnisses sind wortwörtlich wahr.	7	4	5.9
Mit vielen kirchlichen Glaubens-Formulierungen habe ich Schwierigkeiten. Trotzdem bin ich Christ und glaube an das Wesentliche: Gott und Jesus Christus.	23	31	24.2
Ich bin nicht bewusst 'ungläubig' – aber streng an die Bibel glauben?!? Ich stimme eher so im Prinzip überein.	27	27	35
Ich bin absolut nicht 'gläubig-christlich' oder so was.	26	20	15.5
Über die Frage habe ich mir überhaupt noch keine Gedanken gemacht – dazu kann ich gar nichts sagen.	19	18	17.3
Prozent (%)	100	100	100

(2)

Nimmt man einmal an, dass auch bereits in 1982 bei einer *BBS*-Befragung weniger stark affirmierende Ergebnisse zu vermelden gewesen wären, so ist das vorstehende Ergebnis ein Hinweis darauf, dass der Epochen-Unterschied wohl eher nicht als sehr groß einzuschätzen ist – eine Prognose, die man in kirchenleitenden Kreisen 1982 wohl eher nicht abzugeben bzw. zu hoffen gewagt hätte.

(3)

Man mag – gerade unter Einbezug nicht deckungsgleicher Stichproben-Strukturen – die Unterschiede zwischen den Erhebungszeitpunkten als welche lesen, die eher weniger für einen ausgeprägten *linearen* 'decline' der Selbsteinschätzung in Richtung wachsender Abständigkeit sprechen. Das ändert freilich nichts daran, dass auch in 2006 ein Viertel (ev.) bis ein Drittel (kath.) der Jugendlichen/Jungen Erwachsenen signalisieren, dass sie Schwierigkeiten mit der „kirchlich-religiösen Semantik" haben.

Abb. 56: Kirchenaustrittsneigung 1982/2006

Manche Leute treten aus der Kirche aus. Welche der folgenden Aussagen kommt Ihrer Meinung am nächsten?			
	BBS/2006 ev. n=3356	BBS/2006 kath. n=2888	Schüler ev. 1982 n=1725
Für mich käme ein Kirchenaustritt unter keinen Umständen in Frage.	11	14	13.2
Über einen Kirchenaustritt habe ich eigentlich noch nie nachgedacht.	23	30	24.3
Wenn ich ehrlich bin, habe ich schon mal dran gedacht. Aber letztlich kommt es nicht in Frage.	12	15	24.3
Ich habe schon öfter daran gedacht. Aber ich bin mir noch nicht ganz sicher.	12	15	17.3
Eigentlich bin ich schon fast entschlossen. Es ist nur noch eine Frage der Zeit.	8	8	8.3
Ich werde ganz bestimmt so bald wie möglich austreten.	5	5	2.7
Das geht keinen etwas an.	9	8	4.9
Ich bin nie Mitglied gewesen.	15	3	1.6
Ich bin heute kein Mitglied mehr.	4	2	2.6
Prozent (%)	100	100	100

(4)

Der Vergleich mit 1982 zeigt vielleicht eher überraschend erscheinende Verhältnisse: Im Bereich der mehr oder weniger 'akut' Austrittswilligen („noch nicht ganz sicher"/„Frage der Zeit"/„bestimmt sobald wie möglich") ergeben sich eher gering zu nennende Differenzen.

TEIL B:
Alltagsethik, Moral, Religion und Kirche II: Die Befragungsergebnisse im Spiegel einer Schülertypologie und deren Verortung im 'Wertefeld'

VII. Zur Konstruktion des Wertefeldes und seine demographischen Charakteristika

VII.1 Die Konstruktion des Wertefeldes

Im zweiten Hauptteil dieser Studie wird, im Anschluss an die allgemeine Werteforschung (Strack et al., im Druck), mit Hilfe der Daten ein zweidimensionales Wertefeld mathematisch-statistisch begründet Sodann wird gefragt, wo innerhalb dieses *'Feldes'* die demografischen Merkmale, insbesondere aber die bereits in Teil A behandelten *ethisch*, *emotional* und *theologisch* basierten Einstellungen der Jugendlichen/Jungen Erwachsenen, die sich in der Berufsausbildung befinden, positioniert sind: Was soll *gelten*? Was *fühle* ich? Was *glaube* ich?

Eine solche empiriebasierte Positionierung der Schülereinstellungen in einen durch Werte definierten Bedeutungsraum ermöglicht es, deren Bezug zu grundlegenden Lebensorientierungen und ihren Kontextbedingungen wahrzunehmen und zu reflektieren. Ausgehend von der Feldtheorie Kurt Lewins wurden die besonderen Möglichkeiten eines solchen Ansatzes durch Bernt Spiegel (1961) entwickelt und von Gennerich (2001, 2003a, 2007) empirisch auf das religiöse Feld angewendet. In einem solchen feldtheoretischen Einstellungsmodell lassen sich in einem *'sozialen* Feld' einerseits *Personen* und andererseits *'Einstellungsgegenstände'* (z. B. religiöse Symbole) *zugleich* platzieren. Personen, die aufgrund gemeinsamer Merkmale im 'sozialen Feld' nahe beieinander liegen, können dadurch als eine von anderen unterscheidbare 'Gruppe' identifiziert werden. Durch die durch eine standardisierte Befragung ermittelte Positionierung einer Person (einer Gruppe) zu einem Meinungsgegenstand kann dann die *'psychische Nähe'* der Person (Gruppe) zu diesem Gegenstand bestimmt werden. Über die Diagnose einer solchen psychischen Nähe bzw. Distanz kann dann zum einen vorhergesagt werden, welche Schülergruppen mit einer spezifischen, semantisch-definierten Auslegungsrichtung des Symbols wahrscheinlich besonders viel anfangen können und welche zu den in den Unterricht eingeführten Inhalten eher auf Distanz gehen werden. Zum anderen kann jedoch auch in Richtung pädagogisch-konstruktiver Handlungsmöglichkeiten gedacht werden: Wenn ein Symbol semantisch in Spannung zu einer spezifischen Schülergruppe eingeführt wird, dann kann es möglicherweise auch eher entwicklungsförderliche Impulse bereitstellen. Bezogen auf unseren eingangs dargelegten Religionsbegriff wird damit auch Folgendes klar: Wenn Jugendliche gegenüber einer konkreten semantischen Operationalisierung der „religiösen/kulturellen Programmatik" auf Distanz gehen, dann zwingt dies nicht dazu, ihnen die Religionsfähigkeit abzusprechen. Vielmehr lässt sich umgedreht fragen, ob die „religiöse/kulturelle Programmatik" in einem Diskurs nicht auch alternative Operationalisierungen zulässt, die eben dann von diesen Jugendlichen als attraktive Deutungsoptionen bejaht werden.

Wie kann ein 'soziales Feld' konstituiert werden? Hierfür sind Werte-Orientierungen besonders geeignet. Zugleich lassen sich sowohl jeweilige theologisch-weltanschauliche *Überzeugungen* als auch *Emotionen* theoretisch auf die ihnen zugrunde liegenden Werte-Orientierungen beziehen (Rohan 2000; Schmitz 2000). Insbesondere für das Thema Religion/Religiosität haben sich *Dimensionen* von Werte-Orientierungen zur Strukturierung dessen, was hier mit einem 'sozialen Feld' umschrieben ist, bewährt (Gennerich 2001, 2003a; Gennerich und Huber 2006) und ihre Ergebnisse können auch von der Religionspädagogik effektiv angewendet werden (Gennerich 2007a; Gennerich et al. 2007).

Der Fragebogen der Studie bietet nun mit der Abfrage jener 'Werte', die die Jugendlichen/Jungen Erwachsenen in Gestalt von Maximen der Kindererziehung weitergeben würden, einen geeigneten Item-Pool für die vorzunehmende Berechnung der Wertedimensionen des 'sozialen Feldes'. Denn zum einen sind hier Werte in einer Breite erfasst, die die in der allgemeinen Werteforschung identifizierten Werte-Klassen repräsentativ abdecken können (vgl. Hiltin und Piliavin 2004; Klages und Gensicke 2006; Schwartz 1992, 1994). Und zum anderen rückt die in unserem Fragebogen erfolgte Abfrage von Werten mit Blick auf die eigenen Kinder besonders intensiv und authentisch das in den Vordergrund, was die Jugendlichen/Jungen Erwachsenen als 'billigerweise erwartbar' und auch im Enttäuschungsfall als festhaltenswürdig – und damit als „wirklichen Wert" – ansehen.

Zum Zwecke gesteigerter Vergleichbarkeit mit anderen Untersuchungen wurden aus den 14 vorgegebenen Werten für die hier präsentierte Analyse die beiden Items zur Religion herausgenommen. Denn mit Gensicke (2002, 148) kann angenommen werden, dass Religiosität bei Jugendlichen nicht zwingend mit bestimmten Werten verknüpft ist, sondern stichprobenabhängig variieren kann. Ebenso wurde der Wert „Begabung fördern" aus der Analyse ausgeschlossen. Er steht bei der hier gewählten zweifaktoriellen Lösung in keinem substanziellen Zusammenhang mit den beiden extrahierten Dimensionen (Faktorladungen .05/.01). Seine Herausnahme hat keine wesentlichen Veränderungen im Eigenwerteverlauf zur Folge.

Zur Eliminierung des Phänomens von 'Antworttendenzen' (das bedeutet die inhaltsunabhängige Bevorzugung eines bestimmten Skalenbereichs beim Ausfüllen des Fragebogens) wurden die 11 Ausgangswerte für die Berechung der Faktordimensionen ipsatiert (d. h. am Mittelwert des Itemblocks durch Subtraktion relati-

VII. Konstruktion des Wertefeldes und demographische Charakteristika

viert), um dadurch die individuelle Gewichtung der Werte relativ zueinander besser berücksichtigen zu können (siehe Cohrs et al. 2005; Gennerich 2001; Schwartz 1992).

Bei der mit den 11 Items durchgeführten Faktorenanalyse legt der Scree-Test eine zweidimensionale Extraktion nahe, da der Eigenwerte-Verlauf (2,52; 1,52; 1,12; 1,04; 0,96; 0,89; 0,86; 0,78; 0,70; 0,63; 0,00) einen deutlichen Knick zwischen dem zweiten und dritten Eigenwert zeigt. Bei einer Hauptkomponentenanalyse klären zwei Faktoren zusammen 37 % der Varianz auf. Beide Faktoren wurden so rotiert, dass sie in ihrer Ausrichtung dem Schwartz'schen Wertemodell entsprechen, wie es durch Gennerich (2001, 2007; Gennerich und Huber, 2006) dargestellt wurde. Die beiden resultierenden Faktoren strukturieren als Wertedimensionen im Folgenden alle Abbildungen des sozialen Feldes.

Auf dem dargestellten Weg lassen sich somit zwei Wertedimensionen berechnen, die sich visualisiert als Feld darstellen lassen. Die inhaltliche Bedeutung der verschiedenen Bereiche im Feld ergibt sich über die dort positionierten Werte-Items. Ihre Position ergibt sich aus der statistisch errechneten Nähe und Distanz eines jeden Items zu den beiden grundlegenden Basisdimensionen. Die *Abbildung 57* stellt das Ergebnis der Berechnungen dar und beschreibt die inhaltliche Struktur der 11 abgefragten Erziehungswerte-Items als Wertefeld. Die Abbildung kann wie eine Landkarte gelesen werden: Je mehr eine Person am Rand des Feldes positioniert ist, desto weiter entfernt ist sie von den Werten im gegenüberliegenden Bereich des Feldes. Eine Person, die z. B. rechts/oben lokalisiert ist, findet „Hilfsbereitschaft" und „Ordnung" *vergleichsweise* wichtiger als „Sich-Durchsetzen". Wir könnten nun alle Befragten in unser Feld positionieren. Dies würde jedoch bei mehr als 8.000 Personen ziemlich unübersichtlich, so dass wir im Folgenden zusammenfassend Gruppen differenzieren werden.

Das in *Abbildung 57* dargestellte faktorenanalytische Ergebnis zeigt: In der Wertestruktur der Jugendlichen/Jungen Erwachsenen bilden sich zwei Konflikt-*Dimensionen* mit jeweils einander gegenüberliegenden *Polen* ab: Die erste Dimension auf der *Vertikalen* ('oben-unten') haben wir „Beziehungsorientierung" vs. „Selbstorientierung" genannt und auf der *Horizontalen* ('links-rechts') die Pole der zweiten Dimension „Autonomieorientierung vs. Traditionsorientierung". Wenn, wie Schwartz (1992, 1994) nachweist, jedem thematischen Wertefeld (etwa, wie hier, aus dem Erziehungswerte-Bereich gebildet) immer auch eine 'universale' Inhaltsstruktur zugrunde liegt, dann sollten diese inhaltlichen Parallelen nicht verwundern. Vielmehr bieten sie die Möglichkeit, auf weiterführende Befunde der Werteforschung zur Interpretation zurückzugreifen.

Die Polarität „Beziehungs- vs. Selbstorientierung" entspricht in den Befunden von Gensicke (2002, 159) der „Spannungslinie", die er mit den Polen eines „sozialen Idealismus" und eines „robusten Materialismus" bezeichnet. Sie zeigt darüber hinaus einen hohen Grad an Übereinstimmung mit der Schwartz'schen Polarität der Selbsttranszendenz (das Wohl anderer fördern) vs. Selbststeigerung (eigene Interessen maximieren), der Fromm'schen Unterscheidung einer Seins- und Habenorientierung oder der Biehl'schen Konfliktdimension „Partizipation vs. Autonomie" (vgl.

Abb. 57: Korrelation der 11 Erziehungswerte mit den Dimensionen des Wertefeldes

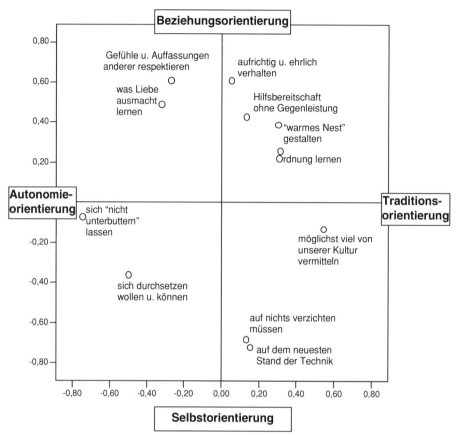

Biehl 1992a, 301; Gennerich 2007a). Die zweite Polarität der „Autonomieorientierung vs. Traditionsorientierung" beschreibt den bei Klages (1988) formulierten Konflikt von Selbstentfaltungs- und Traditionswerten, entspricht der Schwartz'schen Polarität „Offenheit für Wandel vs. Bewahrung" (vgl. Gennerich et al. 2007) und findet mit der Polarität von „Progression vs. Regression" (Biehl 1992a) oder „Veränderung vs. Ordnung" (Zilleßen 1990) als relevante Inhaltsdimension der Theologie auch Beachtung in der Religionspädagogik. Ebenso begegnet sie in der Religionspädagogik in Leitbegriffen der 70er Jahre wie „Emanzipation und Freiheit", die in der damaligen Zeit eine institutionskritische Akzentuierung hatte; oder aber in Diagnosen von einem Traditionsabbruch, der von einer großen Distanz bei sich autonom verstehenden Jugendlichen gegenüber der religiösen Tradition ausgeht (Wegenast 2002, 728). Insgesamt ergibt sich damit, dass das in *Abbildung 57* dargestellte Wertefeld nicht nur die zentralen Inhaltsdimensionen der Werteforschung abbildet, sondern auch die didaktischen Diskurse der Religionspädagogik widerzuspiegeln vermag. Dadurch wird es möglich, die didaktische

Reflexion *unmittelbar* auf die Empirie zu beziehen, so dass ein kritisches Wechselverhältnis von Theorie und Empirie entscheidend erleichtert wird.

VII.2 Die Anwendung des Feldes zur Analyse von 'Meinungsgegenständen' und zur Bildung einer Schülertypologie

DIE SEMANTISCHE ANALYSEPERSPEKTIVE

Die rund 8.000 Befragten positionieren sich im Wertefeld nach der jeweilig von ihnen vorgenommenen Gewichtung der beiden Dimensionen. In den folgenden Abschnitten geht es nun darum, die Einstellungsgegenstände *im* Wertefeld zu verorten. Statistisch-methodisch lassen sich dabei beide Dimensionen als 'Faktorscore-Variable' repräsentieren und durch *Korrelationen* mit beliebigen Items – in unserem Fall: den theologischen, ethischen und emotionalen – aus den verschiedenen Themenkreisen des Fragebogens in Beziehung setzen. Dadurch wird eine *relationierende* Analyse der *Inhalte* des Fragebogens möglich, die auf definierte *Zielgruppen* (z. B. Kohorten der Träger bestimmter Eigenschaften) bezogen ist.

Dies lässt sich so denken, dass die gut 8.000 befragten Jugendlichen/Jungen Erwachsenen je nach ihren präferierten Wertorientierungen einen 'Ort' im Feld erhalten (bzw. sich ihn durch ihre Präferenzen selber 'zugewiesen' haben). Der genaue Ort eines jeden Items (z. B. die Welt als „Gottes Schöpfung" betrachten) ergibt sich über die *Korrelation* dieses Items mit den beiden Dimensionen. Die Skalierung der horizontalen und vertikalen Achsen in den Graphiken repräsentieren diese Korrelationen.

Korreliert z. B. das Votum zum Item „Welt als Gottes Schöpfung" *positiv* mit den beiden bi-polaren Wertedimensionen von *Abbildung 57*, dann positioniert sich das Item im 'Wertefeld' mit Tendenz (a) nach *oben* und (b) zugleich nach *rechts (vgl. Abbildung 95)*. Inhaltlich gelesen beschreibt diese Korrelation dann Folgendes: Personen, die sich mit den von ihnen präferierten Werten zu den Polen „beziehungsorientiert" und „traditionsorientiert" hin orientieren, bejahen stärker als andere das Motiv der „Schöpfung". Durch die Analyse der verschiedenen Themenkreise bzw. ihrer dazugehörigen Items mit Hilfe dieser Feld-Perspektive lassen sich theologisch bzw. ethisch basierte Überzeugungs*muster* identifizieren. Sie erlauben es z. B., prognostisch-konstruktive Überlegungen zur kommunikativen Ansprache der so identifizierbar *unterschiedlichen* Gruppen im Religionsunterricht anzustellen.

DIE TYPOLOGISCHE VERTIEFUNG

Die Beschreibung der Einstellungsstrukturen der Jugendlichen/Jungen Erwachsenen, die von den benannten zwei Wertedimensionen ausgeht, liegt – wenn man die eingezeichneten Hilfslinien im Feld, durch die es zu vier 'Quadranten' kommt, als Abgrenzung verschiedener Typen versteht – bereits recht nah an einer typologischen Betrachtung. Eine nähere Charakterisierung der Befragten in den vier 'Quadraten' ist nun durch ein sog. *'cluster-analytisches'* Vorgehen möglich.

Eine Clusteranalyse verlangt zur Typenbildung möglichst gering interkorrelierte Ausgangsvariablen (Backhaus et al. 2006). Solche liegen mit den beiden Faktorscores bereits vor und somit können sie als Ausgangsvariablen einer für große Stichproben besonders gut geeigneten 'Clusterzentren'-Analyse (quick cluster) verwendet werden (vgl. Backhaus et al. 2006). Die dabei vorzugebende Startfigur der Cluster-Zentren ergibt sich aus einer Hoch-niedrig-Kombinatorik der beiden faktoranalytischen Dimensionen (1/-1; -1/1; -1/-1; 1/1).

Die 'Cluster' entsprechen bei dieser Methode den vier 'Quadranten' des Wertefeldes von *Abbildung 57*. Wir haben sie begrifflich wie folgt zu erfassen versucht:

Als *Humanisten* werden hier die Jugendlichen/Jungen Erwachsenen bezeichnet, die für sich in ihren Strebungen und Ansichten eine ausgeprägte Beziehungsorientierung (Pol 1 der Dimension 1) mit einer starken Autonomieorientierung (Pol 2 der Dimension 2) verbinden.

Als *Statussuchende* werden von uns die Jugendlichen bezeichnet, die sowohl eher traditionsorientiert denken und gleichzeitig eher eine materialistisch geprägte Selbstorientierung aufweisen.

Wenn die Jugendlichen Traditionsorientierung und Beziehungsorientierung kombinieren, werden sie als *Integrierte* gekennzeichnet.

Schließlich ergibt sich durch das Verbinden einer starken Autonomieorientierung mit einer Selbstorientierung eine Gruppe Jugendlicher, die besonders an Selbstbehauptung und Opposition zu gesellschaftlichen Institutionen und Ordnungen orientiert ist. Sie werden hier als *Autonome* bezeichnet.

Das verwendete clusteranalytische Verfahren sortiert nun *alle* Probanden (mit ihrem jeweiligen inhaltlichen Profil) nach ihrer *Ähnlichkeit* mit diesen vier prototypischen Konfigurationen. Aufgrund der wechselseitigen Unabhängigkeit der beiden Faktoren und der *standardisierten* Ausgangswerte (Faktorscores) resultieren vier *gleich große* Cluster.

Die clusteranalytische Betrachtung ergänzt die faktoranalytische Darstellung der Verhältnisse, da sie jeweils die *absolute* Zustimmung zu den Aussagen der Items

VII. Konstruktion des Wertefeldes und demographische Charakteristika 117

darstellt. Das heißt: Dadurch kann (faktoranalytisch) nicht nur inhaltlich die Position einer Einstellung beschrieben, sondern (clusteranalytisch) auch der Grad der *quantitativen Zustimmung* zur gegebenen Einstellung im jeweiligen Cluster identifiziert werden.

Abb. 58: Prozentuale Bejahung von Erziehungswerten nach Wertetypen

Erziehungswerte (Zustimmung in % zu den Antwortkategorien „wichtig" und „eher wichtig")	Humanisten	Statussuchende	Autonome	Integrierte
dass mein Kind lernt, Gefühle und Auffassungen anderer zu respektieren	99	76	87	97
dass mein Kind lernt, sich aufrichtig und ehrlich zu verhalten	99	86	86	99
dass mein Kind lernt, was Liebe eigentlich ausmacht	97	73	89	93
dass mein Kind lernt, sich von anderen nicht 'unterbuttern' zu lassen	97	74	98	71
dass mein Kind lernt, auch ohne Aussicht auf Gegenleistung hilfsbereit zu sein	92	81	75	94
dass mein Kind auch Ordnung lernt (Pünktlichkeit, Disziplin ...)	92	89	82	97
dass mein Kind lernt, sich durchsetzen zu wollen und zu können	89	80	96	59
die Familie als 'warmes Nest' gestalten	88	85	68	95
die Begabungen meines Kindes fördern	88	85	87	87
dass mein Kind möglichst viel von unserer Kultur vermittelt bekommt	36	76	39	66
dass mein Kind das Vertrauen lernt, von Gott geliebt und beschützt zu sein	26	40	19	41
dass mein Kind beten lernt	17	30	14	28
dass mein Kind immer möglichst auf dem 'neuesten Stand ist', besonders mit neuen Techniken (z. B. Computer) umgehen kann	13	72	59	21
dass mein Kind möglichst auf nichts verzichten muss (z. B. gute Marken-Klamotten)	9	59	51	12

Die Tabelle in *Abbildung 58* zeigt, dass einige Werte eine *insgesamt* recht hohe Zustimmung erhalten: In fast allen Gruppen stimmen den Werten – vom Erziehungsziel „Gefühle respektieren" bis hin zur Förderung der „Begabung" – mehr als 80 % der SchülerInnen zu. Allerdings können die mehr als 20 %-Punkte Unterschied z. B. bei der Wertschätzung von Empathie und Respekt zwischen den Gruppen durchaus als bedeutsam interpretiert werden – sei es, dass *Statussuchende* im Blick auf das erste Item eine Relativierung signalisieren oder die *Humanisten* mit ihrem Wert nahezu eine Verabsolutierung dieses Ziels bzw. Verhaltensdisposition vornehmen.

Andere Werte wie solche aus dem Bereich Religion und Konsum sind dagegen höchst umstritten. Die materialistischen Items („auf nichts verzichten"; „auf dem neuesten Stand sein") im Wertefeld tendieren zum unteren Pol, prägen also vor allem den Wertekonflikt auf der Vertikalen. Die beiden Werte „von Gott geliebt sein" und „beten lernen" korrelieren dagegen deutlich stärker mit der horizontalen Polarität „Traditionsorientierung vs. Autonomieorientierung" (r = .25 und r = .25) als mit der Polarität Beziehungs- vs. Selbstorientierung (r = .10 und r = .04) (siehe dazu auch *Abbildung 67*). So gesehen grenzen sich die Humanisten eher von einer explizit religiösen Semantik ab und geben sich anti-materialistisch. Die Statusorientierten akzeptieren dagegen die herkömmliche, explizit religiöse Semantik und zeigen sich materialistisch orientiert. Die Integrierten akzeptieren die herkömmliche religiöse Semantik und geben sich anti-materialistisch. Die Autonomen schließlich lehnen eine explizite religiöse Semantik ab und zeigen sich zugleich materialistisch.

VII.3 Zu demographischen Charakteristika des Wertefeldes

Im Folgenden sollen einige Zusammenhänge zwischen dem Wertefeld und den üblichen Sozialvariablen dargestellt werden. So kann gezeigt werden, dass nicht nur Personen und/oder Einstellungsobjekte im Wertefeld in je bestimmter Weiser positioniert sind, sondern auch soziale Positionen, die die befragten Jugendlichen besetzen und die in der Untersuchung als 'Sozial-Variable' bezeichnet worden sind.

Die *Abbildung 59* zeigt, dass die *Alterstufungen* der Befragten innerhalb der hier untersuchten Altersspanne von 15 – 25 Jahren für die Positionierung im Wertefeld kaum eine identifizierende Rolle spielen: Sie liegen sehr nahe jenem durch den Kreuzungspunkt beider Hilfsachsen bezeichneten Punkt, der den Ort angibt, der von allen Polen gleichweit entfernt ist und somit keine 'Tendenz' in die eine oder andere Richtung zu erkennen gibt. In Bezug auf das Wertefeld ist damit nicht unbedingt generell zu rechnen, denn sehr wohl unterscheiden sich Jugendliche in ihren Werthaltungen von anderen Altersphasen (Franz und Herbert 1984; Hellevig 2002). In unserer Stichprobe befinden sich jedoch 95 % der Befragten zwischen 16 und 23 Jahren, zudem mit einem deutlichen Schwerpunkt zwischen 16 und 19 Jahren. Der betrachtete Alterszeitraum ist also relativ klein und geht hier nicht mit normativen Wechseln der Lebenslage einher, da die Stichprobe über die Berufsschulzugehörigkeit definiert ist. Ebenso zeigt der Schulabschluss keinen großen Einfluss.

Der allgemeinen Tendenz nach gilt jedoch, dass Jugendliche mit einem höheren Schulabschluss eher beziehungsorientiert und weniger selbstorientiert sind. Der sonst gut belegte Effekt (vgl. Gensicke 2002, 167; Raithel 2003) bildet sich hier weniger deutlich ab, weil in der vorliegenden Stichprobe aufgrund der geringen Zahl höherer Bildungsabschlüsse die Varianz im Bildungsgrad eingeschränkt ist. Einen besonders deutlichen Effekt zeigt dagegen der Geschlechtsfaktor. Generell gilt in der Jugendforschung, dass sich im Bereich von pro-sozial definierten Beziehungswerten überwiegend weibliche Jugendliche und im Bereich einer materialistisch geprägten Selbstorientierung eher männliche Jugendliche finden lassen. Der in

VII. Konstruktion des Wertefeldes und demographische Charakteristika 119

Abb. 59: Korrelation von Geschlecht, Alter und Schulbildung mit den Dimensionen des Wertefeldes

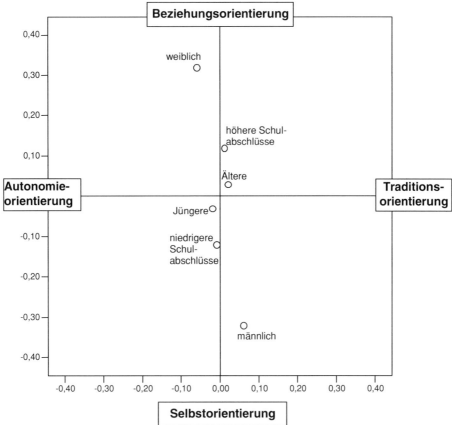

dieser Studie zu konstatierende Befund bestätigt also insgesamt die Studien zum Zusammenhang von Geschlecht und Werthaltungen, wonach junge Frauen eher auf das Wohl anderer hin orientiert sind und junge Männer eher auf Wettbewerb und Wohlstand (Badger et al. 1998; Beutel und Marini 1995; Beutel und Johnson 2004; Schwartz und Rubel 2005).

Abb. 60: Vorhandener Schulabschluss nach Wertetypen

An die BBS mitgebrachte Schulabschlüsse in Prozent	Huma- nisten	Status- suchende	Autonome	Integrierte
noch keinen Schulabschluss	0	3	2	1
den Hauptschulabschluss	21	30	27	18
den Sekundarabschluss I/ Mittlere Reife	47	38	43	45
den erweiterten Sekundarabschluss I	18	19	17	20
die Fachhochschulreife	8	7	6	8
die Hochschulreife (Abitur)	6	4	5	7

Die Tabelle in *Abbildung 60* zeigt, dass der Hauptschulabschluss besonders häufig in der Gruppe der Autonomen (27 %) und Statussuchenden (30 %) vorliegt. Das Abitur oder die Fachhochschulreife kommt etwas häufiger in der Gruppe der Integrierten und Humanisten vor. Insgesamt sind die Unterschiede durchgängig konsistent, wenngleich relativ gering.

Abb. 61: Prozentuale Verteilung des Geschlechts nach Wertetypen

Geschlecht in Prozent	Humanisten	Statussuchende	Autonome	Integrierte
männlich	34	69	63	39
weiblich	66	31	37	61

Die Tabelle in *Abbildung 61* zeigt, dass die vier Wertetypen eine deutliche Beziehung zum Geschlecht der Jugendlichen aufweisen. In den beiden Gruppen, für die eine *pro-sozial* beziehungsorientierte Werthaltung typisch ist, befinden sich zwischen 61 % und 66 % junge Frauen. Die Dimension „Autonomie- vs. Traditionsorientierung" variiert dagegen nicht in Abhängigkeit vom Geschlecht der Befragten.

AUSBILDUNGSBEREICH

Die Betrachtung der Zusammenhänge des Wertefeldes mit den Ausbildungsbereichen der Jugendlichen ist besonders interessant, da die Bildungsgänge in ihrer Selbstauffassung nicht als völlig wertfrei gelten können: Sozialpädagogische und sozialpflegerische Ausbildungen verlangen mehr als andere Ausbildungsgänge prosoziale Motivationen und soziale Kompetenzen. Technische Ausbildungsgänge verlangen, dass die Auszubildenden einen selbständig motivierten Zugang zu neuen Techniken mitbringen. Lassen sich solche Plausibilitäten empirisch validieren?

Die *Abbildung 62* zeigt die Provenienz der verschiedenen fachlichen Ausrichtungen der Berufsschulen im Wertefeld. Auszubildende im gewerblich-technischen Bereich erweisen sich als eher selbstorientiert und Auszubildende im Bereich Pflege, Pädagogik und Gesundheit tendenziell eher beziehungsorientiert. Daraus lassen sich dann auch indirekt Ableitungen schlussfolgern: Nimmt man etwa die 'Aktivität in der Kirchengemeinde/Glaubensgemeinschaft' in der Mitte des 'Quadranten oben/rechts' zum Ausgangspunkt (siehe dazu *Abbildung 67*), dann ergibt sich nämlich, dass kaufmännische und soziale Ausbildungsgänge eine besonders große Nähe zur Religion haben, hauswirtschaftliche Ausbildungsgänge eine mittlere Stellung einnehmen und gewerblich-technische eine besonders große Distanz. Diesem Teil-Befund entspricht, was Nipkow (1987) in der Analyse von Texten zur Gottesfrage, die Schuster (1984) von BerufsschülerInnen gesammelt hatte, als einen ziemlich dramatischen Einbruch des Gottesglaubens diagnostizierte. Bedenkt man, dass die Schuster-Stichprobe seinerzeit zu 56 % Texte von SchülerInnen aus dem gewerblich-technischen Bereich umfasste und 69 % der Schülerzitate bei Nipkow von

SchülerInnen aus diesem Bereich stammen, dann verwundert seine Diagnose des gravierenden Einbruchs im Gottesglauben weniger. Ähnlich zeigt Sautermeister (2006, 189), dass sich gewerbliche BerufschülerInnen selber als besonders wenig 'religiös' einschätzen und kaufmännische vergleichsweise besonders stark. Analog wird von SchülerInnen des gewerblichen Bereichs der Religionsunterricht am entbehrlichsten gehalten und von kaufmännischen besonders begrüßt (260).

Abb. 62: Korrelation der Ausbildungsbereiche mit den Dimensionen des Wertefeldes

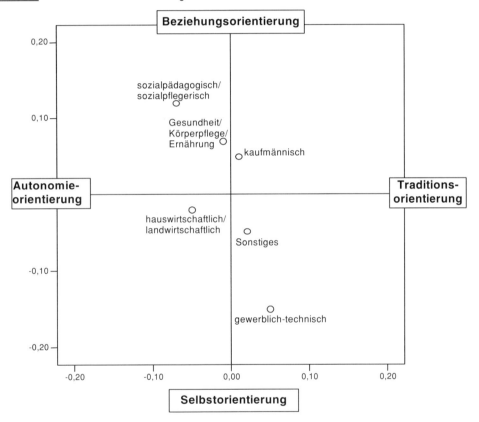

Die Tabelle in *Abbildung 63* gibt die Zusammensetzung der Wertetypen bezüglich des Ausbildungsbereichs wieder. Es zeigt sich bei der Spaltenbetrachtung, dass alle Gruppen stark durch die kaufmännischen Ausbildungsgänge geprägt sind. Die schon in *Abbildung 62* dargestellte Abhängigkeit der Position im Wertefeld vom Ausbildungsgang stellt sich dagegen vor allem in den folgenden Prozentangaben dar: So werden in den beiden oberen Quadranten Ausbildungsgänge im sozialen Bereich etwa doppelt so häufig absolviert. Der ebenfalls deutliche Zusammenhang einer gewerblich-technischen Ausbildung mit der Wertorientierung zeigt sich hier in einem 12–13 % höheren Anteil gewerblich-technischer Ausbildungsgänge in den beiden unteren Quadranten gegenüber dem jeweils oberhalb liegenden Quadrant.

Abb. 63: Prozentuale Verteilung der Ausbildungsbereiche über die vier Gruppen

Ausbildungsbereiche in Prozent	Humanisten	Statussuchende	Autonome	Integrierte
sozialpädagogisch/sozialpflegerisch	15	4	8	11
Gesundheit/Körperpflege/Ernährung	11	8	9	12
kaufmännisch	43	40	40	45
hauswirtschaftlich/landwirtschaftlich	3	2	3	2
gewerblich-technisch	21	37	33	24
sonstiges	6	9	8	7

KONFESSION/RELIGION

Für die Analyse im Kontext des Religionsunterrichts sind die Zusammenhänge mit der Zugehörigkeit der SchülerInnen zu Konfessionen/Religionen besonders interessant, da sie Milieuzugehörigkeiten anzeigen, die über persönlichkeitsbedingte Merkmale hinausgehen.

Abb. 64: Korrelation der Konfessionszugehörigkeit mit den Dimensionen des Wertefeldes

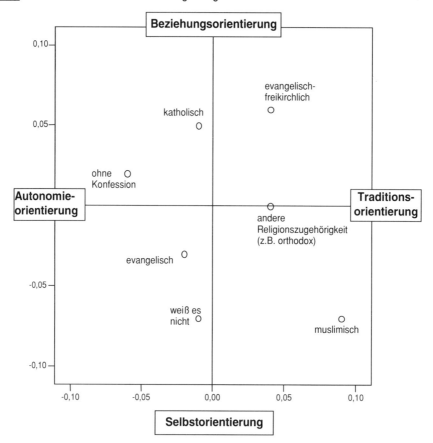

VII. Konstruktion des Wertefeldes und demographische Charakteristika

Die *Abbildung 64* zeigt die Korrelationen der Konfessionen und Religionen mit den Wertedimensionen. Die Skalierung am linken Feldrand weist aus, dass die Zusammenhänge relativ schwach ausgeprägt sind, wenngleich sich ein konsistentes Bild ergibt. So sind muslimische SchülerInnen sowohl eher traditionsorientiert als auch materialistisch orientiert (ähnlich Gensicke 2006, 237 für „gottgläubige" Jugendliche mit Migrationshintergrund). Freikirchler sind besonders deutlich in dem Bereich lokalisiert, der mit religiösem Trost verbunden ist (vgl. dazu weiter hinten die *Abbildungen 81 und 83*). Konfessionslose haben demnach eine deutliche Distanz zu religiösen Institutionen, was ihrer Autonomieorientierung entspricht. Evangelische und katholische Jugendliche/Junge Erwachsene sind demgegenüber in Bezug auf die Pole „*Autonomie- vs. Traditionsorientierung*" weniger deutlich positioniert.

Abb. 65: Prozentuale Verteilung der Konfession/Religion nach Wertetypen

Konfession in Prozent	Humanisten	Statussuchende	Autonome	Integrierte
Katholisch	39	32	36	40
Evangelisch	42	42	44	39
Evangelisch-freikirchlich	2	1	1	3
Muslimisch	3	12	3	6
Ohne Konfession	12	7	12	10
Andere Religionszugehörigkeit (z. B. orthodox)	2	4	2	3

Die Tabelle in *Abbildung 65* zeigt, dass natürlich aufgrund ihres Anteils an der Gesamtstichprobe vor allem die evangelischen und katholischen Jugendlichen/Jungen Erwachsenen die Wertetypen prägen. Ein Vergleich für jede Zeile zeigt jedoch auch eine Differenzierung innerhalb der Konfessionen: So finden sich katholische Jugendliche vor allem in den beiden oberen Quadranten. Evangelische befinden sich eher in den beiden linken Segmenten, die an Autonomie orientiert sind. Substantielle Unterschiede finden sich noch bei den Muslimen, die deutlich stärker das Segment der Statussuchenden mitprägen und den Konfessionslosen, die eher im autonomen Bereich zu Hause sind.

Abb. 66: Prozentuale Verteilung der Wertetypen nach Konfession/Religion

Wertetypen in den Konfessionen (in %)	Katholisch	Evangelisch	Evangelisch-freikirchlich	Muslimisch	Ohne Konfession	Andere Religionszugehörigkeit
Humanisten	28	27	29	12	30	19
Statussuchende	22	25	16	51	18	36
Autonome	24	26	15	13	28	19
Integrierte	27	23	41	24	24	27

Die Tabelle in *Abbildung 66*, die sich an der Konfessionszugehörigkeit orientiert, zeigt, dass die evangelischen und katholischen Jugendlichen/Jungen Erwachsenen in allen Typen etwa gleichmäßig vertreten sind. Deutliche Unterschiede zeigen sich vor allem bei den freikirchlichen und muslimischen Befragten: Beide sind sehr traditionsorientiert, unterscheiden sich jedoch nach ihrer Balancierung von „Beziehungsorientierung" und „Selbstorientierung". Hier gehören 51 % der Muslime zur Werte-Gruppe der Statussuchenden und 41 % der Freikirchler zur Gruppe der Integrierten.

Im Folgenden werden die Zusammenhänge religiöser Erziehungswerte, kirchlicher Beteiligung sowie den Einstellungen zum Christentum grafisch dargestellt.

Untersuchungen zur Einstellung Jugendlicher zum Christentum zeigen, dass im Alter von 11 – 18 Jahren eine positive Einstellung zum Christentum abnimmt (Bucher 1996; Kay et al. 1996). Da die Probanden unserer Stichprobe im Schnitt 19 Jahre alt sind, muss mit einer eher wenig positiv ausgeprägten Einschätzung des Christentums gerechnet werden. Die Studien von Francis und KollegInnen belegen insgesamt für eine akzeptierende Einstellung zum Christentum einen positiven Zusammenhang mit pro-sozialen Werten und psychischer Gesundheit (Francis und Kwiran 1999). Besonders interessant ist der Befund von Dorman et al. (2002), die nachweisen, dass eine positive Einstellung zum Christentum stark vom Klassenklima beeinflusst wird: Gegenseitige Hilfsbereitschaft, Kooperation, Aufgabenorientierung sowie ein wertschätzendes Lehrerverhalten fördere den Ausdruck positiver Einstellungen zum Christentum. Welche Zusammenhänge lassen sich demgegenüber in unserer Studie aufweisen?

Die *Abbildung 67* zeigt, dass im Wertequadrant unten/links eine dezidiert negative Abgrenzung vom Christentum und der Kirche vorherrscht. Der Bewertung des Christentums als „überflüssig" sind die Prognose einer „Zukunft im Randdasein" und die eigene Austrittsbereitschaft zugeordnet. Das, was sich also bereits bei den Partial-Betrachtungen der Mittelwerte-Analysen jeweils herausschälte, kann nun hier in Gestalt einer hohen Positionierungsnähe zueinander bestätigt und vertieft werden. Betrachtet man z. B. das Segment der Autonomen unten/links mit seiner negativen Einstellung zum Christentum in Kombination mit den eher dysfunktionalen Konfliktstrategien, die für diesen Bereich noch in *Abbildung 77* aufgezeigt werden können, dann spiegeln sich hier die gerade zitierten Literaturbefunde zum Zusammenhang religiöser Einstellungen mit sozialen Kompetenzen.

Weiterhin zeigt sich in *Abbildung 67*:

- Tendenziell kritisieren 'autonom' orientierte Jugendliche am Christentum vor allem regressive Tendenzen, die der eigenen Mündigkeit im Wege stehen.
- Demgegenüber geht eine 'entschieden religiöse' Erziehung vor allem mit der Affirmation traditionsorientierter Werte einher.
- Jugendliche/Junge Erwachsene, die besonders stark beziehungsorientierte Werte betonen, sind eher loyal und zeigen Toleranz bzw. Respekt Dingen auch dann gegenüber, wenn sie sie nicht unbedingt nachvollziehen können („schwer verstehbar – trotzdem unverzichtbar").

VII. Konstruktion des Wertefeldes und demographische Charakteristika

- Aktive Beteiligung am Leben der Kirche findet sich ebenso wie alle anderen kirchenfreundlichen Einstellungen im Quadrant oben/rechts. Dabei wird 'Aktivität' sowohl von einer Traditionsorientierung als auch einer Beziehungsorientierung bestimmt.

Abb. 67: Korrelation der religiösen Beteiligung und Traditionsnähe mit den Dimensionen des Wertefeldes

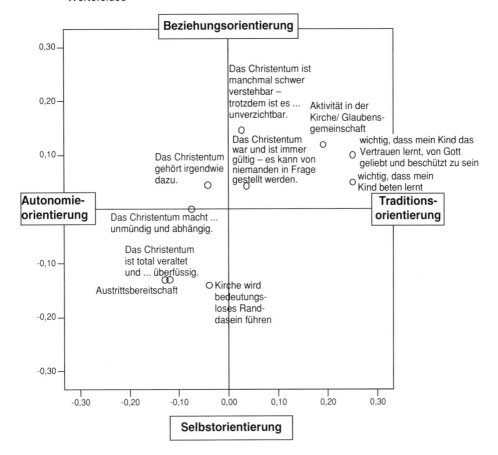

Integriert man an dieser Stelle wiederum ergänzende Befunde der Jugendforschung, dann lässt sich Folgendes zuspitzen: Die SHELL-Jugendstudie „Jugend 2002" zeigte, dass die Aktivität in der Kirchengemeinde ein allgemeiner Indikator überhaupt für die Bereitschaft zu organisierten Aktivitäten in institutionell verfassten Settings ist. So bilden Aktivitäten in Kirchengemeinden, Vereinen, Jugendorganisationen und Bildungsinstitutionen einen gemeinsamen Faktor (Gensicke 2002, 204). Die kirchenkritische Haltung im Quadrant unten/links indiziert also damit zugleich eine *allgemeine* Entfremdung von gesellschaftlichen Institutionen, die in Gefahr steht, sich von Zukunftsperspektiven abzukoppeln. Entscheidend ist dabei, dass gesellschaftliche Zukunftsperspektiven in zentraler Weise von der Fähigkeit abhängen, konstruktive (wenngleich nicht unkritische) Beziehungen zu Institutionen (Schule,

Kirche, politische und wirtschaftliche Organisationen) zu gestalten (vgl. übereinstimmend Donovan et al. 1991; Döring 1990).

Abb. 68: *Prozentuale Bejahung von Einstellungen zu Christentum und Kirchenaustritt nach Wertetypen*

Einstellung zu Christentum und Kirchenaustritt (Zustimmung in Prozent)	Humanisten	Statussuchende	Autonome	Integrierte
Das Christentum ist heute total veraltet und in der modernen Welt überflüssig.	16	20	26	12
Das Christentum macht die Menschen unmündig und abhängig.	9	7	10	7
Das Christentum gehört irgendwie dazu.	40	39	38	40
Das Christentum ist zwar manchmal schwer verstehbar – trotzdem ist es für die Menschen unverzichtbar.	26	22	18	30
Das Christentum war und ist immer gültig – es kann von Niemandem in Frage gestellt werden.	9	11	9	12
Die Kirche wird eine bedeutungsloses Randdasein führen.	34	41	43	32
Ein Kirchenaustritt kommt a) unter keinen Umständen, b) letztlich nicht in Frage, c) darüber habe ich noch nie nachgedacht (Addition aller drei Kategorien).	48	47	37	56
Aktivität in der Glaubensgemeinschaft (bin sehr aktiv + bin mal mehr, mal weniger aktiv).	15	21	9	23

Die Tabelle in *Abbildung 68* zeigt, wie stark die einzelnen Einstellungen in den vier Gruppen vertreten sind. Was kann man resümieren?

- Am meisten Zustimmung findet über alle Gruppen hinweg das Item, das „*Christentum gehöre irgendwie dazu*". Ein hoher Grad an Übereinstimmung findet sich auch hinsichtlich der Einschätzung, dass das Christentum keine Gefahr für die Freiheit darstellt bzw. *nicht unmündig oder abhängig macht*. Dem entspricht auch, dass ein absoluter, *unhinterfragbarer Geltungsanspruch* des Christentums im Konsens verneint wird. Unterschiede zeigen sich vor allem zwischen Integrierten und Autonomen: Mehr als doppelt so viele Autonome sehen das *Christentum als veraltet* an (26 % vs. 12 %) und fast doppelt so viel Integrierte betrachten das *Christentum als unverzichtbar* (30 % vs. 18 %).
- In Bezug auf die Kirche scheinen besonders die selbstorientierten Cluster *der Kirche ein Randdasein zu prognostizieren (41% und 43%)*. Die beziehungsorientierten Cluster sehen dagegen nur mit 34 % und 32 % eine solche Entwicklung kommen. Das heißt, dass die Humanisten trotz ihres distanzierten Verhältnisses zur Kirche (im Vergleich zu den Integrierten) gleichwohl eine deutlich positive Funktionszuschreibung im Hinblick auf die Kirche vornehmen. Und zusammen mit den Integrierten repräsentieren sie etwa die Hälfte der hier Befragten.

VII. Konstruktion des Wertefeldes und demographische Charakteristika

- Die Einstellungen zur Kirche spiegeln auch die *Einstellungen zum Kirchenaustritt*: Humanisten und Integrierte stehen einem Austritt reserviert gegenüber, wobei die Letzteren eine stärkere Verbundenheit aufweisen.
- Die prozentuale *Verteilung der 'gemeinde-aktiven' Jugendlichen* zeigt, dass vor allem Traditionsorientierung mit einer Bejahung der beiden höchsten von sechs Aktivitätsgradkategorien in Beziehung steht. (Zu den in *Abbildung 67* mit dargestellten religiösen Erziehungswerten siehe die Tabelle in *Abbildung 58*.)

Den Bereich der demographischen Charakteristik der Werthaltungen zusammenfassend: Die beiden faktoranalytisch gefundenen Dimensionen des Wertefeldes weisen plausibel interpretierbare Zusammenhänge mit demographischen Variablen auf. Sie vermögen auf einem statistisch-analytisch komplexeren Niveau das zu präzisieren, was sich bereits in den Analysen des ersten Hauptteils dieser Studie je partiell gezeigt hat. Außerdem lassen sich die Ergebnisse konsistent in Literaturbefunde einfügen. In den folgenden Abschnitten wird die Analyse nun auf die drei großen Inhaltsbereiche des Fragebogens ausgeweitet: Ethik, Emotionalität und Theologie.

VIII. Der ethische Bereich: „Was soll *gelten*?"

Der zweite Abschnitt fragt nach Zusammenhängen verschiedener ethischer Einstellungen und Werte mit den beiden Dimensionen des Wertefeldes. Es wird dadurch möglich, den Bedeutungsgehalt des Feldes zu elaborieren und die Konsistenz der Zusammenhänge zu überprüfen.

VIII.1 Was in einer Beziehung wichtig ist

Die *Abbildung 69* zeigt die für eine Partnerschaftsbeziehung reklamierten Beziehungsnormen der Jugendlichen/Jungen Erwachsenen in Relation zu den beiden Dimensionen des Wertefeldes, das auf der Basis der Erziehungswerte-Vorstellungen konstruiert wurde.

Abb. 69: Korrelation der Beziehungswerte mit den Dimensionen des Wertefeldes

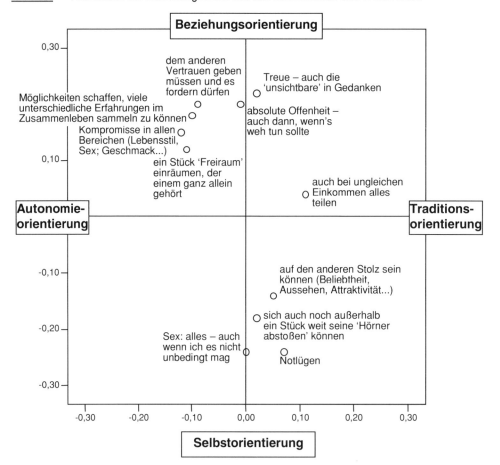

VIII. Der ethische Bereich: „Was soll *gelten*?"

Im Vergleich zu den übrigen Befunden dieses Abschnittes finden sich hier Items, die im Quadranten oben/links *besonderen* Anklang finden: (a) „Kompromisse in allen Bereichen"; (b) „dem anderen Vertrauen geben und es fordern"; (c) „ein Stück 'Freiraum' einräumen"; (d) „unterschiedliche Erfahrungen im Zusammenleben ermöglichen"; (e) „absolute Offenheit". Die SchülerInnen im Quadranten oben/links besitzen danach ein besonders bewusstes Beziehungskonzept, das ihrer humanistischen Wertorientierung entspricht. Demgegenüber haben Jugendliche/Junge Erwachsene, die stärker an einer Steigerung ihres Status orientiert sind, eine eher außenorientierte Beziehungseinstellung: Die Akzeptanz von „Notlügen", „Seitensprüngen", „Orientierung am Aussehen" und „Nichtbeachtung von Gefühlen" treten hier häufiger auf. Interessant ist auch die eher konservative Platzierung des Items „alles teilen": Das ist der Wert, der sich am wenigsten mit einer individualistischen Beziehungsgestaltung vereinbaren lässt, weil er die ökonomische Autonomie der Beziehungspartner unterläuft. *Der Befund zeigt damit sehr anschaulich, dass die Bewertung unterschiedlicher Konzepte der Partnerschaftsgestaltung von den Werthaltungen der Jugendlichen determiniert wird.* Zu bedenken ist jedoch, dass in der Analyse nur *relative* Gewichtungen aufgedeckt werden. Aussagen über die tatsächliche Häufigkeit können damit noch nicht getroffen werden. Sie werden in der clusteranalytischen Betrachtung erkundet.

Abb. 70: Prozentuale Bejahung von Beziehungswerten nach Wertetypen

Beziehungswerte (Zustimmung in % zu den Kategorien „eher wichtig" u. „ganz wichtig")	Humanisten	Statussuchende	Autonome	Integrierte
Treue	90	82	82	91
Vertrauen	86	74	81	86
Absolute Offenheit	85	73	76	85
Freiraum einräumen	85	72	79	81
Kompromisse	80	70	79	82
Erfahrungen im Zusammenleben sammeln	77	62	67	71
Auf den anderen stolz sein können	57	67	65	59
Teilen	54	60	53	63
Sex	27	40	39	26
Hörner abstoßen	20	27	24	17
Notlügen	6	19	10	4

Die Tabelle in *Abbildung 70* informiert über die Anteile der Jugendlichen, die die unterschiedlichen Partnerschaftswerte jeweils als „eher wichtig" und „ganz wichtig" bejahen. Die Tabelle repräsentiert – wie *Abbildung 69* – die Bewertungsunterschiede zwischen den Werte-Quadranten. Absolut gesehen finden die Werte Treue und Vertrauen am meisten Anerkennung. Dies entspricht gängigen Erfahrungen (Boge 2005, 461; Liegener 1984). Darüber hinaus aber zeigt die Tabelle in ihren drei unteren Zeilen auch, dass die drei am stärksten durch *„Selbstorientierung"* geprägten Items insgesamt relativ wenig Zustimmung finden. Allerdings sind zugleich deutliche Unterschiede *zwischen* den Clustern zu beobachten, so dass zum

Beispiel „Notlügen" in den beiden unteren Quadranten mehr als doppelt so häufig akzeptiert werden.

Deutlich wird auch, dass der Wert des „Teilens auch bei ungleichem Einkommen" bei den 'autonom' *und* den 'humanistisch' orientierten Jugendlichen relativ *weniger* Zustimmung findet, dagegen stärker vor allem bei den beiden traditionsorientierten Cluster-Gruppen bejaht wird. Das signalisiert: Die individualistische Autonomieorientierung zieht hier wohl eher Grenzen ethischer Praxis. „Teilen" zahlt sich (erst) aus, wenn mit langfristigen Bindungen gerechnet werden kann. Und dementsprechend sind die weniger traditionell orientierten, nicht so sehr am „Teilen" interessierten Jugendlichen/Junge Erwachsenen sich möglicherweise eher des Probe-Charakters von Beziehungen in der Jugendzeit bewusst bzw. haben ein weniger auf lebenslange Partnerschaft ausgerichtetes Beziehungskonzept.

Es versteht sich von selbst, dass hinter diesen Zahlen unterschiedliche Beziehungserfahrungen stehen können. Für einen weiteren Schritt in Richtung Praxis sei anhand der Erfahrung einer Schülerin eine exemplarische Konkretisierung vorgenommen.

„Ich hatte vor ca. einem Jahr mal einen festen Freund und wir haben uns auch super verstanden. Allerdings kam er aus [Stadt] und die Entfernung war nicht besonders klein. Also sahen wir uns nur alle zwei Wochen. Es war jedes Mal sehr schwer, die Zeit ohne ihn zu überstehen. Wir telefonierten jeden Tag mindestens zweimal und redeten über all unsere Probleme und über das, was im Laufe des Tages geschehen war. So vergingen ca. drei Monate. Irgendwann hatte er eine Andere kennen gelernt. Es hatte mich damals sehr getroffen. Wir stritten uns nur noch wegen dieser Person. Am Ende war er der Meinung Schluss zu machen. Ich war mit dem Nerven völlig am Ende. Mir ging es ungefähr zwei Monate sehr schlecht. Ich telefonierte mit meiner Oma und versuchte ihr zu erklären, dass ich meinen 'Freund' wieder haben möchte. [...]"
(Text aus der Unterrichtspraxis des Autors C. G.)

Der Selbstbericht stammt von einer 16-jährigen Schülerin. Der Text berichtet eine Beziehungserfahrung mit einer ganzen Reihe von Aspekten, die hier nicht gewürdigt werden können. Seine Konsistenz zum Datenprofil ist hier jedoch von Interesse: Die Schülerin drückt *'kommunikative'* Beziehungswerte aus, die sie im oberen Bereich des Feldes verorten würden: „Wir redeten über all unsere Probleme" entspricht dem Wert der „Offenheit". Ihre „Treue" zeigt sich darin, dass sie in der belastenden Fernbeziehung die Verbindung nicht von ihrer Seite gelöst hat und sogar eine Erneuerung der Beziehung wünschte. Auf der anderen Seite hat der Freund offensichtlich nicht mit dem Kennenlernen der anderen Frau die Beziehung beendet, sondern erst später. Offenbar war er weniger als die junge Frau an Treue und Vertrauen interessiert. Insofern er sich auf zwei Frauen eingelassen hat, entspricht sein Verhalten tendenziell eher dem „Hörner abstoßen". Dass man sich mit ihm gut unterhalten konnte, zeigt zugleich, dass auch er sich generell an beziehungsförderlichen Werten orientiert. Allerdings zeigt die hier vorgefundene Rollenverteilung, dass er die Werte (im Konfliktfall) eben anders gewichtet. Das Muster der Fallgeschichte entspricht der *Abbildung 69* und der Tabelle in *Abbildung 70*.

Die Geschichte zeigt auch, dass Werte nicht allein als gleichsam 'fremdgespendete' Orientierungen dienen, sondern ebenso gut Ausdruck eigener Problemerfahrungen sein können. Vor dem Hintergrund der Erfahrung, verletzt worden zu sein, weil der junge Mann eben nicht voll dem Vertrauenswert gerecht geworden ist, könnte gerade daher umso mehr Vertrauen als Wert gefordert werden, um Verletzungen zu vermeiden oder zu minimieren. Pädagogisch gesehen scheint es daher sinnvoll, Gelegenheit zu geben, Erfahrungen, Normen und Möglichkeiten im Spannungsfeld von Beziehung und Sexualität zu klären (vgl. z. B. Gaedt 1995).

Wüllenweber (2007) berichtet in einem Stern-Artikel über Phänomene sexueller Verwahrlosung bei Jugendlichen aus Unterschichtfamilien mit geringem Bildungsgrad. Der Artikel bietet eine mögliche Lesart des Items „Sex: alles – auch wenn ich es nicht unbedingt mag": In Nachahmung von Hardcore-Pornos findet sich bei den zu Wort kommenden Jugendlichen eine Kopplung von Sexualität und Gewalt, wobei Sexualität als Erfolgserlebnis in einem Kontext von Konkurrenz und Leistungsdruck erfahren wird, entfremdet von Zuwendung und Zärtlichkeit. Ein Therapeut berichtet: „In der Therapie wird schnell klar, dass die im Inneren spüren, dass ihnen das alles nicht gut tut. Aber dann sagen sie oft: 'Was habe ich denn sonst?'" Die Verzweiflung, die aus diesem Zitat spricht, zeigt an, dass Wertorientierungen nicht unbedingt einfach 'gewählt' werden können, sondern von zur Verfügung stehenden Ressourcen mitbestimmt werden. Dies entspricht auch der Interpretation Gensickes (2006b, 237) für den höheren Materialismus von Jugendlichen mit Migrationshintergrund. Dieser entspricht nach Gensicke nicht unbedingt einer Fehlorientierung, sondern einer Situation, in der ein Nachholbedarf in Bezug auf die materielle Ausstattung besteht. Eine moralische Kritik ist hier demnach wenig angezeigt, sondern vielmehr eine einfühlende Wahrnehmung der Problemlagen der Jugendlichen/Jungen Erwachsenen.

VIII.2 Welche „Spielregeln" in der Gesellschaft wichtig sind

In *Abbildung 57* ging es darum, welche Werte die Jugendlichen/Jungen Erwachsenen persönlich für so wichtig finden, dass sie diese an ihre eigenen Kinder weitergeben wollen. Die Frage nach der Wichtigkeit verschiedener Spielregeln fokussiert dagegen auf den Geltungsbereich der Gesellschaft. Insofern wir Werte als *'übersituative'*, grundlegende Orientierungsmuster einer Person angesehen haben, ist damit zu rechen, dass sich hier ebenfalls eine Verortung nach dem Prinzip der inhaltlichen Übereinstimmung zeigt.

<u>Abb. 71:</u> Korrelation gesellschaftlicher „Spielregeln" mit den Dimensionen des Wertefeldes

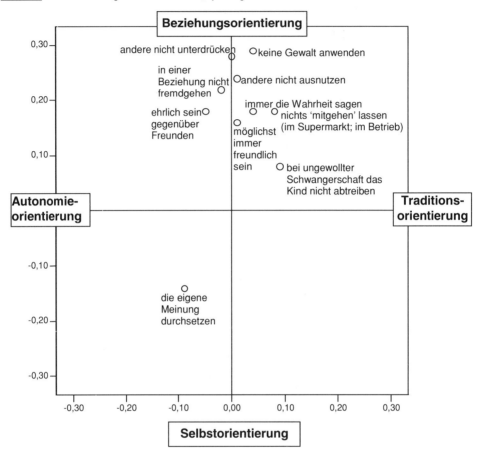

Die *Abbildung 71* zeigt die Beziehung vom Wert „sich durchsetzen" mit der entsprechenden durchsetzungsorientierten „Spielregel" (vgl. *Abbildung 57* mit *Abbildung 71*); sie lokalisieren sich an derselben Stelle im Wertefeld. Personen mit einer Ausrichtung auf beziehungsorientierte Werte zeigen dagegen eine besondere Beachtung der Spielregeln, die Partnerschaftlichkeit in Beziehungen sichern. Ihre deutliche Distanz zum Item „die eigene Meinung durchsetzen" drückt gleichzeitig ihre Fähigkeit zur freiwilligen Selbstzurücknahme aus. Die Lokalisierung entspricht auch tendenziell der Lokalisierung der Gewissensfunktion (vgl. dazu *Abbildung 73*), so dass insgesamt von einer stärkeren Normorientierung bei Jugendlichen auszugehen ist, die sich im *pro-sozial-traditionellen* Feld-Quadranten oben/rechts befinden.

Der Tendenz nach bildet sich auch auf der horizontal zu lesenden Dimension *Autonomieorientierung vs. Traditionsorientierung* eine Profilierung ab. So gilt vor allem bei Jugendlichen mit konservativen Werten das Tabu, zu stehlen und abzutreiben. Bezogen auf Eigentums- und Gewaltdelikte zeigt Raithel (2003), dass Jugendliche

VIII. Der ethische Bereich: „Was soll *gelten*?" 133

mit einer höheren Delinquenzrate eine gewaltsamere Erziehung erfahren haben *und* in ihrer Werthaltung eher hedonistisch und weniger konservativ sind. Der Befund in *Abbildung 71* spiegelt diesen Zusammenhang konsistent wider, insofern sich zeigt, dass eher weniger beziehungs- und traditionsorientierte Jugendliche zugleich auch das Diebstahl-Tabu weniger akzeptieren. Gleiches gilt auch für die Lokalisierung des Gewalt-Tabus, da es sich im gleichen Bereich wie das Diebstahlstabu verortet (vgl. dazu übereinstimmend auch *Abbildung 75*). Der bei Raithel (2003) aufgezeigte Zusammenhang mit Erziehungserfahrungen in der Familie steht dabei auch mit den bereits in *Abbildung 59* aufgedeckten Geschlechtseffekten in Beziehung: So erfuhren Jungen, anders als die Mädchen, weniger Trost, Lob und Unterstützung in der Erziehung und wurden zugleich unter Anwendung von mehr Gewalt erzogen. Dieser Zusammenhang von geringer(er) Empathieerfahrung mit hedonistisch-resignativen Haltungen und Gewaltakzeptanz kann auch in unserer Stichprobe für die unterschiedliche Profilierung der beiden oberen gegenüber den unteren Quadranten verantwortlich sein. Im Kontext der Literaturbefunde wird deutlich, dass die Haltungen der SchülerInnen in *Abbildung 71* immer auch Auskunft über möglicherweise korrespondierende Lebenserfahrungen geben.

Angesichts der nicht mit „Spielregeln" besetzten Quadranten lässt sich fragen, welche „Spielregeln" für die *Humanisten, Autonomen* und *Statusorientierten* denn relevant sein könnten, d. h. in die angebotenen Item-Vorgaben hätten mit aufgenommen werden sollen. Folgende Hypothesen sind denkbar: „Achtung vor Fremden" und „flexibel sein" könnte von *Humanisten* besonders bejaht werden, „Risiken eingehen" und „authentisch bleiben" von den *Autonomen* und „auf Sauberkeit achten" und „seinen Mann/seine Frau stehen" bei den *Statusorientierten*. Das Ergebnis der Wertefeld-Analyse deutet also darauf hin, dass diesbezüglich die Auswahl der Items nicht hinreichend repräsentativ war, weil offenkundig vor allem Items im Bereich der Integrierten formuliert worden sind. Da der Fragebogen aus dem Diskurs im Religionsunterricht heraus entwickelt wurde, kann hier kritisch nachgefragt werden, ob denn im Religionsunterricht eine Werteklärung in der zu wünschenden Breite stattfindet (So wäre beispielsweise zu fragen, ob es Unterrichtsentwürfe zur Flexibilitätsnorm in der Arbeitswelt gibt?)

Die Tabelle in *Abbildung 72* zeigt, dass das Lebensrecht des ungeborenen Kindes als „*gesellschaftliche* Spielregel" am stärksten umstritten und damit aus dem Konsensbestand herausgenommen erscheint. Das ist schon bei den Mittelwerte-Vergleichen sehr deutlich geworden und wir können nun ergänzen, dass am ehesten die beiden traditionsorientierten Cluster-Gruppen hier *etwas* (4 – 7 %-Punkte) mehr zustimmen. Bei dem Item „Meinung durchsetzen" stimmen die Autonomen am meisten zu. Dies entspricht der *Abbildung 71*, wo das Item seinen Ort im Quadranten unten/links hat. Auch bei den Werten, die insgesamt viel Zustimmung finden, können sich noch deutliche Unterschiede zwischen den Clustern zeigen. Zum Beispiel lehnen die *integrierten* Jugendlichen „Gewalt" sehr viel deutlicher ab, als das die Statusorientierten mit einer um 21 %-Punkte geringeren Zustimmungsquote tun, damit aber immer noch über 50 % liegen. Gensicke (2002, 178) kann für *materialistisch* orientierte Jugendliche (hier vergleichbar mit den *Statussuchenden*) eine häufigere Verwicklung in Gewalthandlungen nachweisen.

Abb. 72: Prozentuale Bejahung gesellschaftlicher Spielregeln nach Wertetypen

Spielregeln (Zustimmung in % zu den Antwortkategorien „eher wichtig" u. „ganz wichtig")	Humanisten	Statussuchende	Autonome	Integrierte
ehrlich sein gegenüber Freunden	90	77	80	88
in einer Beziehung nicht fremdgehen	85	70	74	86
andere nicht unterdrücken	84	64	65	85
andere nicht ausnutzen	82	65	66	83
keine Gewalt anwenden	74	57	55	78
nichts 'mitgehen' lassen (im Supermarkt; im Betrieb)	72	62	59	78
möglichst immer freundlich sein	68	60	61	73
immer die Wahrheit sagen	67	68	52	69
die eigene Meinung durchsetzen	59	63	70	45
bei ungewollter Schwangerschaft das Kind nicht abtreiben	36	40	33	40

Wichtig zu sehen ist, dass das Item „die eigene Meinung durchsetzen" zwar bis 70 % Zustimmung bei den Autonomen findet, was nicht unerwartet sein dürfte, aber es auch in den anderen Cluster-Gruppen noch substantielle, z. T. mehrheitliche Zustimmung erfährt. Also: Obwohl das Item seinen 'Ort' in einer anderen Region des Wertefeldes hat, kann es als allgemeine „Spielregel" betrachtet werden. Die oben aufgeworfene Fragen nach „Spielregeln", die außerhalb des Bereiches oben/rechts angesiedelt worden wären, wenn sie im Item-Angebot gewesen wären, ist daher religionspädagogisch nicht unwichtig: Eine *Nicht*befolgung der oben/rechts lokalisierten Spielregeln muss *nicht* unbedingt auf Schwierigkeiten in der Umsetzung von Normen oder auf deren Ablehnung zurückgehen, sondern kann auch mit *konkurrierenden* Spiegelregeln zu tun haben, die etwa im Feld gegenüber liegen und gleichfalls für wichtig gehalten werden. In einem solchen Fall wird dann die Möglichkeit einer Norm, sich im praktischen Verhalten auszudrücken, entsprechend gehemmt und ein normgemäßes Verhalten wird nicht gezeigt.

Um der nicht zu leugnenden Komplexität *konkurrierender* Werte und Normen gerecht zu werden, versuchen z. B. religionspädagogische Unterrichtsentwürfe vermittelnde Strategien einzuschlagen: Autschbach und Horstmann (1997) geben in einem Entwurf zum Thema „Zehn Gebote" die Gelegenheit zur Reflexion des eigenen Wertesystems und zur Auseinandersetzung mit Entscheidungskonflikten. Scholl (1998) versucht einer christlichen Perspektive nicht etwa durch eine theologische Abwertung des Durchsetzungsmotivs Geltung zu verschaffen, sondern bietet mit der Wachstumsmetapher eine mögliche Erweiterung des Motivs im Sinne eines „Nachgebenden-Sich-Durchsetzens". Ähnlich legitimieren Kolb et al. (1994) durch Differenzierung zwischen Individuation und Egoismus das Durchsetzungsmotiv.

VIII.3   Wo 'Gewissen' eine Rolle spielt

Das Gewissen ist ein besonders relevantes Thema in der späten Jugendzeit und damit für den typischen Altersbereich von BerufsschülerInnen. Dies zeigt sich darin, dass in keiner anderen Phase des Lebens Menschen so sehr geneigt sind, sich rücksichtslos und regelüberschreitend zu verhalten (Arnett 1996b). Gleichwohl wird die Basis für ein funktionierendes Gewissen bereits in der frühen Kindheit gelegt. Neben genetischen Faktoren lassen sich vor allem Einflüsse des elterlichen Erziehungsverhaltens nachweisen. Diese gehen dahin, dass zur Ausbildung der Gewissensfunktion (d. h. dass man beim willkürlichen Überschreiten von Normen ein schlechtes Gewissen verspürt) Kinder einer verlässlichen Beziehungsgestaltung seitens der Eltern bedürfen und ihnen nachvollziehbar erklärt werden muss, wie ihr Verhalten andere Menschen beeinflusst. Autoritäres Erziehungsverhalten, das durch Dominanz und Strafen im Kind Angst erzeugt und auf diese Weise versucht, das Verhalten des Kindes zu kontrollieren, eignet sich dagegen nicht zur Förderung der moralischen Bewusstseinsbildung (vgl. Hopf 2000). Unsere Studie fragt nun diese empirischen Perspektiven erweiternd nach der Verortung des Gewissens in verschiedenen Lebensbereichen.

Abb. 73:   Korrelation der Anwendungsorte des Gewissens mit den Dimensionen des Wertefeldes

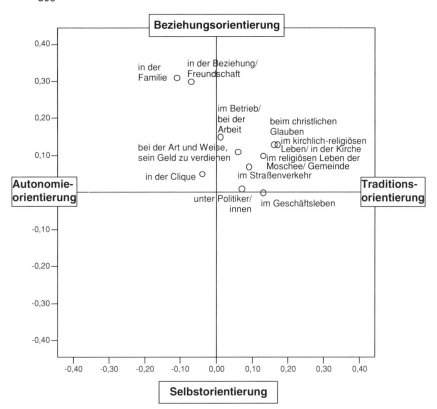

In *Abbildung 73* zeigt sich, dass von den Jugendlichen/Jungen Erwachsenen dem Gewissen vor allem im Quadranten unten/links, aber auch unten/rechts in einem nur geringen Ausmaß ein Funktionsbereich zugesprochen wird. Im Bereich der selbstorientierten Werte wird demnach das Gewissen insgesamt als weniger relevant empfunden, im Bereich von beziehungsorientierten Werten dagegen umso eher. Rückschließend von den empirischen Befunden, die Hopf (2000) berichtet, kann hier dann weiterführend vermutet werden, dass im Bereich von selbstorientierten Werten die Befragten in einem geringeren Ausmaß das Erziehungsverhalten ihrer Eltern als verlässlich und nachvollziehbar erlebt haben. Diese weiterführenden Implikationen seien hier deshalb genannt, weil sie für ein tieferes Verständnis der später betrachteten emotionalen und vor allem der theologischen Deutungsmuster der Jugendlichen/Jungen Erwachsenen die notwendige Informationsbasis erweitern.

<u>Abb. 74:</u> *Anwendungsorte des Gewissens nach Wertetypen*

Wichtige Rolle des Gewissen (Zustimmung in % zu den Kategorien „schon eher" u. „ganz gewiss")	Humanisten	Statussuchende	Autonome	Integrierte
in der Beziehung/Freundschaft	94	82	86	95
in der Familie	94	79	85	95
im Betrieb/bei der Arbeit	66	60	58	69
in der Clique	66	58	59	60
bei der Art und Weise, sein Geld zu verdienen	61	59	54	63
im Straßenverkehr	46	50	40	50
im Geschäftsleben	43	52	42	45
beim christlichen Glauben	39	39	30	47
im kirchlich-religiösen Leben/in der Kirche	30	33	22	38
im religiösen Leben der Moschee/Gemeinde	25	29	19	31
unter Politikern/innen	25	29	24	26

Betrachten wir nun die relative Differenzierung der Items im oberen Bereich des Wertefeldes. Schaut man von den Dimensionen her auf die Items so zeigt sich: Die Jugendlichen/Jungen Erwachsenen der beiden 'beziehungsorientierten' Wertetypen mit einer leichten Nähe zum Pol 'Autonomieorientierung' verorten funktional das Gewissen besonders deutlich in sozialen Beziehungen (Familie, Freundschaft). Die Jugendlichen/Jungen Erwachsenen der beiden 'selbstorientierten' Gruppen stimmen einer solchen Sozial-Verortung deutlich weniger zu. Eine klare Verortung des Gewissens im Religiösen findet sich besonders bei SchülerInnen, die sowohl an *Tradition* als auch *Beziehung* orientiert sind. Der Bezug des Gewissens auf das Geschäftsleben ist rechts in der Nähe des Pols der Traditionsorientierung verortet. Das entspricht der stärkeren Bejahung von Regeln bei den zur *Traditionsorientierung* tendierenden Jugendlichen/Jungen Erwachsenen, die über den individuell-privaten Bereich hinausgehen. Zugleich liegt das Item auch etwa mittig zur Verortung der

BerufsschülerInnen im kaufmännischen und technisch-gewerblichen Bereich und damit im Bereich zugehöriger Praxiserfahrungen.

Die Tabelle in *Abbildung 74* zeigt insgesamt, dass das Gewissen seinen Ort vor allem in persönlichen Beziehungen und im persönlichen Nahbereich hat – eine Einsicht, die bereits bei den Mittelwerte-Analysen gewonnen werden konnte. Und auch ein weiteres Mal bestätigt sich, was sich bereits an anderer Stelle dieser Studie gezeigt hat: Der Bereich der Religion wird in der Einschätzung der Cluster-Gruppen ähnlich behandelt wie der Bereich der Politik. Die Einschätzung scheint hier nicht nur nach sachlichen Kriterien zu erfolgen, sondern auch dadurch bestimmt zu sein, ob man selbst einen Bezug zu dem Bereich hat. Dies zeigt sich daran, dass die eher religiös orientierten Integrierten für die Bereiche der Religion eher zustimmend votieren. Allerdings ist auch hier die verortete bzw. zugewiesene Relevanz des Gewissens eher gering. Offenbar zeigt sich auch hier, dass 'man' im Bereich der Religion solche Entscheidungen nicht treffen muss, die als diesbezüglich relevant empfunden werden – zumindest scheinen solche Entscheidungen nicht im Blickfeld zu liegen.

Gewissen hat im Bereich des Geschäftslebens mit einer Zustimmungsquote von 52 % bei den *Statussuchenden* eine relativ große Bedeutung im Vergleich zu den anderen Gruppen. Das ist deswegen interessant, weil bei diesem Cluster besonders viele BerufschülerInnen des gewerblichen – und nicht etwa des kaufmännischen – Bereichs anzutreffen sind. Zugleich korreliert der gewerbliche Bereich mit einer eher niedrigen Bildungsniveaustufe. Gegenüber dem privaten Beziehungsbereich zeigt sich freilich auch bei dieser Gruppe eine deutlich geringere Zustimmungsquote.

Bezüglich der Verortung von „Gewissen" im Straßenverkehr zeigt sich, dass besonders Jugendliche im Cluster der Autonomen bereit sind, Regeln des Straßenverkehrs zu missachten. Nach Arnett (1996b) steht rücksichtsloses Fahrverhalten mit „Anregungssuche (sensation seeking)" in Beziehung. Dies entspricht auch dem allgemeinen Wertefeld nach Schwartz, wonach sich im Quadranten unten/links 'Anregungswerte' lokalisieren (siehe z. B. *Abbildung 1* in Gennerich 2007a). Harré et al. (2000) zeigen, dass verschiedene Regelüberschreitungen im Straßenverkehr eher von männlichen Jugendlichen gezeigt werden – ein Befund, der sich ebenfalls konsistent in den Befund unserer *Abbildung 73* einfügt, weil im Quadrant der *Autonomen* mehr männliche Jugendliche verortet sind.

Das Problem rücksichtslosen Fahrverhaltens hat auch eine soziale Komponente, die in den Bereich von Paarbeziehungen hineinreicht. Nach ihren Ängsten gefragt, antwortet eine Berufsschülerin: „Ich habe Angst, wenn mein Freund mit dem Auto zu schnell fährt, besonders in den Kurven" (Bohn 1974, 13). Die soziale Vernetztheit des Themas kann dabei günstig für Thematisierungen in der Klasse sein. Aus theologischer Perspektive ist die Verkehrserziehung für den Religionsunterricht bereits als Aufgabe beschrieben (Röckel 1980; Strecker 1977). Christliche Motive sollen darin helfen, dass Egoismus im Straßenverkehr und statusorientiertes Verhalten korrigiert werden können. Weniger klar ist jedoch in diesen Konzepten, wie das Dilemma bearbeitet wird, dass gerade in der Gruppe ein besonders problematisches Verkehrsverhalten zu finden ist, die in besonders großer Distanz zu christlichen Motiven steht.

Die Funktionsverortung von Gewissen zeigt eine insgesamt stärkere Ausprägung im Bereich beziehungsorientierter Werte zusammen mit einer tendenziell ebenso größeren Stärke im traditionsorientierten Bereich. Es fragt sich freilich: Warum haben die zum Pol der *Selbstorientierung* tendierenden SchülerInnen die Neigung, zum Gewissen eher auf Distanz zu bleiben? Eine mögliche Überlegung besteht darin: Innere Soll-Standards sind nicht unproblematisch, denn Abweichungen des tatsächlichen Verhaltens von diesen Standards verursachen negative Affekte und machen verletzlich für Depressionen (Strauman 1996). Diese Verletzlichkeit wird bei den SchülerInnen im Bereich des Pols der Beziehungsorientierung insofern kompensiert als diese über die sozialen Beziehungen eine besonders wirkungsvolle Bestätigung ihres Selbstwertgefühls erfahren können. Entsprechend geschlussfolgert, könnte die Selbstdistanzierung von inneren Standards bei den zum Pol der *Selbstorientierung* tendierenden Jugendlichen als ein gewisser Selbstschutz verstanden werden, insofern materialistisch orientierte Jugendliche in der Regel weniger Zuwendungserfahrungen in ihrer Kindheit haben sammeln können (Kasser und Ryan 1995; Raithel 2003; Rindfleisch et al. 1997). Entsprechend können sie – theologisch gesehen – so etwas wie eine 'Rechtfertigung des Sünders' schwerer erahnen. Wie jedoch allgemeine Forschungsbefunde zur Gewissenhaftigkeit zeigen, bedingt eine Reduzierung der Stärke der Standards auch eine geringere Verhaltenskontrolle. Das geht in unserer Studie tendenziell mit geringeren Schulabschlüssen (siehe *Abbildung 59*) und wahrscheinlich unbefriedigenderen Beziehungserfahrungen (vgl. *Abbildung 69*) und weniger positiven Beziehungen in Gemeinschaftskontexten (siehe nachfolgende *Abbildung 79*) einher.

VIII.4   Was 'Sünde' bedeutet

Im nun zu analysierenden Frageblock wurden die Jugendlichen/Jungen Erwachsenen danach befragt, welche Verhaltensweisen und Haltungen sie mit dem Wort 'Sünde' verbinden. Der Frageblock kann damit erfassen, in welchem Ausmaß sie bereit sind, zur Versprachlichung von Erfahrungen eine Semantik mit theologischen Anklängen zu benutzen, denn der Sündenbegriff ist von seinem Ursprung her religiös-theologisch konnotiert.

Die Abbildung 75 zeigt, dass die von uns angebotenen Items zum Sündenverständnis tendenziell eher von traditionsorientierten Jugendlichen bejaht werden. Sodann zeigt sich eine bedeutende Differenzierung hinsichtlich der Polarität *Beziehungs- vs. Selbstorientierung*: Normüberschreitungen, bei denen die Würde des anderen bedroht ist, werden eher im oberen Bereich als Sünde betrachtet und eine moralkonservative Sexualmoral eher im unteren Bereich. Das scheint plausibel: Sowohl Homosexualität als auch sexuelle Beziehungen vor der Ehe gehen *nicht* primär mit

VIII. Der ethische Bereich: „Was soll *gelten*?"

Beziehungsschädigungen einher, da sie in Partnerschaften einvernehmlich ausgehandelt werden können. Diesen Sachverhalt dürften die beziehungsorientierten Jugendlichen vor Augen zu haben, wenn sie die Sündenqualität von Homosexualität und vorehelichen Beziehungen bestreiten. Die Kennzeichnung dieser Items als Sünde im Bereich unten/rechts kann dagegen auf eher autoritär strukturierte Einstellungsmuster zurückgeführt werden, in deren Kontext eine liberale Sexualmoral als ordnungsgefährdend betrachtet wird (vgl. Cohrs et al. 2005 u. Lippa und Arad 1999 für den Nachweis homophober Einstellungen im Wertebereich unten/rechts). Ebenfalls unterstützend für diesen Befund zeigen Zieberts und van der Ven (1990), dass eine konservative Sexualmoral eher deduktiv im Sinne einer Wertübertragung vermittelt wird, bei der der Jugendliche ein eher passiver Empfänger vorgängiger Wertvorstellungen bleibt. Diese Tendenz zur Passivität zeigt sich in unserer Stichprobe im Kontext der Frage nach der *Sinnkonstitution*: Jugendliche im Bereich oben/links schaffen 'Sinn' eher selbst und Jugendliche unten/rechts finden ihn eher immer schon vor (vgl. dazu *Abbildung 91*).

Abb. 75: Korrelation des „Sündenverständnisses" mit den Dimensionen des Wertefeldes

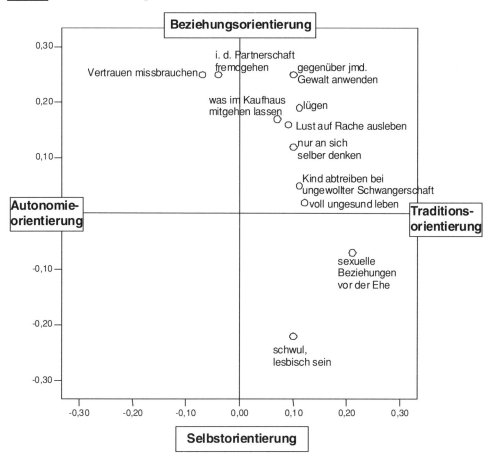

Die Lage der Items im oberen Bereich entspricht weitgehend den bereits schon im Ausgangsmodell vorgegebenen Orientierungen (vgl. *Abbildung 57*). Im Bereich der Wertorientierung der Ehrlichkeit („aufrichtig u. ehrlich") liegen konkordant die Bewertungen von Lüge und Diebstahl als Sünde. Im Bereich des Wertes des Respekts („Gefühle u. Auffassungen anderer respektieren") werden Vertrauensbrüche als besonders häufig als Sünde betrachtet. Insgesamt zeigt sich damit eine insoweit stimmige Lokalisierung der als Sünden gekennzeichneten bzw. als Item angebotenen Verhaltensweisen nach ihrem semantischen Gehalt.

Mit der clusteranalytischen Betrachtung können diese zunächst nur rein inhaltlich bestimmten Zusammenhänge ergänzt werden um Aussagen zum Grad der Bereitschaft, den Sündenbegriff tatsächlich zu gebrauchen.

Die Tabelle in *Abbildung 76* zeigt uns, dass der Begriff der Sünde eher auf konkrete Handlungen denn auf Lebenshaltungen bezogen wird. So wird in allen Clustern Egoismus („nur an sich selber denken") als 'Haltung' kaum der Kategorie Sünde zugeordnet, Vertrauensschädigungen in Beziehungen dagegen wohl. Auch unter diesem analytischen Zugang gilt der im ersten Teil dieser Studie formulierte Satz: „'Sünde' ist eine Beziehungstat". Der Zusammenhang zwischen einer egoistischen Haltung und Beziehungsschädigungen bildet sich dagegen hier kaum ab. Die Ablehnung von Vertrauensmissbrauch (55–74 %) und die gleichzeitige relative Akzeptanz von Egoismus (nur 17–28 % zeigen eine ablehnende Haltung) stehen in einem deutlichen Kontrast zur Annahme systematischer Theologen, dass nämlich Ichbezogenheit (hier: „nur an sich selber denken") mit beziehungsschädigenden Verhaltensweisen einhergeht (vgl. z. B. Pannenberg 1962, 42–55). Angesichts der dahinter stehenden Vorstellung eines beziehungsverträglichen Egoismusmanagements könnten sich gerade feministische Autorinnen, die verschiedene Formen der Selbstverneinung als Sünde betrachten (Scherzberg 1991, 35–44), als interessante und alltagsnahe Gesprächspartnerinnen im Unterricht anbieten.

Abb. 76: Prozentuale Bejahung von Sündenbegriffen nach Wertetypen

Sünde (Zustimmung in % zu den Kategorien „schon eher" und „ja, das trifft es")	Humanisten	Statussuchende	Autonome	Integrierte
in der Partnerschaft mal fremdgehen	76	50	53	68
Vertrauen missbrauchen	73	55	61	74
gegenüber jemanden Gewalt anwenden	60	47	42	66
lügen	56	49	40	62
Was im Kaufhaus mal 'mitgehen' zu lassen (CDs; Zigaretten)	53	47	43	61
Lust auf Rache ausleben	45	37	32	51
Das Kind abtreiben bei ungewollter Schwangerschaft	29	35	25	32
nur an sich selbst denken (Egoismus)	23	23	17	28
voll ungesund leben (fast-food, Zigaretten, Alkohol, Drogen)	16	23	16	20
schwul/lesbisch sein	10	28	21	16

Traditionsorientierte Jugendliche betrachten mit 20–23 % Zustimmungsquote gesundheitsschädliches Verhalten eher als Sünde als ihre mehr an Selbstbestimmung orientierten Peers, die mit einer Quote von nur 16 % zustimmen. Dieser Zusammenhang ist in der Theorie des Problemverhaltens als Syndrom zusammengefasst, das alle möglichen Spielarten normabweichenden Verhaltens im Jugendalter umfasst und eine negative Korrelation von Konventionalität und Problemverhalten vorhersagt. Im Kontext dieser Theorie bestätigen Donovan et al. (1991) beispielsweise an einer Stichprobe von SchülernInnen der 7.–12. Klasse, dass SchülerInnen, die konventionelles Verhalten zeigen („in die Kirche gehen", „Schularbeiten machen" etc.) weniger gesundheitsschädigendes Problemverhalten zeigen (Marihuana-Gebrauch, Problemtrinken). Damit deutet sich an, dass die bei konventionellen/traditionsorientierten Jugendlichen eher vorgenommene Interpretation von Suchtmitteln als Sünde potentiell eine unterstützende Funktion bei ihrer Verhaltenskontrolle leisten kann.

Durch Spiegelung des Items zum Gewalt-Tabu, das sich sowohl in der *Abbildung 75* zum Sündenverständnis wie zu den „gesellschaftlichen Spielregeln" (*Abbildung 71*) oben und leicht rechts positioniert, ergibt sich, dass am Pol der Selbstorientierung in Richtung der Autonomen „Gewalt" am ehesten akzeptiert wird: Nur 55 % der Autonomen und 57 % der Statussuchenden begreifen das Gewalt-Tabu als Spielregel und nur 42 % bzw. 47 % betrachten „Gewalt" als Sünde. Bei den Humanisten und Integrierten findet dagegen das Gewalt-Tabu eine um etwa 20 %-Punkte höhere Zustimmung. Eine von Pannenberg (1977) hergestellte Verbindung von Aggression und Sünde würde daher vor allem bei den Humanisten und Integrierten Anklang finden. Nach Enzmann et al. (2004) kann die Akzeptanz von Gewalt jedoch auch als Element einer Männlichkeitsnorm verstanden werden, die in einer 'Kultur der Ehre' eingebettet ist. Diese gewaltlegitimierenden Männlichkeitsnormen lassen sich empirisch als Folge eines geringen sozio-ökonomischen Status sowie der Erfahrung von Ausgrenzung und Benachteiligung nachweisen. Die Männlichkeitsnormen haben dann die Funktion, eine Bedrohung des Selbstwerts abzuwehren bzw. Status bereitzustellen. Wird in der Schulklasse ein Sündenbegriff eingeführt – und sei es durch die SchülerInnen selbst –, der Gewalt *umstandslos* verurteilt, dann ist damit zurechnen, dass der Unterricht auf Kosten der Partizipationschancen der Autonomen und Statusorientierten aufgebaut wird. Es zeigt sich nun, dass Jugendliche *vorhersagbar* auf die inhaltliche Akzentuierung von Sündenbegriffen im Unterricht reagieren werden – und dass sie dies z. T. ablehnend tun werden, auch wenn das nicht explizit zur Sprache kommen sollte. Wenn Ellerbrock (1979) Sünde im Kern als Minderwertigkeitsgefühl versteht, das zum Verlangen nach Geltung, Anerkennung, Erfolg und Überlegenheit führt, dann trifft dies wahrscheinlich vor allem auf die im unteren Bereich des Wertefeldes verorteten jungen Männer zu. Denn besonders hier werden zum Beispiel Konflikte mit Gefühlen der Überlegenheit und Erfolgsgefühlen, die auf Selbstdurchsetzung bezogen sind, verknüpft (vgl. *Abbildung 77*). Und gleichzeitig werden sich gerade diese Jugendlichen eher nicht auf einen solchen Sündenbegriff einlassen, solange ihnen keine gangbaren Anerkennungsalternativen geboten werden. Diese Schwierigkeiten und Dilemmata einer Thematisierung von Sünde zeigen sich auch beim Thema der Homosexualität.

„Schwul oder lesbisch sein" betrachtet – mit deutlichem Unterschied zu den Humanisten (10 %) – ein beachtlicher Anteil der Statussuchenden (28 %) als Sünde. Wie lässt sich dies verstehen? Es ist sinnvoll, hier die Bedeutung von Homophobie in der Jugendkultur zu beachten. Nach Plummer (2001) bedeutet die Zuschreibung von Homosexualität „Baby sein", „schwach sein", „sich wie ein Mädchen verhalten", „akademisch, fleißig sein", „anders sein", „künstlerisch sein", „sich nicht in die Peerkultur einfügen" und „Peer-Erwartungen nicht beachten". Als Sünde wird hier somit die Nichterfüllung eines bestimmten Männlichkeitsideals verstanden, die mit Statusverlust bedroht ist. Sünde ist damit auch hier die Beschreibung einer 'Leitplanke', die für junge Männer im Segment unten/rechts *beziehungssichernde* (!) Normen bereitstellt. Beabsichtigt man also einen Vorurteilsabbau gegenüber Homosexualität, wird man diese Zusammenhänge berücksichtigen müssen, und es wird wahrscheinlich hilfreicher sein, allgemein auf eine Erweiterung von Männlichkeitskonzepten zu zielen (vgl. z. B. Heiliger 2001) als lediglich die politisch nicht korrekte Stereotypenbildung zu verurteilen.

Vergleicht man insgesamt die Höhe der Prozentwerte in der Tabelle der *Abbildung 76* mit der Zustimmung zu „gesellschaftlichen Spielregeln" (vgl. *Abbildung 71*) dann zeigt sich, dass eine Kategorisierung als „Spielregel" häufiger stattfindet als die Bewertung einer Regelüberschreitung als „Sünde". Diese Beobachtung wirft Fragen auf. Es könnte nämlich sein, dass der Begriff der Sünde aufgrund seiner semantischen Herkunft aus dem Bereich Religion weniger Akzeptanz findet. Es ist aber auch möglich, dass die Jugendlichen hier zum Ausdruck geben, dass eine 'Regel' immer auch *relativ* ist und somit mit massiven Verhaltensverurteilungen (nämlich als *'Sünde'*) zurückhaltender umgegangen werden muss als mit der positiven Bekräftigung einer Norm (vgl. unterrichtspraktisch z. B. Heimbrock-Stratmann 1993; Reinert et al. 1997). In der zurückhaltenderen Nutzung des Sündenbegriffs könnte sich dann so etwas wie eine Rechtfertigungskultur bei den Befragten ausdrücken.

Vergleicht man die Akzeptanz der Deutung von Vertrauensmissbrauch als Sünde (55–74 %) dagegen mit den übrigen, explizit theologischen Deutungen im Fragebogen (*Abbildung 96*: Weltentstehung als Schöpfung 12–38 %; *Abbildung 94*: Gottesbegegnung nach dem Tod 13–28 %; *Abbildung 90*: Gott als Bestimmer des Lebenslaufs 10–22 %), dann zeigen sich deutlich unterschiedliche Zustimmungsgrade. Dies lässt vermuten, dass theologische Kategorien durchaus *nicht* grundsätzlich abgelehnt werden. Vielmehr überprüfen die befragten BerufsschülerInnen sehr genau, inwiefern die theologischen Kategorien ihre Erfahrungswirklichkeit erschließen. Die Deutung von Sünde als Vertrauensmissbrauch scheint hier eine relativ große Erschließungskraft zu besitzen. Der Unterschied von fast 20 %-Punkten zwischen 55% und 74 % zeigt dabei jedoch auch, dass die Wertetypen von der Deutungsoption nicht gleichermaßen angesprochen werden. Diese Problematik soll im Folgenden weiter vertieft werden.

Die Analyse im Wertefeld hatte gezeigt, dass auf der linken Seite des Feldes praktisch keine der angebotenen Sündenvorstellungen lokalisiert sind. Es stellt sich damit die Frage, ob die 'humanistisch' und 'autonom' orientierten Jugendlichen tatsächlich weniger bereit sind, den Sündenbegriff zu verwenden. Dies ist in Frage zu stellen: Eine nähere Analyse der bisherigen Ergebnisse zeigt eine erstaunliche Konsistenz der semantischen Verortungen der einzelnen Items: So zeigt sich, dass mit einer *beziehungsorientierten* Werthaltung „Lügen" abgelehnt werden und „Ehrlichkeit" gefordert wird – und zwar relativ unabhängig davon, ob diese Normen als „Beziehungswerte", als „Spielregeln" oder als „Sünden" erfasst werden. Ebenso platzieren sich die Normen bezüglich „fremdgehen", „was mitgehen lassen", „Gewalt anwenden" und „abtreiben" fast identisch, unabhängig davon, ob sie als „Spielregeln" oder „Sünden" abgefragt wurden. Damit zeigt sich, dass die autonomieorientierten Jugendlichen möglicherweise nicht den Sündenbegriff als solchen ablehnen, sondern lediglich zu seiner hier im Item-Angebot semantisch eher konventionellen Inhaltsprofilierung auf Distanz gehen. Bei dieser tendenziell konservativen Schlagseite der im Fragebogen zur Verfügung gestellten Sündenbegriffe ist nun auch zu bedenken, dass die Formulierungen von den SchülerInnen selbst in einem Brainstormingprozess entwickelt wurden (siehe Teil A, I). Liberalere und offenere Sündenmodelle standen den beteiligten SchülerInnen offenbar gar nicht zur Verfügung, sonst hätten sie durch ihre Inputs Eingang in den Fragebogen finden können.

Damit stellt sich die Aufgabe, die *Theologie* nach Sündenmodellen zu befragen, die besonders in der Sicht der autonomieorientierten Cluster-Gruppen als wirklichkeitserschließend hätten angesehen werden können. Dies ist deswegen so bedeutsam, weil die Ablehnung einer tendenziell konservativen religiösen Semantik noch keinen Rückschluss auf die prinzipielle 'religiöse Zugänglichkeit' der Jugendlichen/ Jungen Erwachsenen erlaubt. Welchem Sündenverständnis könnten also die *Humanisten* und *Autonomen* zustimmen?

Boff und Boff (1986, 76) beziehen befreiungstheologisch den Sündenbegriff auf gesellschaftliche *Strukturen* und *Institutionen*, die Menschen zu einem Verhalten verleiten, das Gerechtigkeit und Partizipation unterminiert. Ein solches Sündenverständnis dürfte wohl – soweit legt das ihre bisher mögliche Charakterisierung nahe – im Cluster der *Humanisten* bevorzugt werden, weil dort eher links-liberale Haltungen wahrscheinlich sind. So zeigen Strack, Gennerich und Münster (2006), dass im humanistischen Wertebereich die Verantwortung für die Not der dritten Welt nicht auf die dortigen Menschen, sondern auf ungerechte Weltwirtschaftsstrukturen zurückgeführt wird. In unserer Studie ergibt sich dies auch daraus, dass im gegenüberliegenden Bereich der *Statussuchenden* mit der Verurteilung Homosexueller und vorehelicher Sexualbeziehungen eher rechte und konservative Haltungen verortet sind. „Ungerechte Strukturen" sollten also vor allem im Bereich links/oben als Sünde verstanden werden können.

Eine weitere Konzeption des Sündenbegriffs, die das im Fragebogen zugrunde liegende Angebot überschreitet, findet sich in Ansätzen der feministischen Theologie. Schneider (1995) berichtet in einem Überblick, dass von feministischen Autorinnen die gängigen Kennzeichnungen von Sünde als Stolz, Selbstbehauptung und Selbstzentriertheit eher als ein männliches Problem betrachtet werden. Diese Wahrnehmung wird durch unsere Daten *direkt* bestätigt, insofern in den durch Selbstorientierung geprägten Quadranten überwiegend männliche Jugendliche verortetet sind und dort auch verschiedene Formen des Selbstbehauptung charakteristisch sind (vgl. *Abbildung 77*). Für den Sündenbegriff ist demnach die Geschlechterdifferenz höchst relevant und verdient intensive Beachtung. Vor diesem Hintergrund wird von einigen feministischen Autorinnen in einer Umkehrung der Polarität von Beziehungs- vs. Selbstorientierung dann für Frauen 'Selbstzurücknahme' und 'Selbstverneinung' als Sünde ausgemacht. Sünde ist danach eine Haltung, die die Selbstwerdung beeinträchtigt und nicht hinreichend dafür Sorge trägt, dass die eigenen Anliegen zur Geltung kommen können. Dieser Sündenbegriff könnte damit zum einen ein kritisches Gegenüber für sehr beziehungsorientierte Schülerinnen und Schüler sein. Jugendlichen, die dagegen „sich durchsetzen" im Bereich unten/links besonders wichtig finden, könnte der feministische Sündenbegriff zum anderen eine Anerkennung für den wahren Kern ihrer Durchsetzungswünsche bieten. Nach der Logik der hier erarbeiteten empirischen Befunde ist daher wahrscheinlich, dass besonders (männliche!) Jugendliche im Segment unten/links den feministischen Sündenbegriff attraktiv finden. Entscheidend ist jedoch, dass feministische Sündenbegriffe gleichzeitig auch Werte wie Solidarität und Gemeinschaftsfähigkeit mitberücksichtigen (vgl. Scherzberg 1991). Die theologisch fundierten Sündenbegriffe können daher hilfreiche Brücken zwischen Werten der Selbstdurchsetzung (unten/ links) und Gemeinschaftswerten (oben/links) schlagen und gegensätzliche Werte miteinander vermitteln helfen. Kurz und zusammenfassend: Sünde dürfte als vorschnelle Beschneidung der eigenen Möglichkeiten also besonders im Bereich autonomieorientierter Jugendlicher Anklang finden.

Eine zusätzliche Engführung des in unserem Fragebogen operationalisierten Sündenbegriffs besteht in seiner moralisch-ethischen Ausrichtung. Rohse (1969) zeigt demgegenüber, dass Sünde die *ganze* menschliche Existenz betreffe und als eine 'Widersprüchlichkeitserfahrung' auch und gerade Jugendlichen/Jungen Erwachsenen zu vermitteln sei. Solche Widersprüchlichkeits- bzw. Entfremdungserfahrungen finden sich in unserer Studie bei allen Wertetypen. (1) Die *Humanisten* benennen in Konfliktzusammenhängen (vgl. *Abbildung 77*) Erfahrungen der Ungeklärtheit und Niedergeschlagenheit. (2) Die *Integrierten* machen im Zusammenhang mit Konflikten Erfahrungen von Machtlosigkeit. Sowohl die Humanisten wie die Integrierten indizieren bei der Frage nach ihren Ängsten (vgl. *Abbildung 87*) eine besondere Sensibilität für Strukturen, die in der Welt nicht in Ordnung sind. (3) Die *Statussuchenden* erfahren „Gemeinschaft" eher als Gleichmacherei, Bevormundung und Überwachung und zeigen damit an, dass ihre Individualität nicht genügend Anerkennung und Spielraum erfährt. (4) Die *Autonomen* schließlich zeigen sich als entfremdet von der kirchlichen Institution und geben für Konfliktsituationen Racheimpulse und bezogen auf ihre eschatologischen Erwartungen einen Mangel an Hoffnung an (vgl. *Abbildung 93*). Ein Verständnis von Sünde als „*Widersprüchlichkeitserfahrung*" hat daher das Potential, inhaltlich unterschiedlich qualifizierte Erfahrungen integrieren und prinzipiell Jugendliche in allen Feldregionen ansprechen zu können. Auch diese Deutungsoptionen wären neben den befreiungstheologischen und feministischen für weitere Untersuchungen bei der Erstellung eines erweiterten Item-Instrumentariums entsprechend zu berücksichtigen.

Ein weiteres Sündenverständnis, das Schülerinnen und Schüler des ganzen sozialen Feldes ansprechen kann, zielt darauf, sich selbst angstfrei, akzeptiert und 'ganz' wahrzunehmen. Drechsel (2004) versteht Sünde in dieser Intention als Angebot, sich selbst aus seiner dezentrierten Sicht zu sehen. Diese Sündenperspektive ermögliche, das Individuum „aus den Augen Gottes" zu betrachten. Mit einer solchen Dezentrierung, einer Perspektivierung 'von Gott her', kann die tatsächlich ja nicht bestreitbare eigene Begrenztheit als 'dennoch akzeptabel' in den Blick kommen und damit die Selbstwahrnehmung erweitert werden. Praktisch könnte dies im Unterricht mit den 11 hier verwendeten Werteitems geschehen, die eine Lokalisierung einzelner SchülerInnen im Wertefeld erlauben. Die Frageperspektive wäre dann im Verhältnis zu den eigenen Peers: „Wo kann ich mir bei meinen Mitschülern, die mir im Feld gegenüber liegen, eine Scheibe des Lebens abschneiden, das auch ich mir ersehne, das ich selbst jedoch bisher eher weniger gelebt habe?" Das heißt, SchülerInnen, die in dem einen Segment liegen, können fragen, welche Lebensmöglichkeiten aus dem Bereich des gegenüberliegenden Segments sie möglicherweise ausgeblendet haben. Didaktisch so umgesetzt, könnten alle SchülerInnen in gleicher Weise am Unterricht partizipieren.

Gleichwohl ist eine solche Intention, den Sündenbegriff für eine erweiterte Selbstwahrnehmung stark zu machen, interessanterweise *nicht* in der Perspektive des hier dargestellten Sündenverständnisses der Jugendlichen selbst: „Gewalt", „Lust auf Rache" und „Egoismus" wird primär von denjenigen als Sünde gesehen, die ohnehin besonders wenig zu einem solchen Verhalten neigen. Damit wird Sünde eher zu einem Begriff, der das (verurteilte) Verhalten des anderen kennzeichnet, das Böse in der Welt beschreibt oder aber ihn im ethischen Sinne verwendet. Letzteres heißt, dass der Sündenbegriff mit der Intention genutzt wird, eine Verfehlung persönlicher Standards zu vermeiden. Die Verfehlung ist dann jedoch nicht mehr „fundamental" gedacht (vgl. Pannenberg 1977, 170) und die Standards sind *nicht* 'von Gott her' definiert: *Sünde* in der von den Jugendlichen übernommenen semantischen Gestalt erscheint so gesehen für die Jugendlichen als ein Begriff, der dazu dient, Abweichungen von persönlich wichtigen Normen zu kennzeichnen. Das ist in Teil I unserer Studie als „*Anthropozentrierung*" charakterisiert worden. Kurz: Eine erweiterte Selbstwahrnehmung wird mit einem solchen Sündenbegriff noch nicht erzielt. Hier bedarf es einer Einführung der SchülerInnen in einen auf eine erweiterte Selbstwahrnehmung zielenden Sündenbegriff und auch entsprechender methodischer Optionen, wie sie sich zum Beispiel auch aus einer evtl. Nutzung des Wertefeldes im Unterricht ergeben.

IX. Der emotionale Bereich: „Wie und was *fühle* ich?"

Im folgenden Abschnitt untersuchen wir den Zusammenhang des Wertefeldes mit exemplarischen Gefühlsmustern. Die parallele Adressierung sowohl sozialer als auch religiöser Themen ermöglicht dabei, die Relevanz *sozialer* Grunderfahrungen für die Wahrnehmung *religiöser* Optionen aufzuweisen.

IX.1 Gefühle nach Konflikten mit Eltern oder Freunden

Konflikte Jugendlicher mit Eltern und Freunden finden in der Forschung eine breite Beachtung. Typische Konfliktthemen mit Eltern sind zum Beispiel „Mithilfe im Haushalt", „Freunde", „Aktivitäten" und „Hausaufgaben" (Smetana und Gaines 1999, 1448). Da 83 % der BerufsschülerInnen in unserer Stichprobe noch zu Hause bei den Eltern wohnen, kann für die hier Befragten mit ähnlichen Konfliktthemen gerechnet werden. Generell zeigt sich, dass in der frühen Jugend fast immer die Kinder gegenüber den Eltern nachgeben. Ältere Jugendliche sind dagegen zunehmend weniger bereit dies gegenüber den Eltern zu tun. Insbesondere männliche Jugendliche beanspruchen eher als weibliche das Recht, selbst zu bestimmen (Smetana und Gaines 1999). Etwa in der Altersphase zwischen 14 und 18 Jahren gelten die Konflikte zwischen Eltern und Kindern als am intensivsten. Im frühen Erwachsenenalter nimmt die Konfliktintensität wieder ab, weil zunehmend Fähigkeiten zur Verhandlung von Interessen ausgebildet werden (Phinney et al. 2005). Darüber hinaus zeigt sich, dass effektive Konfliktlösungsstrategien (z. B. Verhandeln, Kompromisse) mit positiveren Familienbeziehungen einhergehen und weibliche Jugendliche Konflikte konstruktiver lösen als männliche Jugendliche, die zudem mehr ungelöste Konflikte mit ihren Eltern haben (Tucker et al. 2003). Ebenso legt sich nahe, dass Jugendliche, die konkurrenzorientierter, unabhängiger und risikobereiter sind, mit einer geringeren Wahrscheinlichkeit effektive Konfliktlösungsstrategien nutzen als Jugendliche, die sensibel gegenüber Gefühlen und Beziehungen sind (Tucker et al. 2003). Ähnlich zeigt sich bei Pearson und Love (1999), dass beziehungsorientierte Werthaltungen bei Jugendlichen mit einem geringern Konfliktniveau und besseren Problemlöseverhalten gegenüber ihren Eltern einhergehen. Allen et al. (1989) zeigen, dass sich der genannte Zusammenhang von Wertorientierungen mit sozialer Kompetenz bereichsübergreifend auch in Freundschaftsbeziehungen findet. Nach Laursen et al. (2001) betrachten Jugendliche „Verhandeln" als die wichtigste Strategie zur Lösung von Konflikten mit ihren Peers, allerdings zeigt eine Beobachtung von Jugendlichen, dass die Ausübung von „Zwang" untereinander häufiger angewendet wird als die Jugendlichen dies selbst zugeben.

Die bisherige Forschung erweiternd wird hier nun nach den *Gefühlen* der Jugendlichen bei Konflikten gefragt und die Beziehungen dieser Gefühle zu ihren Werthaltungen bestimmt. Den berichteten Befundmuster folgend ist zu erwarten, dass am Pol der selbstorientierten Werte eher Gefühlsassoziationen zu erwarten sind, die mit dysfunktionalen Konfliktstrategien einhergehen; mit dem Pol der beziehungsorientierten Werte dagegen werden es Gefühle sein, die mit konstruktiven Konfliktlösungsstrategien korrelieren.

<u>Abb. 77:</u>   Korrelation der Gefühle bei „Konflikten" mit den Dimensionen des Wertefeldes

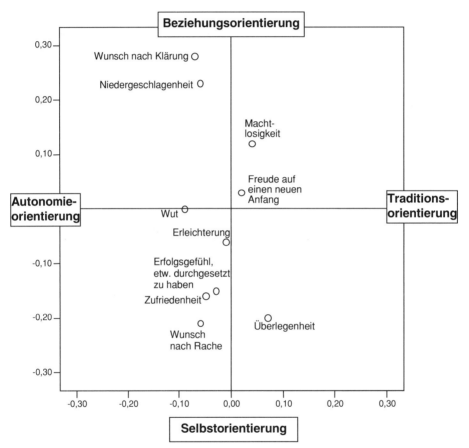

Die *Abbildung 77* zeigt, dass die unterschiedlichen Reaktionen auf Konflikte mit Eltern und Freunden bei den Jugendlichen/Jungen Erwachsenen in sehr deutlicher Abhängigkeit von ihren Wertorientierungen stehen. Jugendlichen mit Ausrichtung auf den Pol Beziehungsorientierung geht es mehr darum, vertrauensvolle Beziehungen zu pflegen und ggf. wiederherzustellen („Klärung"). Jugendlichen mit Orientierung auf den Pol der Selbstorientierung erleben bei Konflikten tendenziell mehr positive Gefühle (Zufriedenheit, Überlegenheit). Dem Wert „sich durchsetzen" entspricht hier besonders das Gefühl, sich „durchgesetzt zu *haben*", bzw. wenn dies nicht gelingt, möglicherweise der „Wunsch auf Rache". Interessant ist, dass Schü-

IX. Der emotionale Bereich: „Wie und was *fühle* ich?" 149

lerInnen im Bereich der beiden oberen Quadranten ganz allgemein eher negative Gefühle bei Konflikten haben („Niedergeschlagenheit", wenig „Zufriedenheit"). Die Gefühlsasymmetrie kann eine Mitursache für eine stärkere Motivation zum beziehungsförderlichen Handeln sein. An diesem Punkt setzt eine Kritik Klessmanns an, der die Gefahr sieht, dass in christlich orientierten Milieus eine legitime und entwicklungsförderliche Aggressivität zu wenig gelebt wird (Klessmann 1986). Demnach hätten Jugendliche/Junge Erwachsene im oberen Bereich eher mehr Selbstsicherheit zu lernen, so dass sie ihre Machtlosigkeit überwinden können (durchaus im Sinne des vorstehend bereits skizzierten 'feministischen' Sündenbegriffs). Und Jugendliche/Junge Erwachsene im unteren Bereich könnten davon profitieren, wenn sie die Schattenseite des „Oben-Unten"-Schemas mit Blick auf Erfahrung von „Geborgenheit" stärker wahrnehmen könnten.

In der Polarität *Traditions- vs. Autonomieorientierung* zeigen die Gefühlsreaktionen auf Konflikte dagegen eine geringere Differenzierung. Am stärksten hängt „Wut" mit dem Pol der Autonomieorientierung zusammen. Dies passt zu dem den Autonomie-Pol prägenden Wert: „sich nicht unterbuttern lassen" – steht doch „Wut" für die Bestrebung, eine oppositionelle Haltung gegenüber Autoritäten einzunehmen und den eigenen Willen zur Geltung bringen zu wollen. Die mittlere Position dieses Items zwischen Beziehungs- und Selbstorientierung zeigt dabei allerdings ergänzend an, dass „Wut" nicht etwa allein mit einer selbstzentrierten Emotion gleichzusetzen ist und zudem in deutlicher Distanz zu den negativen Gefühlen der Niedergeschlagenheit auf der einen und der Rache auf der anderen Seite liegt. „Wut" verdient daher, pädagogisch differenziert betrachtet zu werden, um der objektiven Ambivalenz des Sachverhalts gerecht werden zu können.

Abb. 78: Gefühle bei Konflikten mit Eltern und Freunden nach Wertetypen

Konflikte (Zustimmung in % zu den Kategorien „kenne ich durchaus recht gut" u. „sehr oft")	Humanisten	Statussuchende	Autonome	Integrierte
Wunsch nach Klärung	75	52	61	75
Wut	55	48	56	50
Niedergeschlagenheit	47	26	31	44
Freude auf einen neuen Anfang	26	28	26	28
Erfolgsgefühl, etwas durchgesetzt zu haben	18	25	26	15
Machtlosigkeit	18	12	12	16
Überlegenheit	16	27	21	14
Wunsch nach Rache	12	17	21	9
Erleichterung	12	15	14	12
Zufriedenheit	7	13	11	7

Die Tabelle in *Abbildung 78* zeigt, in welch unterschiedlich hoch ausfallender Weise die Jugendlichen in den unterschiedlichen Gruppen ihre Gefühle nach Konflikten mit Eltern und Freunden erfahren. Insgesamt wird „Zufriedenheit" *sehr* selten erfahren. Das kann als Hinweis darauf gewertet werden, dass die erfahrenen Konflikte kaum ohne Verletzungen und damit zur Zufriedenheit der Beteiligten gelöst werden können oder der Konflikt als solcher gar als positiv erlebt wird. Dass die *Autonomen* und *Statussuchenden* deutlich häufiger „Erfolgsgefühle" und „Überlegenheit" erfahren, kann auf ihre allgemeine Wertorientierung zurückgeführt werden, insofern sie ja – so drückt es das Profil ihres Clusters aus – eher weniger Wert auf eine partnerschaftliche Beziehungsqualität legen. Gegenüber der (immer *relativ* vorgenommenen!) Verortung von Konflikterfahrungen im Wertefeld zeigt sich nun in der quantifizierenden Clusteranalyse, dass „Wut" *und* der „Wunsch nach Klärung" über alle Gruppen hinweg konsensfähige Konflikterfahrungen darstellen. Das konnte bereits bei den Mittelwerte-Vergleichen im Teil A dieser Studie unter allen möglichen Gesichtspunkten konstatiert werden: Allen Jugendlichen ist der Wunsch nach Klärung am vordinglichsten, freilich, wie sich nun zeigt, mit deutlichen Akzentuierungsdifferenzen zwischen den Cluster-Gruppen.

Auch die deutliche Bejahung von Erfahrungen der „Wut" zeigt an, dass offenbar nicht immer Wege der Konfliktbearbeitung gesehen werden, die ein Vertrauen darin rechtfertigen, dass den eigenen Interessen Genüge getan wird. Die hohe Zustimmungsrate belegt die zugleich hohe entwicklungspsychologische Relevanz der Wut. Zu bedenken ist, dass der Ausdruck von „Wut" immer auch ein Akt der Freiheit ist und Resultat einer Verantwortlichkeitszuweisung. Insofern enthält dieses Gefühl zwei ethische Motive, die im Rahmen der Autonomieentwicklung wichtige Bezugspunkte der Reflexion darstellen.

IX.2 Die emotionale Bedeutung von „Gemeinschaft"

Die Idee der Gemeinschaft ist im Kern von einer integrativen Vermittlung individueller Gegensätze bestimmt. Konkret heißt dies, dass der üblicherweise als schwierig erfahrene Gegensatz von Autonomie einerseits und Geborgenheit andererseits im Gemeinschaftsgedanken als vereinbar durch eine Bindung an eine dritte Größe erfahren wird. „Gemeinschaft" ist daher in der Regel positiv besetzt, wenngleich die erfahrene Realität dem Ideal gegenüber weitgehend zurückbleibt (vgl. Bauman 2001; Rothenbuhler 1995; Scheidler 2002). Im Fragebogen wurde diese Kernidee nicht direkt kognitiv angesprochen. Stattdessen wurden *gefühlsmäßige* Grunderfahrungen mit Gemeinschaft von den Jugendlichen beschrieben. Die *Abbildung 79* zeigt die Gefühlsassoziationen zum Gemeinschaftsbegriff in Abhängigkeit von den Werthaltungen der Jugendlichen.

IX. Der emotionale Bereich: „Wie und was *fühle* ich?"

Abb. 79: Korrelation der Gefühle zum Begriffs „Gemeinschaft" mit den Dimensionen des Wertefeldes

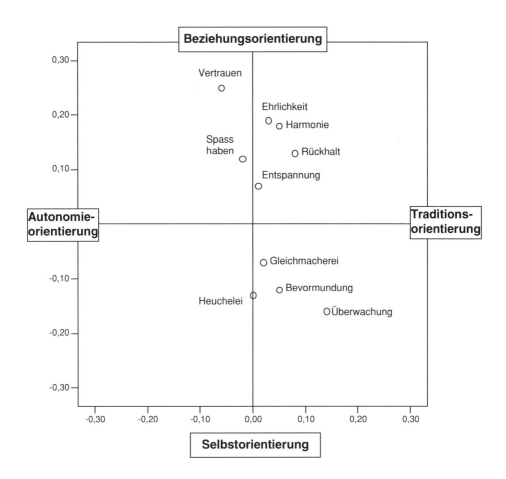

Die *Abbildung 79* zeigt, dass Personen mit einer Ausrichtung zum Pol der *Selbstorientierung* Gemeinschaft tendenziell negativ erleben. Bei einer genaueren Betrachtung zeigt sich, dass auch die Begriffe „Bevormundung" und „Überwachung" soziale Beziehungen nach dem Schema 'Oben-Unten' konstruieren. Gleiches gilt für den Begriff der „Gleichmacherei", der ja kritisch zu Beziehungen auf einer egalitären Ebene steht. Das bedeutet: Jugendliche/Junge Erwachsene, die in ihrer Grunddisposition *Statussuchende* sind, erleben auch die negative Seite von hierarchisch strukturierten Beziehungen. Es ist gut denkbar, dass gerade deswegen die *Statussuche* bei diesen Jugendlichen als ein Weg gesehen wird, evtl. Erfahrungen mit Demütigungen ('unten sein') zu überwinden.

Jugendliche/Junge Erwachsene mit einer Tendenz zu beziehungsorientierten Werten erfahren Gemeinschaft dagegen positiv und möglicherweise eben eher auf einer partnerschaftlichen Ebene des Miteinanders. Gemeinschaft bedeutet für sie „Vertrauen", „Spaß haben", „Ehrlichkeit", „Harmonie" bis hin zu „Rückhalt".

Im Vergleich zur (nachfolgend noch zu diskutierenden) Positionierung der Gefühlsassoziationen zum Stichwort 'religiös' (die Items „Harmonie", „Entspannung" und „Bevormundung" waren identisch) zeigt sich hier eine etwas weniger traditionsorientierte Verortung. *Deutlich wird dadurch, dass bei den SchülerInnen ein als „'religiös' geltendes Image die Meinungsgegenstände tendenziell eher in ein traditionsorientiertes Abseits stellt.* Der Begriff der „Gemeinschaft" erweist sich demgegenüber als neutraler bzw. semantisch zugänglicher.

Die *Abbildung 79* zeigt demnach, dass Jugendliche mit beziehungsorientierten Werten häufiger Gemeinschaft im positiven Sinne als Geborgenheit erfahren. Die Polarität *„Autonomieorientierung vs. Traditionsorientierung"* zeigt eine deutlich geringere Streuung der Gefühlsbegriffe als die vertikale Dimension. Das bedeutet, dass sowohl traditionsorientierte als auch autonomieorientierte Jugendliche Gemeinschaft *gleichermaßen* erfahren können. Offen aber ist die Frage, warum die *Statussuchenden* und tendenziell auch die *Autonomen* (Stichwort „Heuchelei") mit dem Gemeinschaftsbegriff eher negative Erfahrungen verbinden.

Bekanntlich kann die Frage von Ursache und Wirkung durch den Aufweis von korrelativen Zusammenhängen nicht geklärt werden. Hier ist es aber gut denkbar, dass Jugendliche in den beiden unteren Quadranten Gemeinschaft weniger im Sinne einer Akzeptanz ihrer Individualität erfahren und daher auch weniger auf Beziehung hin orientiert sind.

Abb. 80: Gefühle beim Begriff 'Gemeinschaft' nach Wertetypen

Gemeinschaft (Zustimmung in % zu den Kategorien „schon eher" u. „genau das trifft es")	Humanisten	Statussuchende	Autonome	Integrierte
Spaß haben	80	73	77	82
Vertrauen	77	62	65	79
Ehrlichkeit	72	63	59	74
Harmonie	59	51	49	64
Rückhalt	57	51	46	61
Entspannung	42	42	39	43
Gleichmacherei	14	20	17	14
Überwachung	11	22	13	10
Heuchelei	10	11	12	7
Bevormundung	9	15	11	8

Die Verteilung der Gefühle in der Tabelle der *Abbildung 80* zeigt über die *Abbildung 79* hinaus auch noch, dass die negativen Assoziationen zum Gemeinschaftsbegriff gleichwohl relativ selten vorkommen. Nur ein Fünftel der Statussuchenden erfahren Gemeinschaft als Gleichmacherei und Überwachung. Dennoch zeigen sich auch hier wieder deutliche Unterschiede zwischen den Cluster-Gruppen: Die Integrierten und Humanisten erfahren „Gleichmacherei" nur in 14 % der Fälle, wohin-

IX.3 Gefühle beim Hören des Wortes „Gottes Segen"

Die Kategorie „Gottes Segen" ist bisher kaum empirisch erforscht worden. Eine Ausnahme stellt Coetzee (1937) dar, der calvinistisch geprägte SchülerInnen in Südafrika nach ihren Definitionen theologischer Begriffe fragte. Das Auswertungskriterium war, ob die Antwort „korrekt" war. In der Einschätzung des Autors waren, bezogen auf das Konzept „Schöpfung", 82 % der Antworten „korrekt" und bezogen auf „Gottes Segen" lediglich 39 %, woraus sich schließen lassen könnte, dass die Befragten mit „Gottes Segen" weitaus weniger anfangen konnten. Anders als in dieser älteren Untersuchung wurde in unserer Studie jedoch nicht auf einer rational-kognitiven Ebene nach Reaktionen auf den Begriff „Gottes Segen" gefragt, sondern nach Gefühlsassoziationen. So wird es möglich, *wertfrei* die Bedeutungszuschreibungen der Jugendlichen zum Segensbegriff zu erfassen. Die Verortung der Gefühlszuschreibungen im Wertefeld ermöglicht darüber hinaus, individuelle Differenzierungen in der Bedeutungsgebung in einen weiteren Kontext zu stellen.

Die *Abbildung 81* stellt die Beziehung von Gefühlen beim Hören der Sentenz von „Gottes Segen" mit den Wertorientierungen der SchülerInnen dar. Ähnlich wie bereits bei den Assoziationen zum Begriff „Gemeinschaft" zeigt sich die stärkste negative Erfahrung („Zwang") im Quadrant unten/rechts. Das Wichtigste ist freilich dies: Das Gefühl der „Abhängigkeit" positioniert sich *zwischen* den Gefühlen „Zwang" und „Ermunterung". Es ist damit weder eindeutig positiv noch eindeutig negativ assoziiert. Das bedeutet: *Die Nähe zum Begriff des „Überirdischen" zeugt davon, dass SchülerInnen in diesem Quadranten die Differenz von Transzendenz und Immanenz besonders stark erfahren.*

Es ist wichtig – und so vermutlich *nicht* allgemein erwartet –, dass sich, in Erweiterung der Ausführungen zu diesem Themenkreis in Teil A, nun zeigt, dass gerade die Gruppe der *Statussuchenden* eine besondere Nähe zu Schleiermachers Verständnis von Religion als dem „*Gefühl* der schlechthinnigen Abhängigkeit" zu haben scheint! Dieser Bezug zu Schleiermachers Idee der „schlechthinnigen Abhängigkeit" erweist sich auch bei der dazu korrespondierenden Sinn-Erfahrung („kann ich nicht selber machen, er ist irgendwie da"): Auch bei Schleiermacher wird die eigenständige Sinnkonstruktion auf ein 'Sich-selbst-nicht-so-gesetzt-Haben' zurückgeführt (Biser 1986). Ebenfalls ähnlich lassen sich wertefeldanalytisch auch bei der (noch zu präsentierenden) Frage nach den lebensverlaufsbestimmenden Faktoren die „gesell. Machtverhältnisse" und „geheimnisvollen Kräfte" in Beziehung zur Erfahrung der Abhängigkeit bringen (vgl. Biser 1986, 275). Freilich: Zugleich steht mit diesen Beziehungen zur universalisierenden Theologie Schleiermachers der

Partikularismus der Cluster-Gruppe der Statussuchenden im Widerspruch (Betonung „*unserer* Kultur", Ausgrenzung homosexueller Menschen), denn universalistische Weite findet sich nämlich gerade im oben/links gegenüberliegenden Quadranten („Liebe", „Respekt", „Offenheit für 'unterschiedliche Erfahrungen'"). So gesehen bringen beide Cluster-Gruppen etwas mit, das unterrichtlich auf eine dialektische Spannung hin auszurichten wäre.

<u>Abb. 81:</u>   Korrelation der Gefühle zum Begriff „Gottes Segen" mit den Dimensionen des Wertefeldes

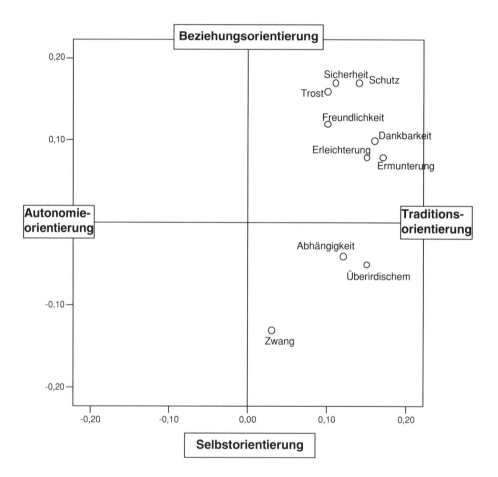

Abb. 82: *Gefühle beim Begriff „Gottes Segen" nach Wertetypen*

Gottes Segen (Zustimmung in % zu den Kategorien „schon eher" u. „genau das trifft es")	Humanisten	Statussuchende	Autonome	Integrierte
Schutz	33	35	24	48
Sicherheit	30	31	23	43
Freundlichkeit	25	30	21	35
Dankbarkeit	22	30	17	31
Trost	21	20	13	28
Erleichterung	16	22	11	22
Ermunterung	14	22	10	23
Überirdischen	11	16	10	14
Abhängigkeit	6	11	5	8
Zwang	6	11	8	5

Die Tabelle in *Abbildung 82* zeigt – wie auch schon aus der Mittelwerte-Analyse bekannt –, dass die angebotenen Gefühle allesamt weniger als 50 % Zustimmungsquote aufweisen. Dies belegt auch hier zunächst nur, dass kein Gefühl – anders als bei den Stichworten „Konflikte", „Gemeinschaft", „Ängste" – allgemein von einer größeren Anzahl geteilt wird. Dennoch darf auch hier, wie schon in Teil A, nicht übersehen werden, dass fast durchgängig mehr als ein Viertel der Befragten „Segen" mit „Schutz" verbindet und auch die meisten anderen Gefühlsqualitäten noch Zustimmungen bei etwa einem Fünftel der Befragten erfahren. Das zeigt auch unter dieser Analyse-Perspektive, dass „Gottes Segen" bei den Jugendlichen mit durchaus heterogenen Gefühlserfahrungen verbunden wird. Angesichts der möglichen Erfahrungen von kirchlich-religiöser Vereinnahmung, die für einen Teil der SchülerInnen von Bedeutung sind (immerhin 5–11 %), empfehlen sich für den RU offene Annäherungen an das Thema des Segens (vgl. z. B. Junge 2003, mit der Bereitstellung von „Auswegen" und dem Angebot, für einen selbst passende Segen/Wünsche zu formulieren).

IX.4 Gefühle beim Hören des Wortes „religiös"

Im Folgenden werden die Gefühlsassoziationen der Jugendlichen mit dem Begriff „religiös" im Wertefeld verortet. In ähnlicher Weise wurde bereits in der dritten EKD-Studie zur Kirchenmitgliedschaft nach Assoziationen mit dem Begriff „Religion" gefragt. Gennerich (2001) analysierte diese Assoziationen in einem inhaltlich analogen Wertefeld. Der Befund zeigte, dass im Wertequadranten oben/rechts Religion als „Trost" und „Grundvertrauen" verstanden wird, im Quadrant oben/links als Empfindung von „Zuneigung" und „Gemeinschaft", im Quadrant unten/rechts als Gefühl von „Begrenztheit" und im Quadrant unten/links als „Niedergeschlagenheit" über das Scheitern guter Vorsätze. Die *Abbildung 83* zeigt nachfolgend mit einer inhaltlich anderen Assoziationsreihe (lediglich der Begriff „Trost" liegt bei beiden

Reihen vor), welche Bedeutung die Jugendlichen/Jungen Erwachsenen in der hier folgenden Studie dem Wort „religiös" zu schreiben.

Abb. 83:   Korrelation der Gefühle zum Begriff „religiös" mit den Dimensionen des Wertefeldes

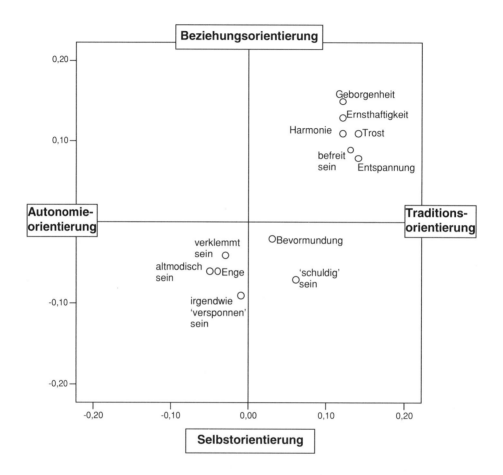

Die in *Abbildung 83* gezeigten Gefühlsassoziationen zum Wort „religiös" fügen sich stimmig in die Befunde zum Begriff „Kirche/Moschee" ein (vgl. nachfolgend die *Abbildung 85*). Von der Cluster-Gruppe des Quadranten unten/links (*Autonome*) wird das Wort „religiös" eher mit negativen Begriffen („Enge", „altmodisch") assoziiert und oben/rechts (*Integrierte*) mit positiven („Trost", „Ernsthaftigkeit", „Harmonie"). Der parallele Begriff „Trost" verortet sich damit im selben 'kirchenverbundenen' Quadranten wie bereits in der Stichprobe der ev. Kirchenmitglieder bei Gennerich (2001). In den Daten zeigt sich in unserer Studie diese diagonale Achse der steigenden Zugänglichkeit religiösen Trostes von unten/links nach rechts/oben auch bei der Korrelation des kirchengemeindlichen Partizipationsgrades („sehr aktiv" bis „ich hab' eigentlich damit überhaupt nichts zu tun") mit den beiden Wertedimensionen von r = -.12 und r = -.19, so dass die Diagonale von oben/rechts nach unten/links insgesamt für eine positive vs. negative Beziehung zur Semantik des Religiösen/Kirchlichen steht.

Angesichts dieses Befundes stellt sich die Frage, ob auch diese Jugendlichen/Jungen Erwachsenen des Clusters unten/links (*Autonome*) ohne expliziten Rekurs auf das 'Religiöse' Geborgenheit erfahren bzw. erfühlen können. Ihre relativ starke Gewichtung selbstorientierter Werte macht dies eher weniger wahrscheinlich. Ein Hinweis mag ein Bericht aus einer Untersuchung der Heavy-Metal-Szene geben, die deutlich von religiösen Institutionen entfremdet ist (Arnett 1996a), und entsprechend im Segment unten/links zu verorten ist. Der jugendliche Interviewpartner Steve berichtet bei Arnett (1996a, 129). „I never felt I fit in with most of the normal people. I would never fit in with athletes or the smart people or the well-dressed ones. I always felt like an outcast, so I hung out with the outcasts. [Heavy metal] is something that attracts us together and helps us be friends".

Folgt man diesem Hinweis, dann kann vermutet werden, dass Jugendliche/Junge Erwachsene mit Wertvorstellungen im Bereich unten/links möglicherweise auch eine Sehnsucht nach Geborgenheit und Dazugehören haben, mit der sie in ihrer (Sozialisations-)Geschichte auf unterschiedliche Schwierigkeiten gestoßen sind. Nimmt man den Hinweis aus der Studie von Gennerich (2001) auf, dass im Kontext des Quadranten unten/links „Niedergeschlagenheit über das Scheitern guter Vorsätze" am ehesten mit Religion assoziiert wird (vgl. auch im Zitat „I never felt I fit in"), dann kann die Zuschreibung von „Enge" mit möglichen Erfahrungen des Kritisiert- statt Akzeptiertwerdens in religiösen Kontexten erklärt werden. Deutlich wird hier aber auch, dass durchaus Anknüpfungspunkte für eine Symbolisierung solcher Erfahrungen etwa auf der Basis der christlichen Programmatik gegeben sind, die über Jesus Zuwendung zu den Scheiternden ein Motiv bereitstellt, dass die Zuschreibung von Enge sprengen kann.

Die Interpretation von Religion als „altmodisch" und „eng" durch die *Autonomen* kann auch in einer zweiten Hinsicht erklärt werden. Wenn man davon ausgeht, dass im Bereich der *Autonomen* vor allem Jugendliche/Junge Erwachsene mit einem hohen Anregungsbedürfnis zu finden sind (siehe die noch folgende Interpretation von *Abbildung 87*), dann ist die gefühlte „Enge" zu interpretieren im Sinne eines Ausschlusses, eines Nicht-für-möglich-Haltens von 'Anregung', von 'Risiko' oder eines *tremendum* bei einer Religion, die man nur als eine kirchlich verfasste bzw. sich ausdrückende zu benennen gelernt hat und die von ihnen wohl eher nur mit 'blässlicher Harmonie' und 'thrillfreier Entspannung' assoziiert wird. Eine Kontextualisierung von Religion unter Anregungs- und Thrilling-Gesichtspunkten ist allerdings in der theologischen oder religionspädagogischen Literatur bisher kaum ausgeführt.

Beachtet man nun den Bereich der *Humanisten* oben/links, in dem keine Items positioniert sind, dann stellt sich – wie schon im Blick auf das Thema „Sünde" – die Vermutung, dass für dieses Cluster bei der Itementwicklung bedeutsame Items zur Charakterisierung des Wortes „religiös" nicht bedacht wurden. Interessant ist hier die religionspädagogische Konzeption von Zilleßen, die nach einer eingehenden Analyse im Wertebereich der *Humanisten* oben/links verortet werden kann (Gennerich 2007a). Denn Zilleßen (1992, 2005) macht darauf aufmerksam, dass „religiös sein" keineswegs allein in 'Halt und Geborgenheit' aufgeht, sondern auch mit Aufbruch, Unsicherheit und Ambivalenzerfahrungen zu tun hat. Es gehe daher im Religionsunterricht nicht nur um Vermittlung von Haltung und Orientierung, sondern auch um Einsichtnahme und Akzeptanz von Haltlosigkeit und Begrenztheit. Es ist daher gut möglich, dass Jugendliche im Bereich oben/links in besonderer Weise durch Formulierungen angesprochen werden (bzw. worden wären), die Religion mit Erfahrungen der *Ent*sicherung in Verbindung bringen.

Im Quadranten der *Statussuchenden* (unten/rechts) findet sich das Item „schuldig sein". Es zeigt durch seine Positionierung eine Nähe zu einer 'Zwei-Ausgänge-Interpretation' von 'Gottes Gericht' (vgl. *Abbildung 93*): Das „schuldig sein" lässt sich auf das Bild eines strafenden Gottes beziehen. Studien zum Gottesbild weisen nach, dass das Bild eines strafend-kontrollierenden Gottes mit einem negativen Selbstwertgefühl und geringem Kompetenzerleben und autoritären Erziehungsstilen der Eltern einhergeht (Francis 2005; Francis et al. 2001; Greenway et al. 2003; Hertel und Donahue 1995). Auch in unserer Studie finden sich dafür Entsprechungen (bezogen auf hierarchisch strukturierte Beziehungserfahrungen siehe *Abbildungen. 77* und *79*; bezogen auf ein geringes Kompetenzerleben siehe *Abbildung 91*).

Abb. 84: Gefühle beim Begriff „religiös" nach Wertetypen

religiös (Zustimmung in % zu den Kategorien „schon eher" u. „genau das trifft es")	Humanisten	Statussuchende	Autonome	Integrierte
Ernsthaftigkeit	32	36	25	40
Geborgenheit	24	24	17	35
altmodisch sein	23	24	29	22
Harmonie	21	23	14	27
Trost	19	21	13	28
verklemmt sein	17	18	20	17
Bevorzugung	17	18	17	14
Enge	15	13	18	12
befreit sein	14	17	11	20
Entspannung	12	18	10	19
irgendwie 'versponnen' sein	10	13	12	8
'schuldig sein'	5	9	6	6

Es war schon bei den Mittelwerte-Analysen festzustellen gewesen: Im Vergleich zu den meisten anderen Themenkreisen bzw. Frageblöcken zeigen sich beim Block zum Begriff „religiös" nur begrenzte Zustimmungsquoten. Am ehesten findet der

Begriff der „Ernsthaftigkeit" Zustimmung. Anders ist dies jedoch bei den besonders religionsfernen *Autonomen*, für die religiös am meisten mit dem Begriff „altmodisch" konnotiert ist – das mit kirchlicher Religion verbundene Wort „Ruhe" strahlt für die anregungssuchenden Autonomen verständlicherweise keine besondere Attraktivität aus (vgl. nachfolgende *Abbildung 85*).

Generell uninteressant sind durch religiöse Moral vermittelte Schuldgefühle: Ein schlechtes Gewissen durch religiöse Abweichung („schuldig sein") ist für die große Mehrheit der Jugendlichen kein wirkliches Thema. Bestrebungen im Bereich der Politik, der Religionsunterricht solle allererst die richtige 'Moral' transportieren, müssen daran scheitern, dass die Jugendlichen/Jungen Erwachsenen auf ein religiöses Schuldbewusstsein nicht in unvermittelter Weise ansprechbar sind. Auch theologischerseits stoßen Intentionen, im Religionsunterricht Moral zu vermitteln, auf begründeten Widerspruch (vgl. Dressler 2002).

IX.5   Gefühle beim Hören des Wortes „Kirche/Moschee"

Die Erfahrungen Jugendlicher mit der Kirche und mit Moscheegemeinden können sehr vielfältig sein. Für den Bereich der kirchlichen Jugendarbeit in einer Großstadtgemeinde bietet Schwab (1994) einen interessanten empirischen Einblick. Untersucht wurde ein Jugendfreizeitheim, das sowohl Anlaufstelle für nichtkirchlich orientierte Jugendliche ist als auch Räume für die kirchliche Jugend bereitstellt, so dass verschiedene Selbst- und Fremdwahrnehmungsperspektiven aufeinander treffen. Kirchliche Jugendliche äußerten sich über die nicht-kirchlichen Besucher des Freizeitheims: „Naja, im Freizeitheim, die sinken ja total ab, ich mein, die meisten, die da drin sind, ich mein, die saufen halt nur noch und kiffen ..." Oder: „... da gehen die ganzen Penner von der Hauptschule hin. ... Oh Gott, die Schlimmsten überhaupt, das ist echt der Ausschuss". Umgekehrt urteilen die Besucher des Freizeitheims über die Jugendlichen der kirchlichen Jugendarbeit: „Das sind doch nur Idioten, die was da drin sind, das gibt's ja gar nicht. Da bin ich mal mitgefahren, das waren nur Lutschies, ich schwör's, da konntest du gar nichts machen mit denen, das war Kindertopf." – Oder: „Alles die voll Braven und so, lauter Streber" (Schwab 1994, 155). Hier zeigt sich, dass Kirche zwar in Ausnahmefällen ein breites Spektrum Jugendlicher unter einem Dach zusammenbringen kann, dass damit jedoch noch keinesfalls eine soziale Integration gegeben ist. Vielmehr wird deutlich, dass Kirche hier von eher leistungsfähigen und sozial integrierten Jugendlichen besetzt ist, die mit einem abwertenden Blick auf Jugendliche sehen, die normativen sozialen Anforderungen nicht gerecht werden und Drogen einnehmen. Umgekehrt erfahren die nicht-kirchlichen Jugendlichen bei dem Versuch der Partizipation bereits ihre Ohnmacht, sozialen Anschluss zu finden. Es ist evident, dass die soziale Verschiedenheit der Jugendlichen innerhalb ihrer Horizonte unüberbrückbar ist. Die Polarisierung des Wertefeldes wie sie sich beim Begriff „religiös" gezeigt hat, sollte sich hier auch bei den Begriffen „Kirche/Moschee" zeigen.

Bezogen auf die Bedeutung von Moscheen für türkisch-stämmige Jugendliche in Deutschland weist Uslucan (2006) daraufhin, dass diese eine wichtige Heimatfunktion in der Fremde haben können. Beim Mittelwerte-Vergleich der Teilstichproben zum Begriff „Kirche/Moschee" in Teil A konnte diese These bereits bestätigt werden. In der folgenden Analyse kann überprüft werden, inwiefern sich dieser Effekt auch für die Cluster-Gruppe unten/rechts zeigt, die stärker als die anderen Cluster durch muslimische SchülerInnen mitbestimmt wird.

<u>Abb. 85:</u>   Korrelation der Gefühle zum Begriff „Kirche/Moschee" mit den Dimensionen des Wertefeldes

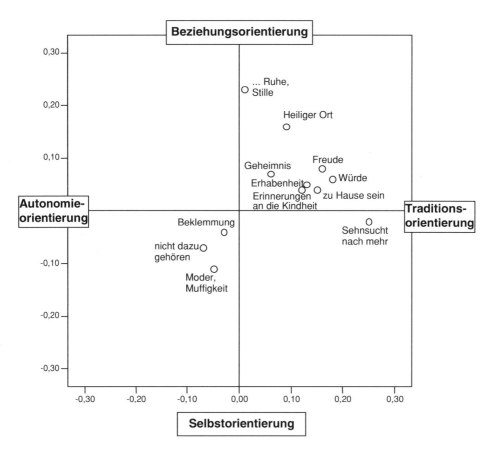

Die *Abbildung 85* zeigt, dass positive Gefühlsassoziationen zur Kirche und Moschee vor allem von den *Integrierten* (Quadrant oben/rechts) signalisiert werden. Somit sind Kirche (und Moschee) sowohl durch einen Traditionsbezug als auch einer Beziehungsorientierung geprägt. Dies verwundert nicht, da Gemeinschaft nicht nur Beziehung stiftet, sondern auch zu einem gewissen Grad Konformität voraussetzt bzw. erfordert. Der Befund deckt sich auch mit den Befunden bei Gennerich (2001), die ebenfalls positive Assoziationen mit der Kirche bei Personen

IX. Der emotionale Bereich: „Wie und was *fühle* ich?" 161

belegen, die sich durch Kombination von Traditions- und Beziehungsorientierung auszeichnen.

Der in *Abbildung 85* dargestellte Befund lässt sich auch konsistent mit den qualitativen Ergebnissen von Schwab (1994) verbinden. Dort erwiesen sich sozial integrierte Jugendliche als kirchennah, wohingegen Jugendliche mit Leistungsproblemen und Drogenkonsum keinen Anschluss finden konnten. Die kirchlichen Jugendlichen fügen sich daher gut in den Quadranten oben/rechts ein und die nicht-kirchlichen Jugendlichen im Quadranten unten/links, der auch die beispielhaft zitierte Erfahrung des „Nicht-Dazugehörens" repräsentiert. Das bei Schwab (1994) benannte Konfliktthema des Alkoholkonsums findet sich ebenso in einer analogen Polarität zwischen den Clustern der Integrierten und Autonomen in den Abbildungen *75* und *87* wieder, d. h. die Integrierten lehnen Suchtmittel ab, die Autonomen zeigen ihnen gegenüber die größte Akzeptanz.

<u>Abb. 86:</u>   *Gefühle beim Begriff „Kirche/Moschee" nach Wertetypen*

Kirche/Moschee (Zustimmung in % zu den Kategorien „schon eher" u. "genau das trifft es")	Humanisten	Statussuchende	Autonome	Integrierte
Ruhe, Stille	70	55	58	74
Heiliger Ort	50	48	42	58
Würde	29	37	23	36
Geheimnis	28	20	15	21
nicht dazu gehören	23	22	26	19
Erinnerung an die Kindheit	23	25	18	25
Moder, Muffigkeit	16	18	22	13
Freude	13	21	10	23
Erhabenheit	12	19	12	19
Beklemmung	12	12	14	11
zu Hause sein	8	17	7	14
Sehnsucht nach mehr	7	18	6	12

Die Tabelle in *Abbildung 86* zeigt, dass die Kirche/Moschee am meisten mit der Gefühlsanmutung von „Stille und Ruhe" verknüpft sind. Wiederum zeigt sich eine typenabhängige Differenzierung, wonach die *Statussuchenden* und *Autonomen* weniger stark zustimmen. Die Beschreibung „Sehnsucht nach mehr" findet insgesamt am wenigsten Zustimmung. Die Differenzierung variiert wiederum typspezifisch: Die stärker traditionsorientierten Typen können mehr zustimmen. Offenbar wird der Begriff direkt auf die Kirche/Moschee bezogen, so dass er den Wunsch nach einer stärkeren Verortung und Bindung einfängt. Ganz ähnlich zeigt sich für das Item „zu Hause sein" eine stärkere Bejahung bei den beiden traditionsorientierten Clustern. Für die *Statussuchenden* sind die Gefühle „zu Hause sein" und „Sehnsucht nach mehr" jedoch in einem besonders großen Ausmaß relevant. Die wichtige Beheimatungsfunktion der Moschee für die muslimischen Jugendlichen in diesem Cluster zeigt hier offenbar die erwartete Wirkung (vgl. Uslucan 2006).

Ingesamt zeigt sich, dass beziehungsorientierte Jugendliche eher positive Gefühle in Beziehungskontexten und im religiösen Bereich sammeln und selbstorientierte Jugendliche eher negative. Bezogen auf den Spannungs-Pol „*Autonomie- vs. Traditionsorientierung*" zeigte sich dagegen bei den Themenkreisen „Konflikte" und „Gemeinschaft" nur eine relativ geringe Differenzierung der Items. Das weist darauf hin, dass z. B. für den Themenkreis „Gemeinschaft" die Itemauswahl nicht so exakt die inhaltliche Füllung der Wertedimension treffen („Freiheit" vs. „Regeln beachten" wäre hier z. B. denkbar). Für Items direkt bezogen auf den religiösen Bereich gilt dies nämlich weniger: Hier finden sich neben „zu Hauses sein" auch Items, die dem Autonomie-Pol zugerechnet werden könnten („befreit sein"). Diese Items werden jedoch offenbar deutlich von einem eher konservativen Image ihres Gegenstands überlagert, so dass etwa „befreit sein" eher keine im konventionellen Sinne als '*religiös*' benennbare Gefühlserfahrung von autonomieorientierten Jugendliche ist. Offensichtlich wird: Das allgemeine *Image* von 'religiösen' Themen und Gegenständen, d. h. die Frage der Semantik von Sachverhalten, die 'transzendenzhaltig' sind, ist ein bedeutendes und grundsätzliches Problem im Religionsunterricht. Mögliche Anknüpfungspunkte können für SchülerInnen, die eine herkömmlich als 'religiös' geltende Semantik negativ, d. h. als nicht wirklichkeitserschließend kennengelernt haben, nicht zum Zuge kommen, wenn sie von solchen Images überlagert werden.

IX.6 Lebensbereiche, die Besorgnis und Ängste auslösen

Knox et al. (2000) zeigen, dass Jugendliche/Junge Erwachsene vor allem Angst haben vor Krankheiten, Beziehungsproblemen oder Tod. Dabei zeigt sich ein klarer, bereits bei den Mittelwerte-Vergleichen gut sichtbar gewordener Geschlechtereffekt, insoweit Mädchen ihre Befürchtungen als wahrscheinlicher eintreffend einschätzen als Jungen. Darüber hinaus zeigen junge Frauen mehr *beziehungsbezogene* Befürchtungen als junge Männer (Anthis et al. 2004).

Oyserman und Markus (1990) argumentieren, dass verschiedene „erhoffte Selbstkonzepte" in Konkurrenz zueinander stehen können (z. B. einen guten Schulabschluss machen *und* Anerkennung bei Peers finden). In solchen Situationen können „befürchtete Selbstkonzepte" (z. B. ein schlechter Schüler sein) eine zusätzliche motivationale Ressource sein, die das Verhalten steuern können. Entsprechend konnten Oyserman und Markus zeigen, dass „erhoffte Selbstkonzepte", die in gleichem Umfang mit Befürchtungen einhergehen, vor delinquentem Verhalten schützen. Ausgehend von diesen Befunden ist anzunehmen, dass nicht diejenigen, die Substanzen missbrauchen, Angst vor Sucht haben, sondern vielmehr, dass die Ängste vor der Sucht einen kontrollierten Umgang mit Suchtmitteln fördern. Die Analyse des Zusammenhangs zwischen Ängsten und Werten kann diese Annahmen einer Überprüfung unterziehen.

IX. Der emotionale Bereich: „Wie und was *fühle* ich?"

Abb. 87: Korrelation von „Ängsten" mit den Dimensionen des Wertefeldes

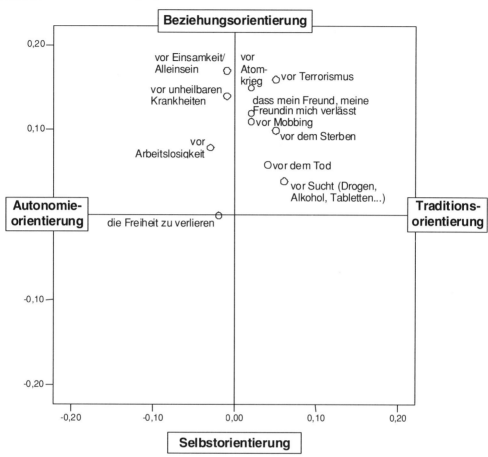

Die *Abbildung 87* stellt die Beziehung zwischen Wertorientierungen und Ängsten bei den untersuchten BerufsschülerInnen dar. Jugendliche/Junge Erwachsene mit einer stärkeren Beziehungsorientierung zeigen mehr Ängste. Es mutet vielleicht etwas merkwürdig an, dass gerade die konservativeren Jugendlichen mehr Ängste vor Süchten haben als die Jugendlichen, die nach Autonomie streben, denn tatsächlich sind stärker traditionsorientierte Jugendlichen besonders wenig gefährdet (Fend 2005). Ähnlich zeigt sich ein zur Realität gegenläufiger Trend bei der Angst vor Arbeitslosigkeit, die von gebildeteren Jugendlichen stärker artikuliert wird. Das Stichwort „Ängste" scheint hier mehr eine Besorgtheit und eine auf die Zukunft ausgerichtete Denkweise anzuzeigen, die – wie bereits benannt – mit der Erfahrung von vertrauensvollen Beziehungen im Zusammenhang steht (Nurmi 1991). Den Ängsten korrespondiert bei den beziehungsorientierten SchülerInnen auch ein entsprechendes Engagement bezogen auf gesellschaftliche Problemsituationen (Gensicke 2002, 201). Dass die Ängste als Indikatoren dafür anzusehen sind, was den

Menschen wichtig ist, belegen auch die Studien von Boehnke und Schwartz (Boehnke et al. 1998; Schwartz et al. 2000).

Die Differenzierung innerhalb der Items zum Stichwort Ängste zeigt ebenfalls eine plausible Struktur: Angst vor Freiheitsverlust findet sich eher bei autonomen Jugendlichen/Jungen Erwachsenen, traditionsorientierte Jugendliche erfahren diese Problematik dagegen besonders wenig. Dem religiösen Engagement entspricht eine stärkere Wahrnehmung der Angst vor dem Sterben und der Beziehungsorientierung eine stärkere Wahrnehmung der Möglichkeit von Einsamkeit oder Verlassenwerden. Auf der Basis des in *Abbildung 59* dargestellten Geschlechtszusammenhanges ist wiederum davon auszugehen, dass die Angst vor dem Verlassenwerden ein größeres Thema bei den jungen Frauen ist. Letztere kann mit Rückgriff auf die ältere Studie von Bohne (1974) zu den Ängsten von BerufschülerInnen vertieft werden. Dort berichtet eine Berufsschülerin: „Ich habe Angst vor der Liebe, weil die Jungen doch alles für ein Spiel auffassen" (13–14). Es zeigt sich an dieser Äußerung, dass die in unsere Studie herausgearbeiteten Zusammenhänge bei den Jugendlichen/Jungen Erwachsenen als korrespondierende Stereotypenbildungen selbst zu Tage treten können. Die junge Frau formuliert in ihrer Wahrnehmung den hier berichteten Befund, dass das „selbstorientierte" Item „sich auch noch außerhalb ein Stück weit seine Hörner abstoßen können" (*Abbildung 69*) eher von jungen Männern bejaht wird. Passend zur Konflikterfahrung der Schülerin positionieren sich die beiden Items Hörner abstoßen" und „Angst vor Verlassenwerden" oppositionell gegenüber im Wertefeld. Freilich: Die Zusammenhänge, die in der hier vorliegenden Analyse aufgedeckt werden, sind immer nur *tendenzielle* Zusammenhänge und daher können Abweichungen von „typischen" Mustern erwartet werden. Dennoch und gerade deshalb ist die hier vorgelegte datenbasierte „Vorurteilsbildung" pädagogisch interessant. Denn erst vor dem Hintergrund typischer und empirisch belegter Zusammenhänge kann das Besondere und Beachtenswerte auffallen und im pädagogischen und identitätsfördernden Feedback wertgeschätzt werden.

Weiterhin kann die Positionierung der Ängste vor Tod und Sucht mit Untersuchungen zum *sensation seeking* bei Jugendlichen in Verbindung gebracht werden. Demnach zeichnen sich *sensation seekers* durch eine höhere Bereitschaft aus, Risiken einzugehen und auch ggf. tödliche Ausgänge zu riskieren (Risikosportarten, Verkehrsverstöße) und weisen auch einen höheren Konsum von Alkohol, Tabak und Drogen auf (Arnett 1996b; Herberg und Schlag 2003; Roth und Petermann 2003; Schumacher und Hammelstein 2003). Entsprechend ist anzunehmen, dass sich *sensation seekers* vor allem im Quadranten unten/links – in der Cluster-Gruppe der *Autonomen* – finden. Diese Interpretation macht, weiterführend, auch plausibel, dass Jugendliche/Junge Erwachsene aus der Gruppe der Autonomen das „voll ungesund leben" eher nicht als Sünde ansehen (vgl. *Abbildung 75*) und auch weniger bereit sind, den Straßenverkehr als einen Ort des Gewissens anzusehen (vgl. *Abbildung 73*). Auch wird die Empfindung des Wortes „religiös" als „verklemmt", „alt-

IX. Der emotionale Bereich: „Wie und was *fühle* ich?"

modisch", „eng" und „versponnen" als Kritik an einer Festlegung des Religiösen auf „anregungslose" Merkmale wie Geborgenheit, Harmonie, Entspannung gut verständlich (vgl. *Abbildung 83*).

So gehen nach Zuckerman und Neeb (1980) *sensation seekers* besonders selten in den Gottesdienst und verstehen sich eher als 'Ungläubige' – was konsistent mit dem Befund aus *Abbildung 67* zu vereinbaren ist, wonach die Autonomen eine besonders geringe religiöse/religionsgemeinschaftbezogene Aktivität zeigen. Nach Zuckerman und Neeb (1980) brauchen *sensation seekers* religiöse Arrangements, in denen ihr Anregungsbedürfnis hinreichend befriedigt wird. Roth und Petermann (2003) weisen darauf hin, dass Warnungen vor zukünftigen Konsequenzen bei *sensation seekers* wenig effektiv sind, dass vielmehr alternative, weniger riskante und dennoch gleichzeitig anregende Freizeitmöglichkeiten mit einer höheren Wahrscheinlichkeit akzeptiert werden. Insofern man bei *sensation seekers* von einer biologischen Fundierung ihrer Orientierung ausgehen kann (Ruch und Zuckerman 2001), lässt sich durchaus pädagogisch empfehlen, dass die an Autonomie Orientierten von einem methodisch anregend gestalteten Religionsunterricht eher profitieren können.

Abb. 88: Prozentuale Ausprägung von Ängsten nach Wertetypen

Ängste (Zustimmung in % zu den Kategorien „eher doch Angst" u. „große Angst")	Humanisten	Statussuchende	Autonome	Integrierte
vor unheilbaren Krankheiten	74	63	65	75
vor Einsamkeit/Alleinsein	67	55	55	68
vor Arbeitslosigkeit	64	57	59	62
die Freiheit zu verlieren	58	57	60	54
vor Terrorismus	55	48	41	58
dass mein Freund/Freundin mich verlässt	54	46	47	55
vor Atomkrieg	54	44	41	56
vor dem Sterben	41	35	34	42
vor dem Tod	38	34	34	38
vor Sucht (Drogen, Alkohol, Tabletten ...)	30	34	27	33
vor Mobbing	28	23	23	29

In der Tabelle in *Abbildung 88* findet sich der oben zitierte Befund von Knox et al. (2000) bestätigt, dass Jugendliche vor allem vor Krankheit und Beziehungsproblemen Angst haben. Anders als bei Knox et al. zeigt sich jedoch in unserer Studie, dass die Angst vor dem Tod bei den BerufsschülerInnen *nicht* sehr ausgeprägt ist. Das Thema der Arbeitslosigkeit wird als deutlich bedeutsamer erfahren als die Frage von Tod und Sterben.

Im Vergleich zwischen den Cluster-Gruppen zeigt sich, dass die Angst vor Arbeitslosigkeit bei den *Statussuchenden* am geringsten ist. Gleichzeitig kann angenommen werden, dass für Jugendliche im Quadranten unten/rechts Arbeitslosigkeit tatsächlich eine besonders reale Möglichkeit ist. Denn die Dominanz gewaltlegitimierender Männlichkeitsnormen in diesem Segment wurde oben bereits als Folge von Ausgrenzung und Benachteiligung erklärt, die oft mit Arbeitslosigkeit verbunden sind. Pädagogisch wird es sicherlich nicht darum gehen können, die hier sichtbar werdenden Verdrängungsleistungen zu 'entlarven'. Vielmehr müsste der Unterricht bei der spezifischen Lebenslage dieser Jugendlichen ansetzen und, ausgehend von ihren Stärken, status- und selbstvertrauenstiftende Alternativen entwickeln (vgl. Rieger-Goertz 2005, 146).

Mit der hier vorgelegten Analyse der Ängste kann gut an das Thema der Sünde angeknüpft werden. Dies hat zwei Gründe: (1) Der Begriff der Angst zeigt einen gemeinsamen Bedeutungsgehalt mit dem Begriff der Sünde. So definiert Boehnke et al. (1998) Ängste als „emotional aufwühlende Wahrnehmung von Ist-Soll-Diskrepanzen in bedeutsamen Lebensbereichen" (Gesundheit, Sicherheit etc.). Konzeptionell haben Ängste damit eine gewisse Ähnlichkeit zum Sündenbegriff, insoweit der sich ebenfalls auf zu vermeidende Ist-Soll-Diskrepanzen bezieht (z. B. Künneth 1927, 1), allerdings das „Soll" von Gott her definiert. In den Ängsten begegnet uns daher ein säkularisiertes Sündenbewusstsein oder eine zum Sündenbegriff alternative Semantik für die Erfahrung menschlicher Begrenztheit (vgl. Ramshaw-Schmidt 1987, die neben dem Begriff der Sünde „Sterblichkeit", „Ungerechtigkeit", „Krankheit" und „Sinnlosigkeit" als alternative Bilder für menschliche Begrenztheit herausstellt). Von dieser Analogie her mag es nicht verwundern, wenn sich ähnlich zum Sündenbegriff auch vom Angstbegriff her die Möglichkeit bietet, die Selbstwahrnehmung kritisch zu erweitern.

(2) Das hier faktoranalytisch konstruierte Wertefeld zeigt interessante Parallelen zum Persönlichkeitsmodell von Riemann (1979), das die Angst als zentrale Motivation in den Mittelpunkt der Modellbildung stellt. Das Modell geht davon aus, dass sich die menschliche Persönlichkeitsentwicklung zwischen den Spannungsfeldern „Wandlung" vs. „Notwendigkeit" sowie „Selbsthingabe" vs. „Selbstwerdung" bewegt. Die polaren Gegensätze spannen sich als Feld auf, innerhalb dessen sich Menschen – je von ihren Erfahrungen her – verorten. Eine Annäherung an einen Pol, der fremd bzw. distant zur eigenen Persönlichkeit ist, ist dann mit Angst verbunden. Personen mit der Tendenz zur Selbst*werdung* haben Angst vor Selbst*hingabe* und umgekehrt gilt: Personen mit einer Tendenz zur *Notwendigkeit* haben Angst vor *Wandlung*.

Unsere Ergebnisse im Wertefeld zeigen auch empirisch Ähnlichkeiten zum Modell von Riemann: So lässt sich die Angst vor dem „Alleinsein" und „Verlassenwerden" am Pol der Beziehungsorientierung im Modell von Riemann als Fähigkeit zur Selbst*hingabe* und zugleich als Angst vor Selbst*werdung* interpretieren. Umgekehrt zeigen die Gefühlsassoziationen zum Stichwort „Gemeinschaft" (vgl. dazu *Abbildung 79*), dass die SchülerInnen in den beiden unteren Quadranten „Gemeinschaft" tendenziell als „Überwachung", „Bevormundung" und „Gleichmacherei" gefühlsmäßig wahrnehmen. Auch das lässt sich im Riemann'schen Sinne als Angst vor

IX. Der emotionale Bereich: „Wie und was *fühle* ich?"

Selbst*hingabe* interpretieren und einer dazugehörigen Kompetenz zur Selbst*werdung*. Die tendenziell links verortete Angst, „die Freiheit zu verlieren", entspricht dem Riemann'schen Pol der Angst vor Notwendigkeit. Dazu sei auch auf die vorstehend behandelten Gefühlsassoziationen zum Stichwort „Kirche/Moschee" hingewiesen: Am Traditionsorientierungs-Pol wird mehr 'religiöse Institution' gewünscht, am Autonomieorientierungs-Pol weniger. Demgegenüber repräsentiert die Meinung gegenüber Risiken (gesund leben, keine Drogen) Angst vor Wandlung (d. h. Vergänglichkeit und Unsicherheit). In der Logik des Riemann-Modells könnten dann die im Wertefeld verorteten Ängste auch im Sinne einer Aufdeckung potentieller Entwicklungsaufgaben gelesen werden. Im Sinne einer feministischen Theologie wäre dann die Angst vor Einsamkeit und Verlassenwerden kritisch zu befragen, nämlich als Sünde und Gefahr, die eigene Selbstwerdung nicht hinreichend zu leben (vgl. Scherzberg 1991).

Auch Adam (2001) schlägt vor, im religionspädagogischen Umgang mit dem Thema Angst das Riemann'sche Modell als Orientierungshilfe zu nutzen, um bei den SchülerInnen Über- und Unterentwicklungen in den Blick zu nehmen und balancierende Entwicklungsimpulse zu geben. Angst stellt damit nach Riemann immer auch ein Reifungsimpuls dar, dem es sich lohnt nachzugehen.

Interessant ist hier, dass etwa Gefühle der „Einengung" bei Jugendlichen/Jungen Erwachsenen mit Orientierung zum Pol der *Selbstorientierung* nicht nur mit dem Thema „Gottes Segen" eher negativ verbunden sind, sondern eben auch mit dem Thema „Gemeinschaft". Die mögliche Abwehr gegenüber einem religiösen Thema wie dem von „Gottes Segen" ist daher auch im größeren Kontext zu sehen: Hiermit kommt nämlich eben nicht zwingend ein grundsätzlich antireligiöser Zug zum Ausdruck, sondern möglicherweise eine allgemeine Angst vor Vereinnahmung. In diesem Sinne wurde bereits in den 1970er Jahren des letzten Jahrhunderts argumentiert, dass sich kirchliche Kommunikation in einer Weise öffnen müsse, dass den Polen von „Wandlung" und „Selbstwerdung" mehr Raum gegeben werde (Santer 2003, 89). Dann nämlich könnten auch andere Personengruppen in der kirchlichen Verkündigung angesprochen werden. So legten die damaligen hermeneutischen Analysen der kirchlichen Kommunikation in Übereinstimmung mit unseren empirischen Analysen der Begriffe „Gottes Segen", „religiös" und „Kirche/Moschee" nahe, dass 'Kirche' und 'kirchliche' Kommunikationsformen sich vor allem durch Beziehungsorientierung und Traditionsorientierung auszeichneten.

X. Der weltanschaulich-theologische Bereich: „Was *glaube* ich?"

X.1 Wer oder was bestimmt meinen Lebenslauf?

Die Frage nach dem, was den Lebenslauf bestimmt, bezieht sich, theologisch betrachtet, auf die Vorsehungslehre. In der orthodoxen lutherischen Dogmatik des 17. Jahrhunderts wurde das Vorsehungsmotiv ausgehend vom biblischen Befund beschrieben: Gott lässt sündiges Verhalten der Menschen zu oder hält es auf. Er kann Handlungen zu Folgen führen, die nicht in ihnen angelegt waren. Er setzt Rahmenbedingungen und Grenzen, so dass alles eine von Gott gesetzte Zeit hat (Ratschow 1966). In diesem theologisch argumentierenden Sinne stellt sich eben nicht die Alternative, ob Ereignisse durch Gott *oder* andere Größen wie Familie, Beruf oder Freunde bestimmt werden. Vielmehr besteht der Unterschied zwischen Gott als „Determinator" und sozialen Bestimmungsgrößen darin, dass die letzteren über einen benennbaren *'empirischen'* Mechanismus Einflussfaktor und Wirkung auf den Lebenslauf verknüpfen können. Gott ist demgegenüber ein mittelbarer *'Bestimmer'*, der nur *glaubend* wahrgenommen werden kann.

Einige empirische Untersuchungen differenzieren das Feld. Neff und Terry-Schmitt (2002) untersuchten bei Jugendlichen die Erklärung von Persönlichkeitsunterschieden zwischen Männern und Frauen: z. B. dass Männer dominanter seien. Es zeigt sich, dass soziale Erklärungen häufiger genutzt werden als biologische und religiöse ('von Gott bestimmt'). Darüber hinaus erweist sich, dass von der frühen Jugend bis zum Erwachsenenalter die Zahl der *sozialen* Erklärungen zunehmen und dass religiöse Erklärungen eher mit traditionellen Einstellungen korrelieren. Weeks und Lupfer (2000) zeigen, dass „proximale" (z. B. Persönlichkeit, Situation) und „distale" (z. B. Gott, Satan) Erklärungen von Ereignissen sich nicht gegenseitig ausschließen, sondern dass Gott in der Sicht der Befragten eher indirekt wirkt. Nach Lupfer et al. (1996) besteht auch ein Einfluss der Qualität des zu erklärenden Ereignisses: Bei *einflussreichen* Ereignissen wird „Gott" eher als erklärende Ursache herangezogen als bei alltäglichen Ereignissen.

Den Jugendlichen/Jungen Erwachsenen in unserer Untersuchung wurden nun, über die zitierten Studien hinausgehend, neben „Gott" und „Selbst" auch Bezugspersonen und Gruppen des sozialen Nahbereichs sowie „gesellschaftliche" und „geheimnisvolle" Mächte als Kategorien angeboten. Wo nehmen im Rahmen des Wertefeldes die untersuchten BerufsschülerInnen diese bestimmenden Kräfte wahr?

Abb. 89: Korrelation der Deutung lebensbestimmender Faktoren mit den Dimensionen des Wertefeldes

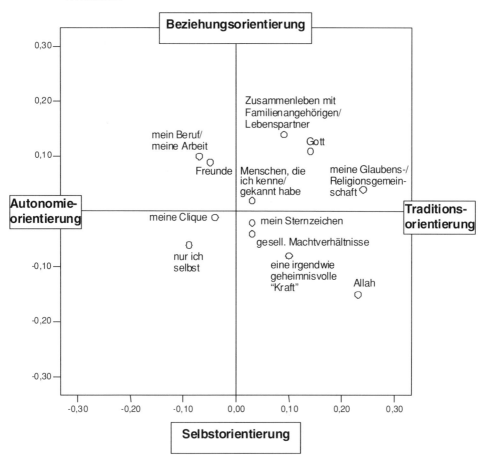

In der *Abbildung 89* zeigen sich die deutlichsten Korrelationen zwischen dem Pol der *Traditionsorientierung* und dem bestimmenden Einfluss der Religionsgemeinschaft. Ihr gegenüber liegen die Items „Freunde" und „Clique", die einen Einfluss der Gruppe der Peers zum Ausdruck bringen. Die hier deutlich werdende *Tendenz* stimmt mit anderen Ergebnissen der Jugendforschung überein, denen zufolge Jugendliche im Zuge ihrer Autonomiebestrebungen gesellschaftliche Normen mit Peernormen ausbalancieren (Breidenstein 2004).

Gleichwohl sind diese Zusammenhänge in unserer Studie eher schwächer ausgeprägt, d. h. dass der Peer-Einfluss bei den *autonom* orientierten Jugendlichen nicht wesentlich ausgeprägter ist als bei den *traditionsorientierten* Jugendlichen. Dabei ist zu bedenken, dass unsere Stichprobe mit einem Durchschnittsalter von 18,5 Jahren die Phase einer besonders ausgeprägten Peer-*Orientierung* bereits hinter sich hat.

Im Bereich der *Humanisten* (Quadrant oben/links) bestimmt mehr als bei den anderen Jugendlichen die „Arbeit" das Leben. Dies spricht für eine ausgesprochene Karriereorientierung dieser Gruppe. Bestätigt wird dies auch durch *Abbildung 87*. Sie konnte zeigen, dass diese Gruppe besonders durch die Möglichkeit/Gefahr der Arbeitslosigkeit motiviert wird. Wichtig ist jedoch dabei, zu sehen, dass sie ihren Lebenssinn *nicht* von der Arbeit *abhängig* macht, sondern eher in der Paarbeziehung sucht (vgl. *Abbildungen 69, 71, 73* und *91*): Der Einfluss von „Arbeit" ist nicht zu leugnen, nur wird Arbeit dadurch *nicht* zum tragenden Element bzw. zum Sinn-Stifter.

Die Nähe der Items „Gott" und „Allah" zu anderen Einflussgrößen zeigt, dass bei den Jugendlichen „Gott" mit profanen Deutungen zusammen als Erklärungsmuster verwendet werden kann. So haben z. B. die Items „Gott" und „Familienmitglieder" eine deutliche Nähe zu einander. Auf diese 'Kosmisierung' der Elternfunktion ist bereits in Teil A bei der entsprechenden Faktoranalyse ausführlich eingegangen worden, und sie kann hier noch einmal auf andere Weise grafisch sehr anschaulich gemacht werden.

Aufschlussreich ist außerdem, dass die arabische Gottesbezeichnung „Allah" konservativer positioniert ist, nämlich in dem Wertequadranten, der Traditions- und Selbstorientierung kombiniert und der im Anschluss an das allgemeine Wertemodell von Schwartz (1992) die Betonung von Sicherheits- und Machtwerten indiziert. Die deutsche Bezeichnung „Gott" ist dagegen im Wertequadranten mit Akzent auf Beziehung und Tradition in großer Nähe zum Item „Familie". Dieser wichtige Positionierungsunterschied zwischen „Gott" und „Allah" kann vielleicht in zweifacher Weise erklärt werden. (1) Es ist entsprechend der *Abbildung 64* sowie ausweislich der Ergebnisse der Mittelwerte-Vergleichsanalysen davon auszugehen, dass von der muslimischen Teilstichprobe ein größerer Anteil im Quadranten der *Statussuchenden* (unten/rechts) liegt. (2) Zugleich ist auch denkbar, dass „Allah" ein Image hat, das besonders von nicht-muslimischen SchülerInnen mit *autonomie- und beziehungsorientierten Werten* abgelehnt wird, was ebenfalls zu dieser Positionierung beitragen kann. Die folgende Betrachtung der Cluster-Gruppen kann hierüber mehr Aufschluss bringen (vgl. dazu nachfolgend die Tabelle in *Abbildung 90*).

Wie schon beim Sündenbegriff fällt auch hier auf, dass die Item-Verteilung im Feld eher 'rechtslastig' ausfällt. Items mit Bezug zu explizit religiös-herkömmlicher Semantik finden sich links überhaupt nicht. Es ist die Frage, ob dies, wie schon beim Sündenbegriff, am Mangel von Item-Angeboten liegt, die diesen Clustern angemessen wären. In einer thematisch analogen Wertefeld-Studie von Gennerich (2007b) mit erwachsenen Befragten werden z. B. im Quadranten oben/links die Items „Gott kann nur über Menschen eingreifen" und „Gott kann handeln, wo Menschen es zulassen" besonders deutlich bejaht. Aus dem Umstand, dass in diesem Quadranten auch auf naturwissenschaftliche Erklärungsmuster zurückgegriffen wird und zugleich das Item „Gott kann *direkt* eingreifen" eher abgelehnt wird, lässt

X. Der weltanschaulich-theologische Bereich: „Was *glaube* ich?"

sich folgern, dass Personen in diesem Quadranten durchaus auch herkömmliche religiöse Semantik („Gott") zu akzeptieren bereit sind, *sofern* sie ihnen eine direkte Anbindung an ihr eigenes Existenzerleben erlaubt („Gott kann handeln, wo Menschen es zulassen"). In unserer Studie zeigt sich dieses 'Existenzerleben' in der oben/links von den Humanisten besonders betonten Handlungssouveränität bei der Konstitution von Sinn *(Abbildung 91)*. Der symbolische Mehrwert religiöser Semantik für die Humanisten könnte also darin bestehen, dass sie auf diese Weise ihre Handlungssouveränität mit einem 'letzten Sinnhorizont' verbinden können. Darin unterscheiden sie sich – in unserer Studie wie in der Studie von Gennerich (2007b) – von den Angehörigen des Quadranten rechts/unten, die sich eher nicht zu dieser Relationierung und selbstsouveränen Anverwandlung verstehen wollen bzw. können, weil sie eher auf feste, ihnen als nicht zugänglich erscheinende Ordnungsschemata in ihrer Lebensgestaltung angewiesen sind. In unserer Studie zeigt sich das u. a. an der starken Affirmation des Items „Sinn: kann ich mir gar nicht selber machen, der ist irgendwie da" im Quadranten unten/rechts.

Abb. 90: Prozentuale Bejahung von „Bestimmungsfaktoren des Lebenslaufs" nach Wertetypen

Bestimmung des Lebenslaufs (Zustimmung in % zu den Kategorien „doch schon häufiger" u. „ganz bestimmt")	Humanisten	Statussuchende	Autonome	Integrierte
Das Zusammenleben mit meinen Eltern/Familienangehörigen/meinem Lebenspartner	65	61	55	71
nur ich selbst	63	61	67	58
Freunde	61	50	56	59
mein Beruf/meine Arbeit	47	42	44	50
Menschen, die ich kenne/gekannt habe	34	34	31	34
meine Clique	26	33	35	33
Gott	15	20	10	22
die Machtverhältnisse der Gesellschaft	11	17	15	11
Eine irgendwie geheimnisvolle 'Kraft'	7	13	9	9
meine Religions-/Glaubensgemeinschaft	6	15	4	14
Allah	4	20	5	8
mein Sternzeichen	4	7	4	5

In der Tabelle in *Abbildung 90* zeigt sich (erneut), dass die Elemente des sozialen Nahbereichs – Familie und LebenspartnerInnen – von den Jugendlichen/Jungen Erwachsenen als besonders lebensbestimmend angesehen werden. Lediglich die *Autonomen* gewichten die Bedeutung der eigenen Person und der Peers höher – womit sie offenbar eine kritische Distanz zu ihren Primärbeziehungen andeuten. Gleichwohl: Die Autonomie der eigenen Personen findet auch bei den übrigen Gruppen eine ausgeprägte Zustimmung, wenngleich hier die *Integrierten* deutlich reservierter sind und die eigene Entscheidungsunabhängigkeit als eher begrenzt wahrnehmen als die anderen Gruppen. Insgesamt gesehen wird „Gott" als Erklärungsfigur in allen Cluster-Gruppen vergleichsweise selten genutzt. Auf diesem niedrigen Niveau sind allerdings *relative* Unterschiede zwischen *traditionsorientierten* und *autono-*

mieorientierten Jugendlichen vorhanden: Die stärkere Bejahung der Wirksamkeit der Einflussgröße „Gott" in der Cluster-Gruppe der *Integrierten* überrascht nicht. Die ebenfalls deutlich höhere Zustimmungsrate bei den *Statussuchenden* darf ausweislich der Ergebnisse der Mittelwerte-Analyse besonders auf den 12 %igen Anteil der Muslime zurückgeführt werden. Dass die Muslime zum überwiegenden Teil und in eindrucksvoll hoher Intensitätsausprägung „Gott" als „Bestimmer" bestätigen, haben bereits die Analysen des Teils A dokumentiert. Im Übrigen entspricht dies etwa auch dem Befund bei Schreiber et al. (2004), wonach türkischstämmige Schülerinnen „Gottes Wille" als Krankheitserklärung mit 77 % bejahen, während deutsche Mädchen eher rationale Erklärungen wie die Umweltverschmutzung bevorzugen.

Insgesamt zeigt die Tabelle in *Abbildung 90*, dass soziale Determinatoren eine besonders große Bedeutung haben. Auffällig ist auch hier, wie schon bei den Mittelwerte-Analysen, dass soziale Einflussfaktoren auf der Makroebene („gesell. Machtverhältnisse") kaum wahrgenommen werden. Ihnen wird ein geringerer Einfluss zugerechnet als „Gott". Es ist schon in Teil A dargetan worden, dass „distale/mittelbare" Bestimmungsgrößen für die BerufschülerInnen kognitiv weniger greifbar sind, kein 'Gesicht' haben und daher eine geringere Zustimmung erfahren.

X.2   Was trägt den Sinn meines Lebens?

Obwohl „Sinn" für das Selbstverstehen des Menschen und damit auch für sein Transzendenzbewusstsein doch als höchst bedeutsam angesehen werden muss, ist „Sinn" keine genuin theologische Kategorie. Entsprechend nimmt sie in Rahmenrichtlinien des Religionsunterrichts keinen vorrangigen Raum ein. Empirische Forschungen zu Sinnerfahrungen weisen Selbstwirksamkeitserfahrungen, soziale Einbindung und Selbstverpflichtung gegenüber sozial geteilten Werten als mögliche Sinn-*Ressourcen* aus (vgl. Baumeister 1989; Schnell 2004).

In unserer Studie wurde demgegenüber diese sowohl religionssoziologisch als auch pädagogisch höchst relevante Kategorie bewusst im Kontext auch der religiösen Thematik berücksichtigt und nach den 'Orten' und der *Struktur* der Sinn*konstitution* gefragt. Mokrosch (2001) betont, dass Christen Sinnempfänger *und* Sinnstifter seien. Diese Bestimmung leitet er daraus ab, dass der Mensch aus Gottes Gabe lebe („Schöpfung") und zugleich aufgefordert sei, sich an der Gestaltung einer lebenswerten Welt aktiv gestaltend zu beteiligen. Wie bestimmen die Jugendlichen diese Balance zwischen Aktivität und Passivität?

Die *Abbildung 91* zeigt: „Beruf" als Sinnressource hängt eher mit *Traditionsorientierung* zusammen, „Freizeit" eher mit *Autonomieorientierung* und Sinnerfahrung durch „Leute, die ich mag/die mich mögen" – nicht überraschend – eher mit Beziehungsorientierung.

X. Der weltanschaulich-theologische Bereich: „Was *glaube* ich?" 173

Abb. 91: Korrelation von „Sinn"-Ressourcen mit den Dimensionen des Wertefeldes

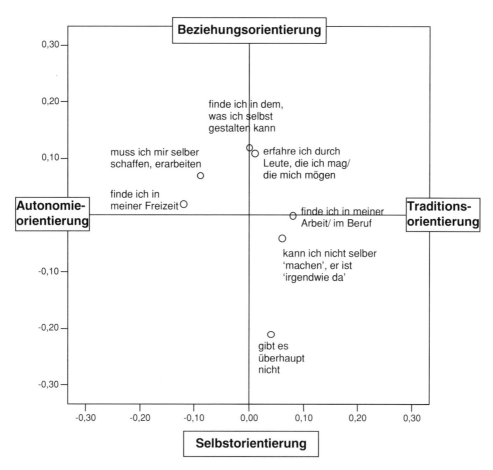

Durch den analytischen Zugang des Teils B wird auch Folgendes sehr deutlich und bedeutet gegenüber den Mittelwerte-Analysen einen großen informationellen Zugewinn: Auf der Diagonale von oben/links bis unten/rechts positionieren sich die Items nach dem Grad der *Eigenaktivität*: Jugendliche/Junge Erwachsene mit einer starken Vertrauensorientierung (oben/links) betrachten sich als aktive Konstrukteure ihres Sinns – anders als SchülerInnen im Bereich unten/rechts, die sich eher als Empfänger von Sinngebung erfahren oder aber, bei einer stärker selbstorientierten Werthaltung, die Existenz von Sinn als einem 'Externum' sogar dementieren.

Die Positionierung des Items „gibt es überhaupt nicht" könnte folgendermaßen gelesen werden: Es könnte sein, dass wenn SchülerInnen zu einer starken Selbstorientierung tendieren, dies ein Ausdruck dafür ist, dass sie meinen, auf gleichsam 'externe' Sinnressourcen nicht zurückgreifen zu können. Zugleich könnte die damit einhergehende materialistisch-konsumistische Ausgestaltung dieser „Selbstorientierung" eher ein mangelndes Vertrauen in die eigene Handlungs- und Gestaltungskompetenzen anzeigen. Jedenfalls weisen Untersuchungen zum Materialismus auf, dass eine materialistische, an Äußerlichkeiten orientierte Haltung (die für diesen Pol mitkonstitutiv ist) mit einem geringeren Wohlbefinden einhergeht und zugleich mit weniger Erfahrungen von Warmherzigkeit in der Kindheit und einem geringen sozio-ökonomischen Status der Herkunftsfamilien (Kasser und Ryan 1993, 2001; Kasser et al. 1995). Es zeigt sich demnach, dass im Bereich selbstorientierter Wertsetzungen die *Bestreitung* der Existenz von „Sinn" Ausdruck für eine missliche Lebenslage ist, die mit einem Mangel an Wohlbefinden einhergeht.

Die besonders starke Bejahung von „Sinn" am Pol „Beziehungsorientierung" ergibt sich daraus, dass das Item „gibt es überhaupt nicht" am oberen Pol besonders deutlich abgelehnt wird und, entsprechend, hier „Sinn" als 'offenkundig vorhanden' erfahren wird. Verschiedene sinnstiftende Momente finden sich hier: Erstens wird die Möglichkeit des „Gestaltens" und damit eine persönliche Wirksamkeit erfahren; zweitens erleben sie „Wertschätzung durch andere" und können somit ein positives Selbstwertgefühl aufbauen; und drittens dürfte eine wichtige Rollen spielen, dass die von den *Humanisten* und *Integrierten* stärker gewichteten Werte auch mehr soziale Anerkennung erfahren (vgl. *Abbildungen 58* und *70*: Werte in der oberen Hälfte erfahren bei allen Gruppen mehr Zustimmung).

Abb. 92: Prozentuale Bejahung von „Sinn"-Ressourcen nach Wertetypen

'Sinn' meines Lebens (Zustimmung in % zu den Kategorien „stimmt schon eher" und „stimmt")	Humanisten	Statussuchende	Autonome	Integrierte
finde ich vor allem in dem, was ich selbst gestalten kann	63	52	54	63
muss ich mir ganz allein selber schaffen/erarbeiten	56	50	53	57
finde ich vor allem in meiner Freizeit	54	49	59	51
erfahre ich durch Leute, die ich mag/dich mich mögen	50	42	40	49
finde vor allem ich in meiner Arbeit/im Beruf	21	29	23	25
kann ich mir gar nicht selber 'machen', der ist 'irgendwie da'	20	24	18	21
gibt es überhaupt nicht	7	13	9	5

Bitter (2002) macht weiterführend aus einer christlichen Perspektive darauf aufmerksam, dass der Mensch sich nicht allein genüge und er daher *Lebens*sinn im *Über*-Menschlichen, *Über*-Weltlichen, im *Un*-Endlichen suche. Diesen Aspekt finden wir zwar nicht unmittelbar in den Items zum Themenkreis „Sinn", aber sehr wohl in den Themenkreisen der „Lebensverlaufs-Bestimmung" und der „Nach-Tod-Vorstellungen": Dort ist im Quadranten oben/rechts mit „Gott" ein solcher transzendenter Bezugspunkt gegeben. Und in dem mit Items weniger stark besetzten Bereich oben/links werden zumindest Aspekte einer Idee der Unverfügbarkeit („nicht erklärbar", *Abbildung 95*) genannt. Diese können in Zusammenhang mit Plessners (1975) Konzept der exzentrischen Positionalität gebracht werden. Letzteres entspricht einer solchen Transzendenzoffenheit. Sie legt sich aber begrifflich und institutionell bewusst nicht fest.

Die Tabelle in *Abbildung 92* zeigt, dass nur ein kleiner Prozentsatz der Gesamtstichprobe der Jugendlichen/Jungen Erwachsenen angibt, „Sinn" *nicht* zu erfahren/zu verspüren. Aber immerhin verneinen 13 % der *Statussuchenden* und 9 % der *Autonomen* die Existenz von „Sinn". Etwa 20 % erfahren Sinn in einer eher passiven Weise, wobei hier die Statusorientierten mit 24 % im Vergleich zu 18 % bei den Autonomen Sinn etwas häufiger als vorgegeben erfahren.

„Arbeit" – das zeigte sich bereits in den Mittelwerte-Analysen und wird nun auch unter dem Bündelungsgesichtspunkt der Positionierungen im Wertefeld bestätigt – ist nur für einen kleineren Anteil der BerufsschülerInnen eine Sinnressource. Vielleicht nicht unerwartet erfahren die *Humanisten* in der „Arbeit" am wenigsten Sinnerfüllung und die *Statussuchenden* am meisten. Zwei Möglichkeiten, das zu lesen, bieten sich an: Durch ihre starke Orientierung auf vertrauensvolle Partnerschaften kann von Jugendlichen/Jungen Erwachsenen des Cluster-Typs der *Humanisten* die Bedeutung von „Arbeit/Beruf" für die Sinnstiftung eher relativiert werden. Denkbar ist freilich auch, dass die Ausbildung im sozialpflegerischen Bereich – deren Angehörige besonders stark diesem Typ zuzurechnen sind (vgl. *Abbildung 62*) – im Vergleich zum gewerblich-technischen Bereich mit besonderen Belastungen verbunden ist und mögliche Sinnerfahrungen bei der Arbeit sogar schmälert (Kruse und Schmitt 1999). Lebenspraktisch ist die stärkere Betonung von „Arbeit" bei den *Statussuchenden* besonders riskant, weil die durch Passivität geprägte Grundhaltung der Jugendlichen/Jungen Erwachsenen dieses Quadranten für die Möglichkeit der Arbeitslosigkeit anfälliger macht – ein Befund, der pädagogisch Beachtung erfahren sollte.

Alle weiteren Sinnressourcen erfahren deutliche Zustimmungen im mittleren Bereich und lassen gemeinsame Schnittfelder vermuten. So ist anzunehmen, dass offenbar die Freizeit der Bereich ist, in dem die Jugendlichen Dinge selbst gestalten können und in denen wichtige soziale Beziehungen gepflegt werden.

X.3 Was passiert nach meinem Tod mit mir?

Im folgenden Themenkreis wurden die BerufschülerInnen nach ihren eschatologischen Vorstellungen gefragt. Es ging in den Fragen darum, ob und in welcher Ausprägung die Jugendlichen sich eine weitere oder neue Existenz nach dem Tod vorstellen können. Aus der bisherigen Forschung lassen sich zur Frage der Zustimmung zu den Motiven einer Auferstehungs-, Reinkarnations- oder Nichtexistenz-Vorstellung zwei unterschiedliche Argumentationslinien aufbauen.

Die verschiedenen Motive haben als Deutungsmuster eine *expressive* Funktion (Biehl 1992b): Demnach können Symbole, die auch von der letzten Zukunft Gutes erwarten, ein Ausdruck und eine Erweiterung für hoffnungsvolle Perspektiven in der Gegenwart sein. Eine Reihe von Studien zeigen in diesem Zusammenhang, dass hoffnungsvolle Zukunftsperspektiven empirisch mit einer Einbettung in gut funktionierende soziale Beziehungen zusammenhängen (Pulkkinen 1990; Trommsdorff 1983). Auf der anderen Seite kann das Motiv einer Nichtexistenz nach dem Tode Ausdruck von negativen Erfahrungen im eigenen Leben sein. Einen möglichen empirischen Hinweis für eine expressive Funktion der Vorstellungen zum Leben nach dem Tode bieten Florian und Har-Even (1983), die zeigen, dass junge Frauen im Tod eher einen Verlust ihrer Identität befürchten und junge Männer eher Konsequenzen ihrer Handlungen – was die Autoren mit eher passiven (bei Frauen) oder aktiven (bei Männern) Geschlechtsrollenvorgaben erklären.

Eine andere Argumentationslinie geht von einer *kompensatorischen* Funktion letzter Zukunftshoffnungen aus. So benennt Hüttendorff (2000) das Problem, wenn „ewiges Leben" nur präsentisch qualifiziert wird: Dann nämlich hätten nur die Privilegierten Anteil am Heil. Eine gute Zukunft bei Gott bietet jedoch auch denen die Möglichkeit einer Teilhabe am Heil, die im irdischen Leben Unheil erfahren. Demnach wäre eine Hoffnung auf ein Jenseits nach dem Tod eine befreiende Perspektive für Menschen, die in der Gegenwart weniger Ressourcen für eine gute Lebens-Zukunft haben. In Richtung einer solchen kompensatorischen Funktion gehen die Ergebnisse von Flynn und Kunkel (1987), nach denen Personen mit geringem sozio-ökonomischen Status und traumatischen Erfahrungen das Leben nach dem Tod eher hedonistisch (Freude und Vergnügen) und stimulierend (intensive Handlungserfahrungen) denken.

Die Frage ist nun, welche Deutungslinie zum Zuge kommt und wie in unseren, an Jugendlichen/Jungen Erwachsenen erhobenen Daten die Beziehung zwischen Vorstellungen zum Leben nach dem Tod und den in den Werten verankerten Lebenskontexten der Jugendlichen zum Ausdruck kommt.

Die *Abbildung 93* zeigt – eben wegen der Verknüpfung der eschatologischen Perspektive mit den gegenwärtig prägenden Werten – gegenüber den Ergebnissen der Mittelwerte-Analyse aufschlussreiche zusätzliche Einsichten in die Konstitutionsbedingungen dieser eschatologischen Vorstellungen: Jugendliche/Junge Erwachsene mit *beziehungsorientierten Werten* erwarten mehr als andere Jugendliche, dass sie nach dem Tod mit ihren Familienmitgliedern wiedervereint werden. Die *Selbstorientierten* erwarten eher, auf einem anderen Planeten zu existieren. Diese Vorstellung findet sich in der theologischen Literatur verständlicherweise nicht als Lehre entfaltet. In einem Internet-Forum findet sich folgendes Zitat eines Teilnehmers:

„Ich denke auch, man wird wiedergeboren, allerdings nicht unbedingt auf diesem Planeten, man kann überall wiedergeboren werden, auf anderen Planeten, in Paralleluniversen etc. Ich denke außerdem das[s] man vor der Wiedergeburt sein Gedächtnis verliert, damit man immer wieder neu anfangen kann, sonst wäre das Leben ziemlich langweilig."
http://forum.dragonballz.de/archive/index.php/t-13550.html (Abruf 09.10.2006)

X. Der weltanschaulich-theologische Bereich: „Was *glaube* ich?" 177

Abb. 93: *Korrelation der Deutungen des „Lebens nach dem Tod" mit den Dimensionen des Wertefeldes*

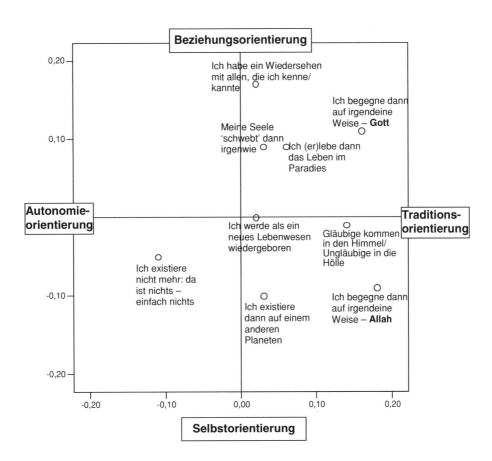

Hier scheint sich eine weniger sozial orientierte und eher hedonistische Eschatologie zu zeigen: Die angenommene Gedächtnislöschung bewahrt keinen Raum für die Wertschätzung gegenwärtiger Beziehungen und wird vielmehr mit der Möglichkeit neuer Anregungen verbunden.

Die mittige Lage der Wiedergeburtsvorstellung zeigt, dass grundsätzlich ein Weiterleben in allen Quadranten gedacht werden kann, dass jedoch in Abhängigkeit vom Wertetyp unterschiedliche qualifiziert gedacht werden muss.

Die „Begegnung mit Gott/Allah" liegt auf der Traditionsseite und wiederum ist „Allah" bei den BerufsschülerInnen zwischen Traditions- und Selbstorientierung positioniert. Die Zustimmung zu einer Begegnung mit Gott/Allah nach dem Tod erfolgt damit von den Jugendlichen/Jungen Erwachsenen, die auch eine deutlich religiöse Orientierung zum Ausdruck geben (vgl. *Abbildung 67*; siehe auch Boyd und Zimbardo 1996; Hood und Morris 1983).

Die nihilistische Perspektive einer Nichtexistenz („da ist nichts – einfach nichts") wird besonders von Jugendlichen/Jungen Erwachsenen bejaht, die „Selbstdurchsetzung" gegenüber „Hilfsbereitschaft" stärker gewichten als andere SchülerInnen (vgl. *Abbildung 57*). Die Nichtexistenz-Vorstellung steht dabei auch in deutlicher Korrelation zur Erklärung der Welt durch Zufallsprozesse (*Abbildung 95*), so dass sich die Aussagen zu diesen Frageperspektiven gut erkennbar zu einem bewusst nicht an Transzendenz anknüpfenden szientistischen Muster zusammenfügen. Die in unserer Studie gefundene Opposition dieser Weltdeutung zu den transzendenzoffenen Items der Gottesbegegnung und des Paradieses bestätigt den Befund von Lester et al. (2002), die eine entsprechende negative Korrelation des Glaubens an den Zufall mit dem Glauben an den Himmel nachweisen.

Eine interessante Frage ist die offene Ursache-Wirkung-Beziehung des Glaubens an die eigene Endlichkeit. Beide Richtungen sind denkbar. Die mit der Vorstellung einer strikten Nichtexistenz nach dem Tod angezeigte Transzendenznegation kann das Bedürfnis nach einer Durchsetzung egozentrisch-hedonistischer Bedürfnisse forcieren, weil ein Verzicht nicht jenseitig kompensiert werden kann (so z. B. Hauser und Kropp 1981). Das Problem dabei ist jedoch, dass eine stärkere Orientierung an hedonistisch-materialistischen Werten der Eigennützigkeit mit einem geringen Wohlbefinden verknüpft ist (Emmons 1991; Kasser und Ryan 1993, 2001; Kasser et al. 1995). Auf der anderen Seite ist der Befund gut belegt, dass eine mangelnde soziale Integration und geringere Zuwendungserfahrungen mit dem Verlust längerer Zeithorizonte und damit auch transzendenter Bezugspunkte einhergeht (Nurmi 1991). Es konstituiert sich ein sich selbst verstärkendes System, das vorhandene Orientierungen tendenziell verhärtet und eine Veränderung eher unwahrscheinlich macht.

Insgesamt zeigen die Daten, dass die eschatologischen Symbole eher in ihrer expressiven Funktion benutzt werden, insofern die Nichtexistenz eines Lebens nach dem Tod unten/links liegt und *christlich* geprägte Vorstellungen zum ewigen Leben oben/rechts. Im Quadranten unten/rechts ist jedoch auch eine kompensatorische Wirkung anzunehmen. Insbesondere Muslime, die sich hier verorten, rechnen mit einer „Begegnung mit Allah" sowie einem „Endgericht mit doppeltem Ausgang (Himmel/Hölle)" – und zwar gerade im Kontext einen wahrscheinlich eher schwierigen Lebenslage (vgl. z. B. die bereits zitierten Ergebnisse von Kasser und Ryan 1993, 2001 oder etwa die Nähe des Items der „Sinn-Verneinung" in *Abbildung 91* zum Item „Begegnung mit Allah"). Das Vertrauen in Gott kann hier demnach einen Ausgleich für die gesellschaftlich erfahrene Chancenungleichheit bereitstellen. Eine solche kompensatorische Funktion für die Muslime ist hier auch deswegen wahrscheinlich, weil sich in der nachfolgenden *Abbildung 97* zeigen wird, dass die Jugendlichen auf der traditionsorientierten Seite einer „wortwörtlichen" Interpretation der Bibel zustimmen und eine relativierende symbolische Deutung eher ablehnen. Demnach hätte für die muslimischen SchülerInnen der Glaube an ein Leben nach

X. Der weltanschaulich-theologische Bereich: „Was *glaube* ich?"

dem Tod gerade die Funktion, sich gleichsam aus der 'Sinnlosigkeitsfalle' im Quadrant unten/rechts zu 'befreien'.

Abb. 94: *Prozentuale Bejahung von Vorstellungen zum „Leben nach dem Tod" nach Wertetypen*

Was nach dem Tod passiert (Zustimmung in % zu den Kategorien „da bin ich mir ziemlich" bzw. „ganz sicher")	Huma-nisten	Status-suchende	Auto-nome	Inte-grierte
Ich existiere nicht mehr: da ist nichts – einfach nichts.	30	30	38	27
Ich habe ein Wiedersehen mit allen, die ich kenne/kannte.	29	24	22	36
Ich begegne dann – auf irgendeine Weise – Gott.	18	22	13	28
Meine Seele 'schwebt' dann irgendwie.	17	18	13	20
Ich (er)lebe dann das Leben im Paradies.	15	20	13	21
Ich werde auf der Erde als ein neues Lebewesen wiedergeboren.	11	15	10	11
Gläubige kommen in den Himmel und Ungläubige in die Hölle.	7	16	7	13
Ich begegne dann – auf irgendeine Weise – Allah.	5	16	4	8
Ich existiere dann auf einem anderen Planeten.	4	8	6	4

Die Tabelle in *Abbildung 94* zeigt, dass – auf insgesamt niedrigem Zustimmungsniveau – vor allem die Kategorie „ich existiere nicht mehr" die relativ meiste Zustimmung findet. Bereits in der Mittelwerte-Analyse hat sich gezeigt, dass die Befragten sehr zurückhaltend sind, die angebotenen Deutungskategorien entschieden zu bejahen. Lediglich die *Integrierten* zeigen für die Idee eines „Wiedersehens mit den ihnen bekannten Menschen" eine *vergleichsweise* erhöhte Präferenz. Die Gegenüberstellung der Zustimmungsquote zum „Wiedersehen mit Freunden und Verwandten" und der „Begegnung mit Gott/Allah" weist aus, dass in allen Cluster-Gruppen die irdischen Beziehungen stärker im Vordergrund stehen. Nach einer Unterscheidung von Lang (1993) hätte sich damit bei den hier befragten BerufsschülerInnen *tendenziell* mehr die Himmelscharakterisierung von Lorenzo Valla (1405–1457) durchgesetzt, der Gott zugunsten neuer Gemeinschaft mit geliebten Menschen in den Hintergrund treten lässt – anders als Thomas von Aquin (1225–1274), der das himmlische Glück auf die Gottesbeziehung beschränkt. Nochmals: Das insgesamt niedrige Zustimmungsquoten-Niveau darf nicht übersehen werden und macht deutlich, dass hier nur über relative Differenzen im Bereich der eher insgesamt geltenden 'Nicht-Relevanz' dieses Themas in der Bewusstseinspräsenz der hier befragten Jugendlichen/Jungen Erwachsenen geredet wird. Das war bereits bei den Mittelwerte-Vergleichen stets zu betonen.

X.4 Wie ist die Welt entstanden?

Im vorletzten Themenkreis wird nach verschiedenen Deutungen der Weltentstehung gefragt. Die Befragten bewerteten die Plausibilität einer „Schöpfung Gottes", einer Entstehung aus „Zufallsprozessen", durch „Außerirdische" oder den „Urknall" sowie eine Deutung mit dem Unerklärbarkeitsmotiv. Wie hängen diese Deutungsmuster mit den Werthaltungen der Jugendlichen zusammen?

Bisherige Studien zur Deutung der Weltentstehung bei Jugendlichen ergeben folgenden Befund: Francis und Mitarbeiter (Francis et al. 1990; Francis und Greer 1999; Fulljames und Francis 1988; Gibson 1989) konnten in Fragebogen-Studien zum Verhältnis von Einstellungen zur Wissenschaft und zum Christentum bei SchülerInnen zeigen, dass einerseits *Wissenschaftsgläubigkeit* und andererseits *Religiosität* (positive Einstellung zum Christentum, religiöse Praxis) in einer *negativen* Beziehung zueinander stehen. Es zeigt sich also, dass kirchlich distanzierte Jugendliche zur Begründung ihres Weltbildes naturwissenschaftliche Kategorien bevorzugen. Francis und Greer (1999) zeigen darüber hinaus, dass Motive des Schöpfungsglaubens eher von Mädchen bejaht werden. Insgesamt zeigt sich in den Studien von Francis und KollegInnen auch ein Alterstrend, demnach im Altersraum von 12–17 Jahren die Akzeptanz des Schöpfungsmotivs abnimmt. Für das Item „Natur als Schöpfung Gottes" als christliche Deutungsoption wäre daher ebenfalls eine negative bzw. oppositionelle Beziehung zu den naturwissenschaftlichen Deutungsmustern „Ergebnis von Zufallsprozessen" und „Urknalls" zu erwarten. Die *Abbildung 95* zeigt die empirischen Resultate für unsere Stichprobe unter deutschen Jugendlichen und Jungen Erwachsenen.

Die Korrelationen der Items zur „Schöpfung" positionieren sich sehr plausibel in den beiden Dimensionen des Wertefeldes. Im Einzelnen zeigt *Abbildung 95*, dass Jugendliche/Junge Erwachsene im Wertebereich unten/links nicht nur eine Weiterexistenz nach dem Tod für unwahrscheinlich halten (*Abbildung 93*), sondern dass sie hier ebenso das Schöpfungsmotiv ablehnen und stattdessen eher eine naturwissenschaftlich-szientistische Deutung der Entstehung von Leben präferieren, die einen „Urknall" und „Zufallsprozesse" anzunehmen geneigt ist. Gleichsam komplementär dazu deutet die Verortung des Schöpfungsmotivs oben/rechts darauf hin, dass dieses Motiv innerhalb einer Weltauffassung wohl eher wenig bedeutsam wäre, die von der Tradition losgelöst ist. Jugendliche/Junge Erwachsene, die im beziehungsorientierten Wertebereich positioniert sind und die zugleich traditionsdistanzierter sind (oben/links), bevorzugen dagegen das Unerklärlichkeitsmotiv „kann man mit menschlichem Verstand nicht erklären". Diese Cluster-Gruppe wahrt damit eine Offenheit gegenüber theologischen Deutungen – und entspricht damit einer Interpretation von Gennerich (2007a), der das Segment oben/links als besonders affin zu einer 'suchenden und offenen Religiosität' charakterisiert. Es konnte schon

X. Der weltanschaulich-theologische Bereich: „Was *glaube* ich?" 181

Abb. 95: Korrelation der Deutungen zur Weltentstehung mit den Dimensionen des Wertefeldes

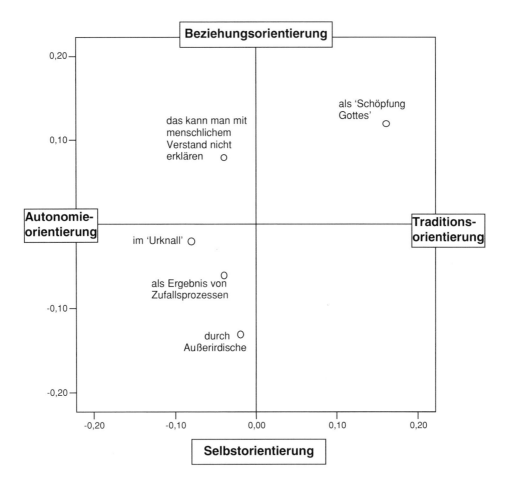

in der Mittelwerte-Analyse gezeigt werden, dass die Unerklärbarkeitsdeutung zugleich einer wissenschaftsgläubigen Sichtweise eher reserviert gegenübersteht. Offenbar passt eine solche Deutung weniger gut zur Wertschätzung von sozialen Beziehungen im Segment der „Humanisten". Möglicherweise impliziert ihre positiv-affirmierende Haltung in der sozialen Beziehungsdimension für die Angehörigen dieses Clusters auch ein Offenhalten der Weltentstehungsfrage. Wie könnte es dazu kommen? Man könnte es vielleicht so lesen: Das 'Sich-offen-Halten' gegenüber der 'Endlichkeits-Unendlichkeits-Relation' – bei Schleiermacher als *Gefühl* für das Unendliche begriffen – müsste hier nicht erstaunen, weil gerade die von diesem Cluster sehr hochgeschätzten sozialen Beziehungen ebenfalls eine Transzendenz-Qualität besitzen, auch wenn diese Transzendenz nicht in der herkömmlichen religiösen Semantik mit dem Begriff „Gott" symbolisiert wird. Das bedeutet religionssoziologisch aber noch nicht, dass sich hier nicht auch die „Verwirklichung" einer „kulturellen Programmatik" zeigen könnte: Prinzipiell wäre es zwar durchaus denkbar, dass das hier gezeigte Einstellungsmuster auch im Kontext außerchristlicher Diskurse als 'Religion' identifiziert werden kann. Fraglich aber ist, ob dieser Sprung aus der eigenen *christlich* geprägten Geistesgeschichte möglich bzw. empirisch hier in Deutschland mehrheitlich beobachtbar ist, auch wenn dazu theoretisch angesichts der weltweiten Kontakte im 'Markt der Religionen' Gelegenheit besteht. Kaufman (1993) macht darauf aufmerksam, dass für die „kulturell-*christliche* Programmatik" die Motive von 'Liebe' und 'Geheimnis' zentral sind. Wenn nun nach Kaufman das Spezifikum der christlichen Tradition gerade in der *Kombination* dieser beiden Motive besteht, dann lässt sich der Sachverhalt, dass bei den „Humanisten" *beide* Motive stark gemacht werden (im „Offenhalten der Weltentstehungsfrage" verwirklicht sich das „Geheimnismotiv"), sehr wohl als Indiz für die Existenz einer kulturell-*christlichen* Programmatik lesen – und zwar auch dann, wenn die herkömmliche religiöse Semantik dafür *nicht* in Anspruch genommen wird. Dies für SchülerInnen verstehbar zu explizieren, ohne dafür von den dogmatisierten Erzählfiguren der christlichen Überlieferung *axiomatisch* auszugehen, sondern sie kommunikationsprozessual-diskursiv einzuführen: Das wäre die Aufgabe der Theologie, wenn sie denn die *systematisierte* Rede von Gott/Transzendenz/Jesus Christus sein will. Darüber ist bereits an verschiedenen Stellen in Teil A – jeweils empirisch basiert – reflektiert worden.

Der Befund in *Abbildung 95* ist konsistent mit den Befunden von Francis und KollegInnen vereinbar. Auch unsere Daten zeigen eine größere Akzeptanz des Schöpfungsmotivs bei jungen Frauen – und zwar indirekt, insofern das Schöpfungsmotiv im Segment der *Integrierten* liegt, in dem junge Frauen die *deutliche* Mehrheit stellen. Ebenso wird hier für Jugendliche/Junge Erwachsene in Deutschland gezeigt, dass der Glaube an „Gottes Schöpfung" im Widerspruch zu naturwissenschaftlichen Erklärungsversuchen erfahren werden kann. Es bestätigt sich damit auch der von Rothgangel (1999) geforderte Bedarf einer pädagogischen Bearbeitung dieser Konflikterfahrung, die auf einer wissenschaftstheoretischen Grundlage in komplementären Perspektiven aufgelöst werden kann. Allerdings machen unsere Befunde ergänzend deutlich, dass ein rein kognitiver Unterrichtsansatz zu kurz griffe, weil die Wertefeld-Analyse die Einbettung der Deutungsmuster in den gesamten Lebenskontext der Jugendlichen/Jungen Erwachsenen und ihre vor allem expressive Funktion evident macht. Auch theologische Thesen von Ritter (2006, 218) gehen von einem Unterschied zwischen „Zufall" und „Schöpfung" aus, der Konsequenzen für die Lebenserfahrung hat. Mit dem Schöpfungsgedanken wird die Welt im Horizont eines guten Planes und Willens erfahren, der eine letzte Geborgenheit vermittelt. Empirisch zeigt sich dies in unseren Daten in *Abbildung 83*, bei der sich in der Nähe zum Ort des Schöpfungsmotivs *Gefühls*erfahrungen wie Trost, Geborgenheit und Entspannung positionieren.

X. Der weltanschaulich-theologische Bereich: „Was *glaube* ich?"

Abb. 96: Prozentuale Bejahung von Vorstellungen zur „Weltentstehung" nach Wertetypen

Wie ist die Welt entstanden? (Zustimmung in % zu den Kategorien „trifft wahrscheinlich" bzw. „genau so zu")	Humanisten	Statussuchende	Autonome	Integrierte
im 'Urknall'	57	52	59	56
das kann man mit dem menschlichen Verstand nicht erklären	43	36	38	41
als Ergebnis von Zufallsprozessen	31	31	35	30
als 'Schöpfung Gottes'	26	32	12	38
durch Außerirdische	3	6	5	3

Die Tabelle in *Abbildung 96* spiegelt auch unter den Bedingungen der Cluster-Bildung das Ergebnis der Mittelwerte-Analysen wider, nämlich dass bei den Jugendlichen/Jungen Erwachsenen eine wissenschaftliche Erklärung der Weltentstehung am meisten verbreitet ist („Urknall" und „Zufallsprozess"). Eine zusätzliche (hier nicht abgebildete) Berechnung zeigt, dass 63 % der *Humanisten* mindestens eine der beiden rationalen Erklärungen bejahen, 59 % der *Statussuchenden*, 67 % der *Autonomen* – und auch 63 % der *Integrierten*. Auch die agnostische Verortung der Frage in den Bereich des Nichterklärbaren findet mit etwa 40 % noch eine sehr breite Zustimmung. Die Deutung mit der Semantik „Schöpfung Gottes" findet demgegenüber insgesamt weniger Anklang. Mit 12 % bis 38 % Zustimmung handelt es sich gleichwohl um einen beachtlichen Anteil an der Gesamtheit der Jugendlichen. Das bedeutet: Es ist auch von SchülerInnen auszugehen, die eine *rational-erklärende* Deutung mit einer *religiösen* zusammen denken können. Immerhin stimmen – wie eine weitere, hier nicht abgebildete Berechnung zeigt – von denjenigen, die eine rationale Erklärung bejahen, 19 % *parallel* einer Deutung als „Schöpfung Gottes" zu. Mit komplementär denkenden Jugendlichen ist daher im Berufsschulunterricht durchaus zu rechnen.

X.5 Einstellungen zu kirchlich dogmatisierten Glaubens-Formulierungen

In einer Frage zu ihrem Verständnis kirchlich dogmatisierter Glaubens-Formulierungen, die ihrerseits aus einer Untersuchung aus 1982 stammt (Feige 1982), sollten die Jugendlichen zwischen fünf verschiedenen Vorgaben entscheiden. Die Antwortkategorien repräsentieren dabei zum einen die Aspekte von Nähe und Distanz zur christlichen Lehre als auch Aspekte der Symbolentwicklung (vgl. Schweitzer 1987, 185–201).

Die *Abbildung 97* zeigt, dass Jugendliche im Quadrant unten/links eher desinteressiert gegenüber solchen Formulierungen sind oder sich explizit davon abgrenzen. Eine tendenzielle Zustimmung auf der Ebene des Abstrakt-Prinzipiellen zeigen Jugendliche im Quadrant oben/links, was zum Ergebnis der Analysen im vorstehenden Punkt X.4 komplementär ist, wonach sie die Ursache der Weltentstehung theologisch offenhalten. Mit Bezug auf Fowlers Entwicklungsstufen der Glaubensentwicklung lässt sich in der Zustimmung zu diesen Items ein Aspekt des individuell-reflexiven Glaubens erkennen, der dadurch gekennzeichnet ist, dass religiöse Symbole in abstrakte Konzepte und Ideen übersetzt werden. Die Bejahung der Bibel als „wortwörtlich wahr" im Quadrant oben/rechts entspricht dagegen Aspekten der Stufe des mystisch-wörtlichen Verstehens. Das Item, das Schwierigkeiten und Akzeptanz zugleich ausdrückt ("trotzdem bin ich Christ"), wird besonders von den beziehungsorientierten Jugendlichen bejaht. Es scheint, als wendeten sie die Haltung der „Treue" (vgl. dazu *Abbildung 69*) nicht nur auf Partnerschaften, sondern auch die Gottesbeziehung an.

<u>Abb. 97:</u>   *Korrelation des Glaubensverständnisses mit den Dimensionen des Wertefeldes*

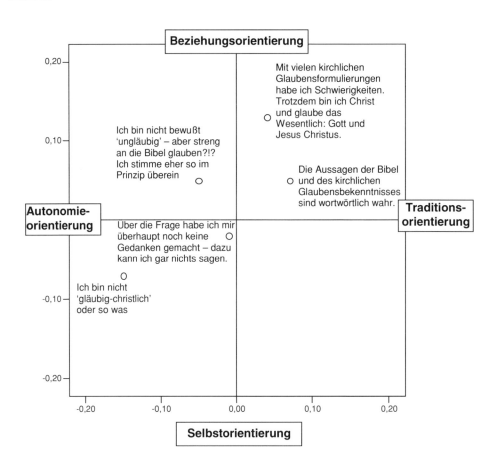

X. Der weltanschaulich-theologische Bereich: „Was *glaube* ich?"

Abb. 98: Einschätzung der eigenen (christl.) Gläubigkeit nach Wertetypen

Welche der folgenden Beschreibungen trifft für Sie persönlich am ehesten zu? (Zustimmung in Prozent)	Humanisten	Statussuchende	Autonome	Integrierte
Ich bin absolut nicht 'gläubig-christlich' oder so was.	28	27	36	23
Ich bin nicht bewusst 'ungläubig' – aber streng an die Bibel glauben?!? Ich stimme eher so im Prinzip überein.	26	22	24	24
Mit vielen kirchl. Glaubensformulierungen habe ich Schwierigkeiten. Trotzdem bin ich Christ ...	24	22	17	29
Über die Frage habe ich mir überhaupt noch keine Gedanken gemacht ...	18	23	21	17
Die Aussagen der Bibel und des kirchlichen Glaubensbekenntnisses sind wortwörtlich wahr.	4	7	3	7

Entschiedene Literalisten gibt es nur sehr wenige (4–7 %), sie sind etwas häufiger bei den eher traditionsorientierten Clustern der Statussuchenden und der Integrierten.

Ein deutliches Bekenntnis zum Christsein findet sich am ehesten bei den Integrierten. Alle anderen Cluster haben einen guten Anteil von Atheisten, wobei die Autonomen den kirchlich-theologisch dogmatisierten Glaubens-Formulierungen am distanziertesten gegenüber stehen.

XI. Zusammenfassung: Der Zusammenhang von Werthaltung und Weltdeutung bei Jugendlichen und Jungen Erwachsenen im Spektrum der Wertefeld-Analysen – eine Typologie der Tendenzen

Das Wertefeld spannt Pole eines sozialen Feldes auf, in dem sich die Jugendlichen und Jungen Erwachsenen, die in der Berufsschulphase stehen, in Abhängigkeit von ihren Werthaltungen verorten. Die Analyse der Einstellungen im Bereich der *ethischen* Items zeigt deren sehr *konsistenten* Beziehungen zu den Werthaltungen der Jugendlichen. Für den Bereich sowohl der theologischen Vorstellungen wie auch der Gefühlsassoziationen zu ethisch-religiösen Begriffen zeigen sich ebenfalls plausibel nachvollziehbare Zusammenhänge zwischen den Items und den Wertedimensionen. Die SchülerInnen können demnach in folgenden *prototypischen* Konfigurationen im Wertefeld betrachtet werden, die gleichsam durch das 'Übereinanderlegen' aller Wertefeld-Grafiken zustande kommen.

(1)

Die *Autonomen* im Quadrant unten/links haben von allen Jugendlichen die größte Nähe zur folgenden tendenziell *nihilistischen Lebensphilosophie:*

- das eigene Selbst bestimmt den Lebenslauf;
- Sinn findet sich nur in der Freizeit oder gar nicht;
- nach dem Tod ist Nichts;
- die Welt ist gesteuert durch Zufallsprozesse und überhaupt ist das Selbstverständnis 'nicht-gläubig'.

Diese Philosophie entspricht der im Laufe der Untersuchung gewonnenen Charakterisierung der Lebens- bzw. Welterfahrungen der Autonomen. Sie haben Zuverlässigkeit und Zuwendung weniger erfahren als andere. Entsprechend zeigen unsere Daten:

- eine tendenzielle Entfremdung gegenüber der Familie und gesellschaftlichen Institutionen;
- Protest gegen harmonieorientierte Gemeinschaftsbilder;
- eine aktive Suche nach Anregung und Erfüllung in der eigenen Gegenwart, die in der Wahrnehmung dieser Gruppe keine Zukunftsperspektiven bereitstellt.

XI: Zusammenfassung

In diesem Kontext erscheinen die von ihnen bevorzugten *'theologischen'* Deutungen das Folgende zu leisten:

- Die Deutungen muten nicht zu, langfristig zu denken und sich mit möglicherweise schmerzlichen Perspektiven zu konfrontieren.
- Sie legen die Verantwortung in die Hände der Jugendlichen und machen dies zugleich tragbar durch die Ausklammerung zukünftiger Anforderungen.
- Sie legitimieren Normüberschreitungen und eine intensive Erfüllung der Jetztzeit, ohne eine ultimative Aufdeckung des gelebten Lebens oder Einforderung von Rechenschaft ins Kalkül ziehen zu müssen.

(2)

Die *Statussuchenden* im Quadrant unten/rechts zeigen eine besondere Nähe zu einer ordnungsgebenden Lebensphilosophie:

- Eher passiv ist das Selbst fremden Mächten unterworfen (gesellschaftlichen, geheimnisvollen Mächten oder der Macht Gottes/Allahs).
- Sinn findet sich „irgendwie" oder ergibt sich durch die gläubige Entscheidung für Gott, der Garant für eine klare Gut-Böse-Unterscheidung ist.
- Statusvermittelnde Konsumgüter und normative Statusmodelle (ein 'richtiger' Mann sein/kein Homosexueller) geben – neben dualistischen Moralkonzepten (Himmel/Hölle) – Orientierung.

Dieser Philosophie entsprechen wiederum Erfahrungen, die die Statussuchenden in ihrem *Lebenskontext* machen:

- Sie zeigen Erfahrungen mit autoritären Beziehungsstrukturen, die auf Gefühle und das menschliche Innenleben eher wenig Rücksicht nehmen (Überlegenheit, Überwachung, Ablehnung von Weichheit/Homosexualität, Notlügen).
- Entsprechend haben sie auch wenig Gelegenheit gehabt, um in ähnlicher Weise Kommunikationskompetenzen zur Gestaltung vertrauensvoller Beziehungen zu entwickeln wie die Humanisten.
- Möglichkeiten für eigenständige Zielsetzungen werden weniger erfahren und persönliche Handlungskompetenzen weniger gefördert.

Die status- und sicherheitsvermittelnde Lebensphilosophie bzw. *'Theologie'* steht damit in einem Passungsverhältnis zu den mutmaßlichen Sozialisationserfahrungen der Statussuchenden:

- Sie puffert den Mangel an Möglichkeiten und Kompetenzen der lebenspraktischen Umsetzung persönlicher Autonomie ab und ersetzt die Komplexität interpersonaler Aushandlungsprozesse tendenziell durch normative Vorgaben.
- Die eher passive Haltung in der Sinnkonstitution beschränkt den reflexiven Umgang mit Lebensdeutungen und schützt damit zugleich vor einer von ihnen nur schwer bewältigbaren Überkomplexität.

(3)

Die *Integrierten* oben/rechts zeigen die größte Nähe zu einer kirchlich geprägten *'Theologie'*:

- 'Gott als Schöpfer', 'Kirche/Religionsgemeinschaft' und 'Familie' vermitteln in einer abgestimmten Einheit Sinn und Trost im Leben.
- Nach dem Tod findet diese Einheit ihre Fortsetzung in einem ewigen Leben, das durch die Gottesbegegnung oder ein Wiedersehen mit der Familie geprägt ist.

Die korrespondierenden *Lebenserfahrungen* dieser Gruppe lassen sich wie folgt beschreiben:

- Das soziale Leben (Familie/Gemeinde) ist durch Gewissenhaftigkeit, gegenseitige Hilfe, Rückhalt und Einsatz geprägt.
- Die emotionale Erfahrung ist damit durch Geborgenheit und Zuversicht bestimmt.

Die *'Theologie'* dieser Gruppe ist im Vergleich zu den anderen Segmenten am ehesten theistisch, wobei Gott als zuwendend und Geborgenheit vermittelnd erfahren wird. Die Theologie spiegelt damit die sozialen Erfahrungen dieser Gruppe, insofern die auf hohe Selbstkontrolle fußende Ethik dieser Gruppe Gewähr für eine Rückhalt gebende Gemeinschaft bietet.

(4)

Die *Humanisten* oben/links zeigen eine ethisch orientierte Lebensphilosophie ohne Bezüge zu einer explizit-herkömmlich als 'religiös' geltenden Semantik:

- Sinn wird durch eigene Gestaltungsleistungen geschaffen, wobei 'letzte' Lebensfragen als dem Verstand nicht zugänglich offen gehalten werden.
- Die Frage, ob man nach dem Tod Gott begegnet oder ins Nichts fällt, bleibt unentschieden – am ehesten neigt man noch zu der Vorstellung eines Wiedersehens mit den Angehörigen.

Die *Lebenserfahrungen* dieser Gruppe sind durch eine humanistisch inspirierte Beziehungsethik geprägt:

- Vertrauen und Respekt für die Interessen der Beziehungspartner/innen werden zum gemeinschaftsbildenden Maßstab gemacht.
- Im Fall von Konflikten sind diese Jugendlichen besonders an Klärungen interessiert und verstärkt sensibel gegenüber Erfahrungen, in denen das gesetzte Vertrauen enttäuscht wird (vgl. *Abbildung 77*).

XI: Zusammenfassung

Die *'theologischen'* Deutungen der Humanisten zeigen sich ungebunden gegenüber institutionalisierter Religion:

- Das ausgeprägte Kompetenzerleben dieser Gruppe und die Einbindung in Partnerschaften machen diese Jugendlichen nicht abhängig von explizit kirchlich-religiösen oder dualistisch orientierten Sinnstiftungsalternativen.
- Gleichzeitig sind sie freilich offen für religiöse Symbole, die ihren Lebensprinzipien entsprechen (vgl. *Abbildung 97*) und sie müssen sich aufgrund ihrer Souveränität nicht oppositioneller bzw. dementierender Attitüden bedienen.

Die Analysen haben damit insgesamt sowohl konsistente Einstellungsmuster als auch Orientierung gebende Ideologien aufgedeckt. Es zeigt sich dabei ein deutlicher Zusammenhang von *Erfahrungen* und *Deutungspräferenzen*.

Es stellt sich die Frage, welche Schlussfolgerungen aus den Befunden der Wertefeld-Analyse in Teil B zu ziehen sind. Insgesamt zeigen die aufgewiesenen Muster, dass die *symbolische* Deutung der eigenen Erfahrungen durch die Jugendlichen vor allem einen *stabilisierenden* Charakter hat: Die Deutung steht in einem konsistenten Verhältnis zum eigenen Selbstbild und den getroffenen Wertentscheidungen.

Diese in den Daten aufgewiesene Neigung der SchülerInnen zu stabilisierenden Deutungen – die sich insgesamt in einem stark ausgeprägten Bedürfnis nach *Interaktionsstabilität, Erwartungssicherheit* und *Minimierung des Beziehungsrisikos* zeigt – ist ernst zu nehmen, denn Veränderung ist hier immer mit Verunsicherung verbunden und kann daher kein Dauerereignis des Religionsunterrichts sein. Gleichwohl ist anzunehmen, dass Veränderung und ernstes Experimentieren mit dem eigenen Selbstverständnis möglich ist. Wahrscheinlich müssen dann aber auch hinreichend effektive Aufgabentypen bereitgestellt werden, die Veränderungen ermöglichen. Stichworte wie Experiment und Möglichkeitssinn sind dabei zu beachten, weil nämlich als „*möglich*" angebotene bzw. selbst entdeckte Selbstdeutungen nicht gleich mit dem Problem konfrontiert werden müssen, wie sie denn zum sozial etablierten Verkehrs-Selbst oder dem eigenen Lebenskontext passen. Alternativisches Denken wird so erleichtert.

Die Analysen dessen, was die Indikatoren erfasst haben, lassen auch 'theologische Weite' als eine wünschenswerte Haltung von ReligionslehrerInnen erscheinen. Will man nicht von vornherein eine Gruppe von SchülerInnen als unerreichbar aus den religionspädagogischen Bemühungen ausklammern, *dann bedarf es einer Pluralität religiöser Semantiken bzw. die Vermeidung aller Axiomatiken, um alle SchülerInnen zumindest prinzipiell erreichen und fördern zu können.* Eine wichtige Aufgabe ist dabei sicherlich vor allem die Suche nach theologischen Anknüpfungspunkten, die erlauben, zumindest partiell die vorfindliche 'Schülertheologie' anzuerkennen.

Abschlussbetrachtungen: Religion, Religiosität und religiöse Semantik – oder die Frage: „*Wann* und *wie* ist man 'religiös'"?

Es kann sinnvollerweise im Folgenden nicht die Aufgabe sein, das Ergebnismosaik nochmals in hochkomprimierter Form und dabei möglichst proportionsgerecht abbilden zu wollen, um es auf diese Weise 'auf den Punkt' zu bringen. Erst recht verbietet es sich, dem hier und da vielleicht aufkommenden Bedürfnis nachzugeben, vielleicht doch etwas über das 'Religiositätsausmaß' oder den 'Glaubensstatus' des Befragtenkollektivs quantifizierend aussagen zu können. Das ist, wie schon in der Einleitung ausgeführt, aus theoretischen Erwägungen heraus unzulässig und diese Erwägungen sind auf der empirischen Ebene dieser Befragungsauswertung bestätigt worden. Es soll hier vielmehr der Versuch gemacht werden, auf einige wenige Gesichtspunkte aus der Fülle der nun empirisch fundierten Einsichten nochmals aufmerksam zu machen, die den beiden Autoren sowie einem Kreis von FachkollegInnen im Hinblick auf religionspädagogische, praktisch-theologische und jugendsoziologische Kontexte und Konsequenzen als besonders benennenswert erschienen sind.[5] Ein Anspruch, damit die 'wesentlichsten' Einsichten zu formulieren, wird ausdrücklich *nicht* erhoben: Auch ein solcher Versuch müsste zum Scheitern verurteilt sein, denn die Auswertungs-Interessenslagen, unter denen man an die Ergebnisse herangehen kann, sind legitimerweise sehr differenziert und müssen entsprechend zu unterschiedlichen Akzentsetzungen im Blick auf das führen, was als 'wesentlich' erscheint.

Die Gesichtspunkte, die hier als Ausgang für weiterführende Überlegungen im wissenschaftlichen und unterrichtspraktischen Diskurs dienen können, lassen sich unter

---

5   Am 1./2. Juni 2007 traf sich in Hannover ein FachkollegInnen-Kreis, um die Ergebnisse des zuvor verschickten Forschungsberichts einer ersten Betrachtung und Kommentierung zu unterziehen. Die in diesem Kreis geäußerten Gedanken wurden von Andreas Feige redigiert und komprimiert und sind auszugsweise in den Text der nachfolgenden fünf Stichworte eingeflossen. Die Teilnehmer dieser Tagung waren neben den beiden Autoren Andreas Feige und Carsten Gennerich folgende KollegInnen: Bernd Abesser, RPI Loccum; Gerd Brinkmann, LKA Hannover/VER Niedersachsen; Bernhard Dressler, Uni Marburg; Volker Elsenbast, CI Münster; Bernd Felbermair, VKR Niedersachsen, Hildesheim; Nils Friedrichs, Uni Braunschweig, Klaus-Peter Henn, PTI Bonn; Franz-Josef Hülsmann, VKR Niedersachsen, Osnabrück; Josef Jakobi, Uni Tübingen; Thomas Klie, Uni Rostock; Michael Köllmann, Uni Braunschweig; Reinhard Bader, Uni Magdeburg; Karin Rebmann, Uni Oldenburg; Werner Tzscheetzsch, Uni Freiburg.

fünf Stichworten formulieren. Zwischen ihnen besteht inhaltlich natürlich ein Zusammenhang, aber sie werden nicht in Gestalt von aufeinander aufbauenden Argumenten zu einem Ganzen oder gar zu einem 'Theoriekonzept' verknüpft bzw. präsentiert. Sie erfassen etwas, was sich nur unter massivem Informationsverlust auf eine einzige Schlagzeile bringen ließe. Dennoch wäre es nicht verkürzend, wenn man – im Blick auf die mit der gängigen Säkularisiertheitsdiagnose verbundene Klage über den epochalen Transzendenzverlust der Menschen – feststellte, dass die den Theologen durchaus geläufige Einsicht empirisch als bestätigt angesehen werden kann: Auch bei den Jugendlichen und Jungen Erwachsenen der Gegenwart findet sich – wenn auch in codierter Gestalt – zumindest eine Ahnung von der *prinzipiellen* „Vorausgesetztheit" der eigenen Existenz. In religionssoziologischen ebenso wie in theologischen Kategorien ist das als Bewusstsein von Transzendenz zu begreifen – eines Bewusstseins freilich, das sich den religionskulturell-theologisch konventionellen *Semantiken* eher nicht bzw. nur mit Hilfe wirklichkeitserschließender – mithin: religions-*pädagogischer* – Explikationen öffnet.

(1)   Zum Gespür der Jugend für die Vorausgesetztheit ihres Daseins

Man mag die These vertreten, die heutigen Jugendlichen meinten, ihr Leben in der eigenen Hand zu haben und ihr Dasein nichts und niemandem zu verdanken. Diese Auffassung könnte durch den Befund im Mittelwerte-Vergleich zur Kategorie „Sinn" als belegt erscheinen. Der zeigt, dass Sinn nicht als etwas nur passiv Empfangenes erlebt wird. Vielmehr wird die Eigenverantwortlichkeit stark betont: Sinn existiert, wenn ich etwas selbst gestalte, selbst schaffe. Aber: Damit ist keineswegs ein mangelndes Bewusstsein für die *Vorausgesetztheit* des eigenen Daseins verbunden. In den Ergebnissen dieser Studie konnte dies vielfach aufgedeckt werden. So lässt sich zum Beispiel der hohe Grad an Sinnbejahung – die offensichtlich unbeeinflusst ist von den apokalyptisch akzentuierten Gegenwartsdiagnosen der Feuilletons, etwa zur Klimakatastrophe – durch die Konsistenz von Nahraum-Erfahrungen erklären: Die soziale Einbettung in die eigene Familie und den Kreis der Freunde und Peers findet über die Themenkreise hinweg hohe Wertschätzung. Das macht sich besonders deutlich an der mehrheitlich positiven Zustimmung zu dem Item, *Sinn* „erfahre" man durch „Leute, die ich mag und die mich mögen". Auch ohne den Gottesbegriff zeigt sich, wie auch an etlichen anderen Teilergebnissen zum Topos der sozialen Beziehungen, hier zumindest eine Ahnung von dem, was man als die „Vorausgesetztheit" des eigenen Daseins bzw. seine Transzendentalität bezeichnen kann.

Die Wertefeld-Analyse zeigt hierzu ergänzend, dass diejenigen, die mehr als andere Sinn in der eigenen Gestaltungsleistung wahrnehmen – das gilt besonders für die Cluster-Gruppe der „Humanisten" –, zugleich stärker als andere auch Angst vor Krankheit ausdrücken. An einem solchen Zusammenhang wird klar, dass die Jugendlichen/Jungen Erwachsenen zwar Sinn zu konstituieren gelernt haben, aber dass dieser 'selbstbewirkte' Sinn zugleich als durchaus gefährdet und von Voraussetzungen abhängig gesehen wird, die eben evident über die eigenen Gestaltungsleistungen hinausgehen. Das ist theologisch im Blick auf den Unterricht von Bedeutung, denn Theologie bietet ja eine Basis, auch und gerade die 'selbstbewirkten' Sinn-Konstruktionen *kritisch* zu reflektieren und die Dimension der Vorausgesetztheit des eigenen Daseins konstruktiv-zukunftseröffnend zu symbolisieren. Da Sinn vom Individuum nur dann als Halt und Orientierung gebend erlebt werden kann, wenn er *stabil* ist, wird angesichts der zugleich bestehenden Gefährdungsängste (Angst von Krankheit) deutlich, dass die Sinnkonstruktion des Subjekts nicht als fraglos gesichert bzw. in der alleinigen Verfügungsmacht des sinnkonstruierenden Subjekts stehend gelten kann. Damit stellt sich der Sache nach die Frage Luthers nach dem *Grund* möglicher Heilsgewissheit und nach der Rechtfertigung. Unsere Befunde zu den bei den Jugendlichen/Jungen Erwachsenen vorfindlichen Wahrnehmungs-Korrelationen laden dazu ein, für Unterrichtsgestaltungen die – von SchülerInnen in der Regel akzeptierte – Sinnfrage zu öffnen: hin zur Frage nach der Möglichkeit 'letzter' Sicherheit. Freilich: Es muss damit gerechnet werden, dass die Jugendlichen/Jungen Erwachsenen gerade solche 'letzten Fragen' ausklammern, weil sie sie, insbesondere in ihrer Altersphase, i. d. R. *lebenspraktisch* gar nicht umsetzen könnten. Dazu wäre dann aber – im unterrichtlichen Diskurs und unter Bezug auf die 'Meinungslage' der Jugendlichen/Jungen Erwachsenen selber – zu argumentieren, dass die belegte Sensibilität der Jugendlichen/Jungen Erwachsenen gegenüber den eigenen Ängsten *notwendig* einhergeht mit einem Bewusstsein für transzendente Daseinsvorsetzungen, die über die durch „religiöse/kulturelle Programmatiken" bereitgestellten Symbole „heilsam" schematisiert werden können und somit nicht als diffus wirkende Ängste verdrängt werden müssten. Über die unterrichtlich gemeinsame Reflexion dieser Zusammenhänge könnte die Nötigkeit, mit einem von den Jugendlichen/Jungen Erwachsenen als *existentiell* empfundenen Problem – Unsicherheit – umgehen können zu müssen, zugleich als eine wesentlich Komponente 'praktischer Lebensweisheit' verdeutlicht werden.

(2) ZUR MARGINALITÄT BERUFSMYTHISCHER UND FUNDAMENTALISTISCHER IDENTIFIKATIONEN

Die Befunde haben auch deutlich gemacht, dass „Beruf" nicht als Ressource für Sinnkonstitution fungiert. Dazu steht nicht im Widerspruch die mehrheitlich vertretene Auffassung, dass „meine Arbeit" den Lebensverlauf ganz wesentlich mitbestimme. Aber sie generiert eben nicht jenen Sinn, der 'mein Leben *trägt*'. Die Jugendlichen/Jungen Erwachsenen sind insoweit pragmatisch, postmodern, ja, lebensklüger, weil sie die Selbstverständlichkeit eines lebenslang identisch bleibenden Berufs nicht mehr voraussetzen. Sie wissen, dass es künftig keine sog. Normalerwerbsbiografien mehr geben wird. Der Berufs-Begriff mit den bisherigen Wert-

Aufladungen, mit seinem hohen Anteil von Berufsethos, dem Sich-Einstellen-Müssen auf 'Lebenslänglichkeit', die er bis in die 1960er Jahre des 20. Jahrhunderts hinein hatte, ist heute nicht mehr bewusstseinspräsent. Religionspädagogisch erscheint es daher nicht sinnvoll, den Topos „Beruf" theologisch oder ethisch aufzuladen. Eine religionspädagogische Thematisierung von *Berufs*aspekten macht daher nur solange Sinn, wie sie einen praktisch-handfesten Nutzen für die SchülerInnen hat (z. B. „Wie gestalte ich eine Andacht für SeniorInnen im Pflegeheim?"). Dem widerspricht nicht, dass es im gesellschaftlichen Bewusstsein diesen *Mythos* des „Berufs" immer noch gibt und sich als Sehnsucht nach heimatlich-geborgener Verwurzeltheit, Zuverlässigkeit und Authentizität artikuliert: „Hier wird die Milch noch mit der Hand gemolken". Soweit das sinnaufgeladene Konzept 'Beruflichkeit' die Ausbildung in der BBS weiterhin bestimmt, trägt es zur konzeptionellen Destabilisierung des Systems Berufsschule bei. Denn zunehmend dementiert die Empirie des technologischen und ökonomischen Stands der Produktivkräfte diesen Mythos. Auch deshalb rangiert der „Beruf" für die Sinn-Konstitution in der Sicht der Jugendlichen/Jungen Erwachsenen unter 'ferner liefen'. Angesichts dessen erscheint es sinnvoll, die BBS stärker von Ausbildungsprozessen auf Bildungsprozesse umzustellen.

Unsere Ergebnisse zeigen zugleich, dass 'Sinn-Suche' der hier untersuchten gegenwärtigen Generation der 15- bis 25-Jährigen in ihrer großen Mehrheit keinesfalls in fundamentalistischen Bahnen verläuft. Die starke Betonung eigenverantwortlich-autonomer Sinnkonstruktion in Verbindung mit der zentralen Stellung der partnerschaftlich-*reflexiven* Beziehungsorientierung („Ich und Du im Wir") lässt dafür keinen Raum. Auch die Zurückhaltung gegenüber weltanschaulich-*theologischen* Deutungssemantiken – bezogen auf die Fragen der 'Weltentstehung' oder der 'Existenz nach dem Tod' – zeigt, dass die Mehrheit der Jugendlichen kaum ein Bedürfnis nach ideologischer Bindung zeigt. Vielmehr erscheint den Jugendlichen/Jungen Erwachsenen ihr '*Selbst*' hinreichend stabil als '*Teamprojekt*' konstruierbar zu sein, das, über permanente Aushandlungsprozesse in Beziehungen, als Ergebnis der je eigenen Gestaltungsleistung wahrgenommen wird. Im Kontext einer solchen Sinnorientierung können fundamentalistische Deutungsmuster kaum auf Resonanz stoßen und lassen sich allenfalls als marginale Phänomene erklären.

(3) ZUR SUCHE 'RELIGIÖSER FLANEURE' NACH 'GEMEINSCHAFT'

Unsere Untersuchung spiegelt in der Weltauffassung und in der Weltgestaltungsprogrammatik der Jugendlichen/Jungen Erwachsenen gleichermaßen Bindungs*treue* und Bindungs*abstinenz* in verschiedenen Aspekten wider. So indizieren die Reaktionen der befragten Jugendlichen und Jungen Erwachsenen auf das Wort „Gemeinschaft" das *Bedürfnis* und die *Suche* nach solchen lebensweltlichen Gesellungsmustern, die nicht durch ökonomische und auf Leistungsprinzipien beruhende Codes determiniert sind, sondern Raum geben für gegenseitige Anteilnahme und Solidarität. Wo immer solche Muster gelingen, da ereignet sich 'Gemeinschaft'. Das zeigt sich etwa dort, wo jemand rückschauend berichten kann: „Ich konnte einmal sagen, was ich wirklich denke in dieser Gruppe". Da hatte also jemand den Mut, etwas zu sagen und rechnet damit, er könnte verurteilt werden. Und dann stellt er überrascht fest: Die Anderen teilen die Erfahrung mit ihm und er macht die Erfahrung von Akzeptanz. Es sind diese besondere Erfahrungen, in denen sich 'Gemeinschaft' realisiert – etwas, was sich organisatorisch nicht erzeugen lässt, sondern was sich die Jugendlichen/Jungen Erwachsenen in ihrer Erfahrung selber zuteilen. Dazu gehört konstitutiv auch die Kategorie 'Spaß', der ganz wesentlich *auch* eine ästhetische Komponente innewohnt. Spaß indiziert damit nicht immer gleich jene Dimension, die im Kontext einer vorgeblichen „Spaßgesellschaft" als Oberflächlichkeitsattitüde problematisiert wird. So stellten Konfirmanden in einem Forschungsprojekt des Comenius-Instituts Münster im Rückblick auf ihre Konfirmandenfreizeit fest, dass es Spaß gemacht habe, weil da etwas ästhetisch gut zusammen gewirkt hat: „Weil wir toll zusammen gearbeitet haben" (Pfannkuch, noch laufend).

Mithin: 'Gemeinschaft' als Ort der Erfahrung von *akzeptierter Individualität* lässt alte Ideologisierungen des Gemeinschaftsbegriffs radikal hinter sich. Diese Entideologisierung zeigt sich in unserer Studie auch darin, dass 'Gemeinschaft' wesentlich frei von „Heuchelei" und „Bevormundung" verstanden wird. Der Gemeinschaftsbegriff wird bei den Jugendlichen/Jungen Erwachsenen damit weitgehend als vereinbar mit einer Anerkennung des eigenen Autonomiestrebens verstanden. Das bedingt zwangsläufig, dass die Frage, *wie* 'Gemeinschaft' gebildet wird, heute flüssiger und verhandelbarer geworden ist. Es stellt sich dann aber auch die Frage, wie sich 'Gemeinschaft' konstituieren kann. Insofern Jugendliche bei der Wahl ihrer Peers auf Milieu-, Habitus- bzw. Eigenschaftsähnlichkeit achten, weil dadurch gewährleistet ist, dass der eigene Stil auf Akzeptanz stößt, können hier sogar kommerziell vorgefertigte Formate relevant werden, wenn sie die Darstellung des eigenen Stils unterstützen und zur gezielten Unterscheidung von anderen, fremden Peer-Gruppen beitragen. Unsere clusteranalytische Gruppenbildung hat gezeigt, dass die einzelnen Cluster-Gruppen recht kohärente Selbst- und Weltdeutungsmuster ausbilden, die deutlich unterscheidbare Profile annehmen. Dieser Befund legt die Interpretation nahe, dass die Deutungspräferenzen im Diskurs der eigenen Peer-Gruppe kommuniziert werden, sich auf diese Weise themenübergreifend vereinheitlichen und so wiederum die Gemeinschaftsbildung erleichtern. Der auf diese Weise sozial geteilte Selbst- und Weltdeutungshorizont bietet eine Grundlage für die bei den Jugendlichen/Jungen Erwachsenen sehr hoch präferierte Beziehungsqualität der *Interaktionsstabilität* und *Erwartungssicherheit*, die – neben dem Bedürfnis nach Wegen zur *Minimierung des Beziehungsrisikos* – in der Studie eine zentrale Signatur der Strebungen der gegenwärtigen Generation darstellen. Wieweit diese sich regelmäßig realisieren lassen, ist eine davon zu unterscheidende Frage.

Unter kirchensoziologischem Gesichtspunkten ist dabei jedoch zu bedenken, dass sich die festgestellte Dualität bzw. Dialektik von Gemeinschaftsbedürfnis und Autonomiestreben institutionell kaum einfangen lässt. Sie füttert sich vielmehr gleichsam selbst mit der Suche nach Gemeinschaft, weil das 'Verbot', sich substantiell festzulegen, die Gemeinschaftssehnsucht offen hält. Das wiederum begünstigt die Existenzform des *'Flaneurs'*; eines Menschen also, der sich überhaupt nicht abkapselt, sondern sich geradezu, wie in einer Shopping-Mall, 'öffentlich' präsentiert, der sich dabei aber nur in punktuellen Zugriffen und 'auf Zeit' an dem einen oder anderen Ort – bei Jugendlichen/Jungen Erwachsenen: in einer ('angesagten') coolen 'Coffee Lounge' oder in einem Billigpreis-Textilkettengeschäft – aufhält, partizipiert und interagiert – und sich dann wieder löst, ohne sich aber auf Dauer ausklinken und in die soziale Isolation begeben zu wollen, denn morgen schon sucht er die 'Scene' wieder auf. Darin manifestiert sich im Übrigen ein Lebensmuster, das exakt die Logik kapitalistisch-marktökonomischer Flexibilität und Transformationsgeschwindigkeit beim Austausch von Gütern, Arbeitskräften und Kapital realisiert. Deshalb ist einsichtig, dass es dazu eines Gegengewichts bedarf. Und so bezieht sich dieses Verhaltensmuster des Flaneurs auf der Ebene des programmatischen Selbstentwurfs *genau nicht* auf die Gemeinschaft in Paarbeziehungen, für die im Mittelwerte-Vergleich vielmehr „Treue" den höchsten Rang einnimmt. Die Diagnose der 'Einbindungsflexibilität' gilt für institutionelle Gemeinschaften, die über ein durch Kultur bestimmtes gemeinsames Dach ermöglicht werden. Da zeigt sich dann, dass hier nur die Muslime prononciert Verbindlichkeit an den Tag legen – etwa bei den Erziehungswerten („eigene Kultur vermitteln") oder dadurch, dass sie häufiger das Gewissen auch „im Geschäftsleben" als wirksam sehen wollen. Und gar in Bezug auf die 'religiöse' Tradition als Gemeinschaftsgrundlage zeigen die Ergebnisse für die Mehrheitsgesellschaft eine noch mal reduzierte Zustimmungsquote an.

Sollte nun die Kirche – insbesondere unter dem Gesichtspunkt der programmatischen Forderung, eine 'unsichtbare Kirchen*gemeinschaft*' sein zu sollen und nicht (nur) eine dienstleistende Institution – allein über die eingebrachten materiellen und immateriellen Ressourcen die „religiöse Programmatik" lebendig halten wollen, dann muss allerdings der 'religiöse Flaneur' als der *'Größte Anzunehmende religiöse Unfall'* erscheinen und nicht der Atheist, denn bei dem steht seine 'religionsexterne' Positionierung ja bereits fest. Der Flaneur hingegen ist eben nicht einfach atheistisch, nicht einmal antikirchlich oder irreversibel desinteressiert, sondern lässt sich (nur) nicht auf verbindliche Dauer einbinden. Allein unter dem sozialen Bindungsgesichtspunkt also erscheint er als 'irreligiös', ohne feste 'religiöse Eigenschaften'. Die Verletzung der postulierten kirchengemeinschaftlich-sozialen Bindungspflicht (Stichwort „Die Kirchentreuen") kann dann leicht zur Signatur überhaupt von mangelnder Religiosität und Christlichkeit umgedeutet werden und ebenso schnell zur Evaluation ganzer Kollektive führen, wie dies im Bereich der demoskopischen Umfrageforschung geschieht. Allerdings besagt die Bindungsabstinenz eben noch nichts über die mögliche Bereitschaft religiöser Flaneure, sich auf Deutungsangebote *und* -semantiken einzulassen, die im weiten Spielraum „religiöser/ kultureller Programmatiken" generiert werden können. Die religiösen Flaneure erhöhen vielmehr den Druck, Deutungen auf der Basis religiöser Programmatiken zu generieren, die die konventionellen Interpretationen theologischer Topoi überschreiten und die sich auch auf den Zusammenhang von 'Glauben' und 'Sozialgestalt', mithin auf die Begriffe 'Gemeinschaft' und 'Gemeinde' beziehen müssen.

(3) Hinreichendes 'Heil' durch die 'richtigen' Spielregeln?

Besonders erhellend für die *immanent* religiösen Aufladungen bei den Items der Wertorientierungs-Topoi („Was soll gelten?") sind die Reaktionen auf den Gewissens- und indirekt auf den benachbarten Schuldbegriff. Die Daten machen ja an verschiedenen Stellen deutlich, dass es in dem von den Jugendlichen/Jungen Erwachsenen außerordentlich hoch geschätzten sozialen Nahbereich um Sinnressourcen geht, die durch klare Normen abgesichert werden. Es geht um Anerkennungsmomente, die man in den großen Systemen nicht haben kann. Deshalb ist z. B. „Gewissen" allererst eine Steuerungs- und Korrekturressource für das „Ich im *privaten* 'Wir'". Einerseits wird damit eine „bedingte Transzendenz" indiziert, die durch ihre Lebensalltagsimmanenz bestimmt und erlebbar wird. Andererseits wird nur minderheitlich „Gewissen" explizit mit der Kategorie „Gott" (als dem Ausdruck der „*un*bedingten Transzendenz") verknüpft. Damit ist die Einsichtsmöglichkeit in das religiöse Potential des Gewissensbegriffs freilich *nicht* verbaut und das religiöse Potential dürfte letztlich von nur wenigen Befragten bestritten werden: Was man nämlich im Blick auf die religiöse Dimension der Gewissens-Semantik an anschlussfähigen Selbsterfahrungen machen und kommunizieren kann, ist z. B. das, was der Apostel Paulus auf den Punkt bringt: „Das Gute, das ich will, das tue ich nicht, aber das Böse, was ich nicht will, das tue ich" (Röm. 7, 19). Auf *der* Ebene kann man Gewissenserfahrungen im Gespräch thematisch machen. Nur: Man darf das dann nicht vorschnell (religiös-)dogmatisch deuten wollen, sondern zunächst nur als Selbsterfahrungsmöglichkeit anbieten. Dadurch konfigurieren sich Gewissensphänomene neu. Die *Konstituierung* von Gewissen kann freilich durch seine Thematisierung nicht bewirkt werden – wie das ohnehin durch keine Katechetik erreichbar wäre.

Im Zusammenhang mit dem anthropozentrisch 'bedingt transzendent' geladenen Gewissensbegriff wird wichtig, dass die Befunde zeigen – indirekt, aber über die Reaktionen auf den Begriff „religiös" sehr plausibel erschließbar –, dass die benachbarte Kategorie der „Schuld" im Wahrnehmungsraum der hier Befragten weit überwiegend keine Kategorie einer herkömmlich als 'religiös' geltenden Semantik ist. Dies lässt folgende Deutung möglich erscheinen: Wenn die hier beobachtbare fehlende Zustimmung zur Kategorie der Schuld als ein Indikator für ihre Bedeutungslosigkeit in der subjektiven Theologie der Jugendlichen/Jungen Erwachsenen verstanden werden müsste, dann hätten zugleich auch Kategorien wie „Gnade", „Vergebung" und „Erlösung" ihre tragende Bedeutung verloren. Eine solche Bewusstseinsdistanz von „Schuld" zu „Vergebung" lässt sich bis hinein in unser alltägliches Sprachverhalten verfolgen: Auch nach schweren, schuldhaften Verletzungen wird (nicht selten mit sehr selbstbewusst-forderndem Unterton) die Formulierung benutzt: „Ich entschuldige mich (doch) dafür!", statt zur Formulierung zu greifen: „Ich *bitte* um *Verzeihung*". Der Begriff der Schuld wird allein auf der Ebene sozialer Beziehungen als ein Element gegenseitiger, vor allem: für regelbar, für justizierbar gehaltener Ansprüche angesehen bzw. bleibt auf diesen Aspekt beschränkt. Eine solche Einsicht hätte dann als höchst brisant zu gelten, weil sich darin eventuell dramatische Konsequenzen für die Tradierung der christlichen Religion andeuten könnten. Es könnte nämlich bedeuten, dass dieser zentrale christliche Topos in den *psychischen* Strukturen der Individuen keinen Resonanzraum mehr besitzt: 'Wegen meiner paar kleinen Sünden hätte der liebe Herr Jesus nicht sterben müssen'. Bei allem religiösen Potential des Begriffs des „Gewissens" als Steuerungsressource in der face-to-face-Beziehungsgestaltung: Mit der Verdrängung bzw. der Relevanzreduktion des „Schuld"-Phänomens im sozialen Feld wird der Status der christlichen Religion als Erlösungsreligion prekär, in der zwar 'Beziehung' und 'Anerkennung' relevant sind – aber nicht mehr mit den alten soteriologischen Auflagen. In diesem Zusammenhang ist dann interessant – und wird vielleicht eines Tages auch relevant –, dass der Islam keine Erlösungsreligion ist und die Schuldthematik weitgehend abblendet zugunsten einer Heilsverheißung, die auf einem System religiös begründeter Verhaltensregeln basiert. So könnte es sein, dass ein modernisierter europäischer oder deutscher Islam attraktiv wird in der Bedienung religiöser Orientierungen und Bedürfnisse, vor allem, wenn man an die Einfachheit seines monotheistischen Gottesbildes denkt. Die christliche Religion müsste sich dann wohl anstrengen und zwar weniger kognitiv in der epistemischen und intellektuellen Dimension als vielmehr in der Dimension der Erreichbarkeit *psychischer* Tiefenstrukturen. Die Ergebnisse der Studie zeigen uns ja (z. B. beim Themenfeld „Sünde"), dass in der Vorstellungswelt der Jugendlichen/Jungen Erwachsenen eine hinreichend heile Welt als erreichbar gilt, wenn die richtigen Spielregeln und Werte verfolgt werden. Hier hat der Islam durch seine Orientierung an der Orthopraxie eine größere strukturelle Ähnlichkeit mit der vorfindlichen psychischen Struktur der SchülerInnen. Im Unterricht lassen sich solche Veränderungen beobachten, wenn z. B. unter dem Thema „Konflikte" psychologisch begründete Verhaltensleitlinien in den Unterricht eingeführt und in ihrer Anwendung trainiert werden. Hier wird dann weniger auf „sündhafte Tiefenstrukturen" menschlicher Beziehungen fokussiert, sondern man kommt über die „richtigen" Regeln dem Wunsch nach Machbarkeit nach: Die Sinnbejahung auf der Basis eigener Gestaltungsleistungen scheint die Gangbarkeit eines solchen Weges bei der heutigen Generation der Jugendliche anzuzeigen.

(4) ZUR SCHÜLERORIENTIERTEN EVALUATION THEOLOGISCHER DEUTUNGSANGEBOTE AM BEISPIEL „SÜNDE"

Die deutlich gewordene Anthropozentrierung des Sündenbegriffs bedeutet keineswegs, dass ihm in der Lebenspraxis der Befragten die Transzendenzqualität entzogen und ihm nur eine schlichte Ordnungs- und Pönalisierungsfunktion zugewiesen wird. Das ist durchaus nicht der Fall: Das, was nicht verletzt werden darf, ist Vertrauen in eine Beziehungsstabilität, durch welche erst das eigene 'Ich' transzendierbar wird in ein 'Wir'. Insoweit ist der Sündenbegriff – wie schon beim „Gewissen" – eine Ausdrucksgestalt der Privatisierung des Heiligen Kosmos, der freilich im konkreten Fall beschädigt werden kann. Vergleicht man nun die Akzeptanz der Deutung von Vertrauensmissbrauch als „Sünde" mit den übrigen, explizit theologischen Deutungen im Fragebogen, dann zeigen sich unterschiedliche Zustimmungsgrade. Das bedeutet, dass die befragten BerufsschülerInnen sehr sensibel überprüfen, inwiefern die theologischen Kategorien ihre Erfahrungswirklichkeit tatsächlich zu erschließen vermögen.

Zudem zeigen aufweisbare Unterschiede, dass die Wertetypen-Clustergruppen nicht jeweils in gleichem Maße von dem von uns operationalisierten Sündenbegriff angesprochen werden. Die Analyse im Wertefeld zeigt nämlich, dass auf der linken Seite des Feldes praktisch keine der angebotenen Items lokalisiert sind. Es stellt sich damit die Frage, ob die „humanistisch" und „autonom" orientierten Jugendlichen tatsächlich weniger bereit sind, *überhaupt* den Sündenbegriff zu verwenden. Dies ist mit guten Gründen in Frage zu stellen, denn die Daten erweisen zugleich eine hohe Konsistenz der semantischen Verortungen der einzelnen Items: So werden „Lügen" mit einer *beziehungsorientierten* Werthaltung abgelehnt und mit derselben Haltung wird „Ehrlichkeit" gefordert, und zwar relativ unabhängig davon, ob diese Normen als „Beziehungswerte", als „Spielregeln" oder als „Sünden" erfasst werden. Ebenso platzieren sich die Normen bezüglich „fremdgehen", „was mitgehen lassen", „Gewalt anwenden" und „abtreiben" fast identisch – unabhängig davon, ob sie als „Spielregeln" oder „Sünden" abgefragt werden. Damit zeigt sich, dass auch die „autonomieorientierten" Jugendlichen offenbar den Sündenbegriff nicht als solchen ablehnen, sondern lediglich zu seiner hier im Item-Angebot semantisch eher konventionellen Inhaltsprofilierung auf Distanz gehen. Damit stellt sich die Aufgabe, die *Theologie* nach Sündenmodellen zu befragen, die besonders in der Sicht der beiden eher „autonomieorientierten" Cluster-Gruppen als wirklichkeitserschließende Erzähl- und Deutungsfiguren angesehen werden können. Entsprechende Überlegungen (etwa zum befreiungstheologisch, zum feministisch und zum moralisch-ethisch begründbaren Sündenbegriff) sind bereits in dieser Studie kurz angerissen und als vermutlich anschlussfähig für „Autonome" und „Humanisten" eingeschätzt worden.

Es ist nun wichtig zu sehen, dass eine tatbestandsmäßig-semantische Engführung des Sündenbegriffs Folgen im Blick auf angemessene, d. h. wirklich empirisch valide Feststellungen haben kann. So ist etwa die von Drechsel (2004) in die Diskussion gebrachte Intention, den Sündenbegriff für eine erweiterte Selbstwahrnehmung stark zu machen, interessanterweise *nicht* in der Perspektive des in dieser Studie aufweisbaren Sündenverständnisses der Jugendlichen selbst vorhanden: „Gewalt", „Lust auf Rache" und „Egoismus" wird nämlich primär von denjenigen als Sünde gesehen, die ohnehin besonders wenig zu einem solchen Verhalten neigen. Damit wird Sünde zumindest tendenziell eher zu einem Begriff, der das (verurteilte) Verhalten *des/der Anderen* kennzeichnet; der das Böse in der Welt beschreibt; oder aber es wird im ethischen Sinne verwendet. Letzteres heißt, dass der Sündenbegriff eher mit der Intention genutzt wird, eine Verfehlung persönlicher Standards zu vermeiden. Sicherlich: Die Verfehlung ist dann nicht mehr „fundamental" gedacht (Pannenberg 1977), d. h. die Standards sind „*nicht* von Gott her" definiert: *Sünde* in der den Jugendlichen von diesem Fragebogen semantisch verengt angebotenen, eher konservativen Gestalt erscheint für sie ja als ein Begriff, der offenkundig nur dazu dient, Abweichungen von persönlich wichtigen Normen zu kennzeichnen. Das aber bedeutet, dass ein eher konservativ-kirchlich *verengter* Begriff für große Teile der Jugendlichen/Jungen Erwachsenen nicht hinreichend genug wirklichkeitserschließend ist. Und deswegen würde ein durchgehaltener Geltungsanspruch dieses verengten Begriffs de facto auch bedeuten, dass er – allerdings gegen seine Intention – in genau dieser Verengung selber ein „von Gott her" und deshalb „fundamental" definiertes Verständnis sogar *verhindert* – eben weil seine Wirklichkeitserschließung insuffizient ist. Denn der Sache nach zeigen die Jugendlichen/Jungen Erwachsenen mit ihrem 'nur' anthropozentrischen Sündenverständnis eine tiefe Ernsthaftigkeit, die weit entfernt ist von jener Plattheit, in der das Wort und sein „Inhalt" etwa in der Werbung, nicht selten aber auch im theologisch-kirchlichen Raum verwendet wird. Es ist also eine Frage an die *Theologie*, wie sie die Vorstellung von der „*un*bedingten Transzendenz Gottes" mit hinreichend wirklichkeitsaufschließenden statt nur dogmatisch fixierten Semantiken so zu kommunizieren, d. h. verstehbar *und* artikulierbar zu machen versteht, dass der in dieser Studie freigelegte Sündenbegriff nicht nur nicht zum *status minor* herabgestuft wird, sondern auch und vielmehr sprachlich um wichtige und tatsächlich existierende Lebens- bzw. Gefühlsdimensionen der Befragten *erweitert* wird. Theoretisch-theologisch ist das möglich – ob es praktisch-theologisch in der Vergangenheit und wohl überwiegend auch noch derzeit von den dazu Berufenen kompetent umgesetzt wird, ist eine andere Frage.

(5) ZUM KERNPUNKT DER STUDIE: DIE SEMANTIK VON RELIGION UND RELIGIOSITÄT

Die Studie belegt, dass *Gefühls*konnotationen im Blick auf Wertorientierungen und Weltwahrnehmungen sich sehr wohl als Elemente einer religiösen Dimension lesen lassen, und zwar *ohne* dass ein Rekurs auf eine herkömmlich als 'religiös' *geltende* Semantik zwingend erscheint. Für unseren methodisch-instrumentellen und religionstheoretischen Zugang zur Empirie legt sich daher Schleiermachers Religionsbegriff nahe. Durch den wird Religion weder allein der Kognition noch vorrangig dem moralischen Urteil zugeschrieben. Sondern Religion ist im und als Gefühl konstituiert, aber als Singular und nicht in den Konkretionen des Erlebens, die sich emotional ausdifferenzieren und die in der Tatsache wurzeln, dass unsere Leiblichkeit Gefühle induziert. Das Bedürfnis und die Fähigkeit, sich als endliches Wesen in Relation zum Unendlichen setzen zu können, passiert freilich am Orte des Leibes. Anders formuliert: Sich als endliches Wesen zum unendlichen Gegenüber zu verhalten oder im unendlichen Gegenüber seine Endlichkeit zu entdecken – das geschieht auf der Wahrnehmungsebene des Gefühls, dort, wo man sich als leibseelische Einheit fühlt. Die aus der „religiösen/kulturellen Programmatik" abgeleiteten Begriffe und Symbole erlauben, das religiöse Gefühl in *Sprache* festzuhalten, sodass es sich weniger leicht verliert.

Diese religionstheoretische Einsicht verdeutlicht das religiositätspraktische Problem: Alles, was *sekundär* an *Versprachlichungen*, gar an *dogmatisierten* Erzählfiguren in eine Kommunikation eingebracht wird, ist nur für diejenigen nicht missverständlich, die das rückbinden können an diese Gefühlserfahrung. Alle anderen aber, denen – durch was für Umstände auch immer bewirkt – die Chance genommen ist, solche Anschlüsse herzustellen, werden diese 'sekundären' Versprachlichungen und Begrifflichkeiten als *'Richtigkeitszumutungen'* wahrnehmen müssen und zwar auf der Ebene von *scheinbar* objektivem Sachverhaltstatus – und deshalb können sie gar nicht anders, als sie als inakzeptable Zumutungen zurückzuweisen.

All' das lässt sich an den Ergebnisse der Wertefeld-Analysen in Verbindung mit den sich herausschälenden Cluster sehr anschaulich machen, denn das Wertefeld vermag Gefühlshaltungen zu 'orten'.

So erfahren – das zeigen ihre verschiedenen Reaktionsprofile – die „Integrierten" Zuwendung und sie haben eine gewisse innere Ausgeglichenheit. Zugleich bekommen sie im sozialen Nahraum über den praktizierten Zusammenhalt das Prinzip der Normativität bzw. Normen vermittelt, denen gegenüber sie zwar vielleicht nicht unbedingt voll und von vornherein fraglos aufgeschlossen, aber aufgrund ihrer positiv erlebten Zuwendungserfahrungen zumindest öffnungsbereit sind.

Die „Humanisten" nehmen sehr gut Gefühle bei sich selber und bei anderen wahr. Sie haben durchaus ein Gespür für das 'Unendliche', haben weniger Angst und müssen deswegen nicht Grenzen ziehen. Weil sie auf Gefühle achten, besitzen sie Beziehungskompetenz und entsprechend erfahren sie Beziehungen als belohnend, wodurch Gefühle wie Freude und Aktivität stärker präsent sind.

Demgegenüber reagieren die Befragten im unteren Feldbereich 'beziehungsdistant'. Sie sind eher geprägt von Belastungserfahrungen, in denen sie etwa mit der Frage konfrontiert werden: „Kann ich mich durchsetzen oder kann ich mich nicht durchsetzen?"; und sie *schätzen* das Gefühl, einen Triumph zu erleben, weil man jetzt (endlich) einmal stärker war als andere. Es zeigt sich dann, dass die Leute, die eher weniger Zuwendungen in der Familie erfahren haben, auch weniger Empathie aufweisen und eher depressiv („Sinn gibt's nicht") sind. Bei der zusätzlichen Differenzierung des unteren Pols nach „links/rechts" erweist sich, dass diejenigen Jugendlichen/Jungen Erwachsenen „unten/rechts" ihr Gefühl, entfremdet zu sein, mit der Entwicklung nicht mitkommen zu können und Status zu verlieren, eher kompensieren durch die Frage und Strebung: „Wie kann ich Status bekommen?" Das lässt dann leichter etwa auch politisch rechts angesiedelte Attitüden an den Tag legen, wodurch man andere verurteilen und so vermeintlich einen Statusgewinn erzielen kann (z. B. über die Distinktionen „Deutscher/Ausländer", „schwul/hetero").

Der Cluster „unten/links" ist demgegenüber eher relativistisch orientiert, verbunden mit einem gewissen 'Leistungsdruck' in der Dimension des psychischen und körperlich-sensorischen Erlebens: Wenn man nicht neue Anregungen hat, dann stimmt irgendetwas nicht, dann kommt Langeweile auf und die mit „Harmonie" und „Entspannung" assoziierte Religion erscheint als „altmodisch" und „verklemmt".

All das sind Gefühlshaltungen, auf die auch ihre von ihnen jeweils akzeptierte, religiös zu nennende Semantik anspielt: So passt die konservative, herkömmlich explizit als religiös geltende Semantik zur Gefühlswelt der „Integrierten" mit ihrer Familienorientierung, weil sie sowohl strenge Normativität bietet als auch zugleich eine heile/heilende Gefühlswelt bereitstellt, mithin: existentiell-elementaren Trost spendet. Mit ihrem Verständnis von 'Religion' ist Vertrauen, Sicherung und Trost konnotiert, insofern sie genau dies auch zu Hause erleben: Zuverlässigkeit und Verbindlichkeit. Man kann es auch umgekehrt formulieren: Vertrauen, Sicherung und Trost impliziert 'Religion' – als „kulturelles Konzept".

Die „Humanisten" zeigen nun im Vergleich zu den „Integrierten" ähnlich beziehungsförderliche Erfahrungen, sie stellen diese jedoch weit weniger häufig in den Rahmen einer konventionellen religiösen Semantik. Sie können mit dem Gottesbegriff nichts anfangen, weil er für sie zu konservativ anmutet. Sie sehen zunächst im Wort „Gott" nur einen begrenzten Begriff, der über Konventionen ein relativ festgelegtes Images hat. Ließe man aber bei theologischen Deutungssätzen mit Anspruch auf eine überzeugende Wirklichkeitserschließung des Alltages das *Wort* „Gott" weg, dann würden die Befragten dieses Feld-Quadranten wahrscheinlich den (bes. bei erfahrungsoffeneren) Items der Sache nach genau so emphatisch zustimmen.

Diejenigen, die frustriert sind und Konflikte in Familien erleben, die in Opposition zur Erwachsenenwelt stehen oder weniger Zuwendung erfahren haben, symbolisieren dagegen ihr Erleben eher mit der semantischen Reaktion: „So etwas wie 'Gott' gibt es nicht", oder „Gott hat die Welt nicht erschaffen", oder „Was von der Schöpfungsgeschichte ausgedrückt werden soll, also dass da letztlich die 'gute Ordnung' die Oberhand hat – das passt für mich nicht, weil ich es anders erlebe". Das bedeutet: Die Sentenz „Gott gibt es nicht" – *das* ist *ihre* Transzendenz- bzw. 'Gotteserfahrung'. Damit ist sie eine *Erfahrung* ebenso wie eine *Semantik* der religiösen Dimension. Und das heißt: Sie ist die Versprachlichung eines elementaren Gefühls, das – im Negativen – die eigene Existenz auf der Ebene eines 'letzten Horizonts' deutet, wie das gleichermaßen geschieht beim Sprechen bzw. bei der Zustimmung zum Satz „Gott gibt es". Eine (Säkularisierungs-)'Theorie' bzw. eine empirische Operationalisierung, die allein darauf abhebt, ob bestimmte, dogmatisch formatierte Formulierungen 'gehorsam' bestätigt werden, ist für diesen unzweifelhaft theologischen Sachverhalt gleichsam 'blind'.

Fazit: Die Positionierungen im Wertefeld zeigen in aller Deutlichkeit und Dringlichkeit, *dass* und *welcher* Bedarf an religiöser Semantik zur Beschreibung der eigenen Befindlichkeit in der Welt und für die – oft mehr gefühlten als kognitiv gewussten – Weltdeutungskategorien existiert. Und so müssten die ReligionslehrerInnen ebenso wie die PfarrerInnen/KatechetInnen befähigt werden, die Sprachkompetenz ihrer SchülerInnen entsprechend zu erweitern. Die Betrachtung der sozialen Wertefelder macht anschaulich, welche Sprache und Semantik man wohl einsetzen muss, um auch die SchülerInnen der unteren Hälfte des Feldes erreichen zu können. Demgegenüber deckt das, was an Unterrichtsmaterial oder in der üblichen Demoskopie angeboten wird, meist nur den SchülerInnen-Bereich im Feld rechts/oben ab. Ein Problem, das sich in der empirischen Analyse bei Gennerich et al. (im Druck) darin zeigt, dass lediglich SchülerInnen im Bereich oben/rechts die gängigen Varianten des Religionsunterrichts deutlich bejahen können.

Es muss also – so die Konsequenz aus den Analyseergebnissen – darum gehen, Gefühlserfahrungen nicht bloß als Illustrationen für kognitive Sachverhalte zu nehmen. Vielmehr muss umgekehrt vorgegangen werden: Gefühlserfahrungen müssen anschlussfähig gemacht werden an Sprachmuster, die nun auch von Jugendlichen/Jungen Erwachsenen explizit als 'religiöse' akzeptiert werden, *weil* sie etwas thematisierbar, aussprechfähig machen können, was – und zwar je individuell oder überindividuell – offenkundig anders eben *nicht* artikuliert werden kann, *obwohl* man es doch '*fühlt*': Was sonst bliebe denn, wenn es auf der Gefühlsebene schlichtweg nicht artikulationsfähig ist und dort verbleibt? Es muss also 'Sprache' angeboten werden; Begriffe, die zu dem konnotieren, was ihre Gefühlserfahrungen ausmacht. Aus genau diesem Grunde ist es fatal – weil nicht nur erfolglos, sondern vielmehr destruierend –, wollte man versuchen, den Gottesbegriff zu einem zentralen *pädagogischen* Begriff zu machen. Denn dann käme es sofort zur substantiierend-materialisierenden Frage: „*Existiert* Gott oder existiert er nicht?", statt ihn allererst als Symbolisierung des religiösen *Gefühls*, als eine Beziehungskategorie zu verstehen. Und ebenso unsinnig wäre es, 'Religion' über die Schöpfungsthematik im Sinne einer kosmologischen Thematik erschließen zu wollen: Man muss das vielmehr über religiöse Phänomenologien machen und nicht über die Frage der 'Existenz' Gottes. Dann kann gelingen, was am Schluss der Einleitung zu dieser Studie formuliert worden ist:

Es „werden Anschlussstellen für Kommunikationen mit den Jugendlichen/Jungen Erwachsenen identifiziert werden können, wo sie konkret formulierbare bzw. von ihnen tatsächlich formulierte 'Lebensperspektiven' (Zilleßen) auch als religiöse ebenso wie als spezifisch *'christliche'* zu begreifen *lernen* können. Dieser Blick auf die Möglichkeiten neuen Selbstverstehens überwindet die Zumutung, sich permanent im Defizit gegenüber einer 'fundamentalistischen Vergegenständlichung (angeblich) feststehender Glaubensinhalte' (ebd.) sehen zu müssen. Damit kommt man dann dem auf die Spur, was den Jugendlichen/Jungen Erwachsenen 'wichtig ist in ihrem Leben' und wodurch man dann – im unterrichtlichen Diskurs und reflexiv – die religiöse Dimension ansprechen kann, die diesem 'Wichtigen im Leben' immer schon inhärent ist.

Und genau darin könnte sich dann *auch im Religionsunterricht* 'gelebte Religion' realisieren.

Literatur

Adam, G. (2001). Gespräche gegen die Angst – Erziehung zur Hoffnung: Umgang mit Angst aus religionspädagogischer Sicht. In U. Körtner (Hrsg.), *Angst: Theologischer Zugänge zu einem ambivalenten Thema* (S. 33–52). Neukirchen: Neukirchner.

Allen, J. P., Weissberg, R. P. & Hawkins, J. A. (1989). The relation between values and social competence in early adolescence. *Developmental Psychology, 25* (3), 458–464.

Anthis, K. S., Dunkel, C. S. & Anderson, B. (2004). Gender and identity status differences in late adolescents' possible selves. *Journal of Adolescence, 27,* 147–152.

Arnett, J. J. (1996a). *Metal heads: Heavy metal music and adolescent alienation.* Boulder: Westview Press.

Arnett, J. J. (1996b). Sensation seeking, aggressiveness, and adolescent reckless behavior. *Personality and Individual Differences, 20* (6), 693–702.

Autschbach, M. & Horstmann, D. (1997). Die Zehn Gebote im Unterricht. *BRU, o. Jg.* (27), 18–40.

Backhaus, K, Erichson, B., Plinke, W. & Weiber, R. (2006). *Multivariate Analysemethoden: Eine anwendungsorientierte Einführung.* Berlin: Springer.

Badger, K., Craft, R. S. & Jensen, L. (1998). Age and gender differences in value orientation among American adolescents. *Adolescence, 33* (131), 591–596.

Bauman, Z. (2001). *Community: Seeking safety in an insecure world.* Cambridge: Polity Press.

Baumeister, R. F. (1989). The problem of life's meaning. In D. M. Busse & N. Cantor (Eds.), *Personality Psychology: Recent trends and emerging directions* (pp. 138–148). New York: Springer.

Beutel, A. M. & Johnson, M. K. (2004). Gender and prosocial values during adolescence. *The Sociological Quarterly, 45* (2), 379–393.

Beutel, A. M. & Marini, M. M. (1995). Gender and values. *American Sociological Review, 60,* 436–448.

Biehl, P. (1992a). *Symbole geben zu lernen II. Zum Beispiel: Brot, Wasser und Kreuz. Beiträge zur Symbol- und Sakramentendidaktik.* Neukirchen: Neukirchner Verlag.

Biehl, P. (1992b). Symbole – ihre Bedeutung für die menschliche Bildung. *Zeitschrift für Pädagogik, 38,* 193–213.

Biehl, P. (2000). An Schlüsselerfahrungen lernen: Schlüsselerfahrungen in hermeneutischer, theologischer und religionspädagogischer Perspektive. *Jahrbuch für Religionspädagogik, 16*, 3–49.

Biehl, P. (2001). Gott oder Geld: Eine theologische Skizze in praktischer Absicht. *Jahrbuch der Religionspädagogik, 17*, 145–174.

Biser, E. (1986). Abhängigkeit und Kontingenzbewältigung: Zur Aktualität Friedrich Schleiermachers. *Forum Katholische Theologie, 2*, 268–280.

Bitter, G. (2002). Glück – Sinn – Heil. In G. Bitter, R. Englert, G. Miller & K. E. Nipkow (Hrsg.), *Neues Handbuch religionspädagogischer Grundbegriffe* (S. 102–106). München: Kösel.

Boehnke, K., Stromberg, C., Regmi, M. P., Richmond, B. O. & Chandra, S. (1998). Reflecting the world 'out there': A cross-cultural perspective on worries, values and well-being. *Journal of Social and Clinical Psychology, 17* (2), 227–247.

Boff, L. & Boff, C. (1986). *Wie treibt man Theologie der Befreiung?* Düsseldorf: Patmos.

Boge, D. (2005). Wertevermittlung in der berufsbildenden Schule. In Gesellschaft für Religionspädagogik & Deutscher Katechetenverein (Hrsg.), *Neues Handbuch Religionsunterricht an berufsbildenden Schulen (BRU-Handbuch)* (S. 461–465). Neukirchen: Neukirchener Verlag.

Bohn, L. (1974). Ängste von Berufsschülern. *Entwurf, o. Jg.* (1), 9–15.

Boyd, J. N. & Zimbardo, P. G. (1996). Constructing time after death: The transcendental-future time perspective. *Time and Society, 6*, 35–54.

Breidenstein, G. (2004). Peer-Interaktion und Peer-Kultur. In W. Helsper & J. Böhne (Hrsg.), *Handbuch der Schulbuchforschung* (S. 921–940). Wiesbaden: VS Verlag für Sozialwissenschaften.

Bucher, A. A. (1996). Bedingt kirchlich – massiv sinkend: Alterstrend in der Einstellung zu Kirche und Christentum bei 2700 österreichischen Schülerinnen und Schülern. In F. Oser & K. H. Reich (Hrsg.), *Eingebettet ins Menschsein: Beispiel Religion* (S. 147–172). Lengerich: Pabst.

Coetzee, J. C. (1937). Die voorstellinge van n groep skoolkinders oor die verhouding van God tot die mens. *Nederlandsch Tijdschrift voor Psychologie, 5*, 278–291.

Cohrs, J. C., Moschner, B., Maes, J. & Kielmann, S. (2005). The motivational bases of right-wing authoritarianism and social dominance orientation: Relations to values and attitudes in the aftermath of September 11, 2001. *Personality and Social Psychology Bulletin, 31* (10), 1425–1434.

Donovan, J. E., Jessor, R. & F. M. Costa (1991). Adolescent health behavior and conventionality-unconventionality: An extension of problem-behavior theory. *Health Psychology, 10*, 52–61.

Döring, H. (1990). Aspekte des Vertrauens in Institutionen: Westeuropa im Querschnitt der Internationalen Wertestudie 1981. *Zeitschrift für Soziologie, 19* (2), 73–89.

Dorman, J. P., McRobbie, C. J. & Foster, W. J. (2002). Association between psychological environments in religious education classes and students' attitude toward Christianity. *Religious Education, 97*, 23–43.

Drechsel, W. (2004). Sünde – anachronistisches Design weltfremden Christentums in der Moderne oder gegenwartsbezogene Lebensdeutung. *Pastoraltheologie, 93*, 17–32.

Dressler, B. (2002) Religionsunterricht als Werteerziehung? – Eine Problemanzeige. *Zeitschrift für Evangelische Ethik, 4*, 256–269.

Ellerbrock, J. (1979). Sich selbst im Wege: Eine U-Einheit über den Sündenfall individualpsychologisch gedeutet – Sekundarstufe I. *ZRP – Zeitschrift für Religionspädagogik, 34*, 22–25.

Enzmann, D., Brettfeld, K. & Wetzels, P. (2004). Männlichkeitsnormen und die Kultur der Ehre: Empirische Prüfung eines theoretischen Modells zur Erklärung erhöhter Delinquenzraten jugendlicher Migranten. In D. Oberwittler & S. Karstedt (Hrsg.), *Soziologie der Kriminalität* (S. 264–287). Wiesbaden: VS Verlag für Sozialwissenschaften.

Feige, A. (1982). *Erfahrungen mit Kirche. Daten und Analysen einer empirischen Untersuchung über Beziehungen und Einstellungen Junger Erwachsener zur Kirche.* Hannover: Lutherisches Verlagshaus.

Feige, A. (2006). Kirche und Religion. In B. Weyel & W. Gräb, *Religion in der modernen Lebenswelt* (S. 40–60). Göttingen: Vandenhoeck & Ruprecht.

Feige, A., Lukatis, I., Lukatis, W. (1987). *Kirchentag zwischen Kirche und Welt: Auf der Suche nach Antworten.* Berlin: Wichern.

Fend, H. (2005). Rauchen als Risiko-Indikator für jugendliche Lebensstile und für soziale Übergänge im Erwachsenenalter. *Zeitschrift für Sozialisationsforschung und Erziehungssoziologie, 25*, 82–94.

Florian, V. & Har-Even, D. (1983). Fear of personal death: The effects of sex and religious belief. *Omega, 14* (1), 83–91.

Flynn, C. P. & Kunkel, S. P. (1987). Deprivation, compensation, and conceptions of an afterlife. *Sociological Analysis, 48*, 58–72.

Francis, L. J. (2005). God images and self-esteem: A study among 11–18 year-olds. *Research in the Social Scientific Study of Religion, 16*, 105–121.

Francis, L. J., Gibson, H. M. & Fulljames, P. (1990). Attitude towards Christianity, creationism, scientism and interest in science among 11–15 year olds. *British Journal of Religious Education, 13*, 4–17.

Francis, L. J., Gibson, H. M. & Robbins, M. (2001). God images and self-worth among adolescents in Scotland. *Mental Health, Religion and Culture, 4* (2), 103–108.

Francis, L. J. & Greer, J. E. (1999). Attitudes towards creationism and evolutionary theory: The debate among secondary pupils attending Catholic and Protestant schools in Northern Ireland. *Public Understanding of Science, 8*, 93–103.

Francis, L. J. & Kwiran, M. (1999). Werthaltungen (Einstellungen) gegenüber dem Christentum bei deutschen Heranwachsenden: die Francis-Skala. *Braunschweiger Beiträge, 89*, 50–54.

Franz, G. & Herbert, W. (1984). Lebenszyklus, Entwicklung von Wertstrukturen und Einstellungsrepertoires. In A. Stiksrud (Hrsg.), *Jugend und Werte: Aspekte einer politischen Psychologie des Jugendalters* (73–88). Weinheim: Beltz.

Fulljames, P. & Francis, L. J. (1988). The influence of creationism and scientism on attitudes towards Christianity among Kenyan secondary school students. *Educational Studies, 14* (1), 77–96.

Gaedt, R. (1995). *Freundschaft, Liebe, Sexualität: Arbeitshilfen für den Religions- und Ethikunterricht in der Sekundarstufe I*. Göttingen: Vandenhoeck & Ruprecht.

Gennerich, C. (2001). Die Kirchenmitglieder im Werteraum: Ein integratives Modell zur Reflexion von Gemeindearbeit. *Pastoraltheologie, 90* (4), 168–185.

Gennerich, C. (2003a). Beratung einer Kirchengemeinde mit dem Werteraum. In N. Ammermann & C. Gennerich (Hrsg.), *Ethikberatung konkret: Anwendungen in Diakonie, Gemeinde und Bildungsarbeit* (S. 59–71). Münster: Lit.

Gennerich, C. (2003b). Teamentwicklung mit dem Werteraum. In N. Ammermann & C. Gennerich (Hrsg.), *Ethikberatung konkret: Anwendungen in Diakonie, Gemeinde und Bildungsarbeit* (S. 77–81). Münster: Lit.

Gennerich, C. (2007a). Empirie und Ästhetik: Empirische Zugänge zum religionspädagogischen Ansatz Dietrich Zilleßens. *Magazin für Theologie und Ästhetik, 45,* www.theomag.de.

Gennerich, C. (2007b). Religiöser Trost in der Seelsorge an Senioren und Seniorinnen: Modellentwicklung und empirische Analysen zum Motiv der Vorsehung. In R. Kunz (Hrsg.), *Religiöse Begleitung im Alter: Religion als Thema der Gerontologie* (S. 217–250). Zürich: Theologischer Verlag Zürich.

Gennerich, C. & Huber, S. (2006). Value Priorities and Content of Religiosity – New Research Perspectives. *Archiv für Religionspsychologie, 28*, 253–267.

Gennerich, C., Riegel, U. & Ziebertz, H.-G. (im Druck). Formen des Religionsunterrichts aus Schülersicht differentiell betrachtet: Eine Analyse im Wertekreis. *Münchner theologische Zeitschrift, 59.*

Gensicke, T. (2002). Individualität und Sicherheit in neuer Synthese? Wertorientierungen und gesellschaftliche Aktivität. In Deutsche Shell (Hrsg.), *Jugend 2002: 14. Shell Jugendstudie* (S. 139–212). Frankfurt: Fischer.

Gensicke, T. (2006a). Zeitgeist und Wertorientierungen. In Deutsche Shell (Hrsg.), *Jugend 2006: 15. Shell Jugendstudie* (S. 169–202). Franfurt: Fischer.

Gensicke, T. (2006b). Jugend und Religiosität. In Deutsche Shell (Hrsg.), *Jugend 2006: 15. Shell Jugendstudie* (S. 203–240). Frankfurt: Fischer.

Gibson, H. M. (1989). Attitudes to religion and science among schoolchildren aged 11 to 16 years in a Scottish city. *Journal of Empirical Theology, 2* (1), 5–26.

Gooren, H. (2002). Catholic and Non-Catholic theologies of liberation: Poverty, Self-improvement, and ethics among small-scale entrepreneurs in Guatemala City. *Journal for the Scientific Study of Religion, 41* (1), 29-45.

Greenway, A. P., Milne, L & Clarke, V. (2003). Personality variables, self-esteem and depression and individual's perception of God. *Mental Health, Religion and Culture, 6* (1), 45–58.

Harré, N., Brandt, T. Dawe, M. (2000). The development of risky driving in adolescence. *Journal of Safety Research, 31* (4), 185–194.

Hauser, L. & Kropp, M. (1981). Leben in der Spannung von materialistischer Konsumwelt und eschatologischer Hoffnung. *Religionsunterricht an höheren Schulen, 24*, 111–117.

Heiliger, A. (2001). „Männlichkeitsbilder verändern" – Prävention vor Gewalt gegen Frauen. *Deutsche Jugend, 49* (12), 531–537.

Heimbrock-Stratmann, H. (1993). Wahrheit und Lüge: Unterrichtsstunde für eine Unterstufenklasse der Berufsfachschule (17–19 Jahre). *Evangelische Erzieher, 45*, 601–608.

Hellevik, O. (2002). Age differences in value orientation: life cycle or cohort effects? *International Journal of Public Opinion Research, 14* (3), 286–302.

Hertel, B. R. & Donahue, M. J. (1995). Parental influences on God images among children: Testing Durkheim's metaphoric parallelism. *Journal for the Scientific Study of Religion, 34* (2), 186–199.

Herzberg, P. Y. & Schlag, B. (2003). Sensation Seeking und Verhalten im Straßenverkehr. In M. Roth & P. Hammelstein (Hrsg.), *Sensation Seeking – Konzeption, Diagnostik und Anwendung* (S. 162–182). Göttingen: Hogrefe.

Hiltin, S. & Piliavin, J. A. (2004). Values: Reviving a dormant concept. *Annual Review of Sociology, 30*, 359–393.

Hood, R. W. & Morris, R. J. (1983). Toward a theory of death transcendence. *Journal for the Scientific Study of Religion, 22*, 353–365.

Hopf, C. (2000). Familie und Autoritarismus – zur politischen Bedeutung sozialer Erfahrungen in der Familie. In S. Rippl, C. Seipel & A. Kindervater (Hrsg.), *Autoritarismus: Kontroversen und Ansätze der aktuellen Autoritarismusforschung* (S. 33–52). Opladen: Leske & Burich.

Hüttenhoff, M. (2000). Ewiges Leben: Dogmatische Überlegungen zu einem Zentralbegriff der Eschatologie. *Theologische Literaturzeitung, 125*, 863–880.

Jost, T. J., Glaser, J., Kruglanski, A. W. & Sulloway, F. J. (2003). Political conservatism as motivated cognition. *Psychological Bulletin, 129*, 339-375.

Jung, M. (1999). *Erfahrung und Religion: Grundzüge einer hermeneutisch-pragmatischen Religionsphilosophie*. München: Alber.

Junge, J. (2003). 'Der Herr segne und behüte dich': Eine Unterrichtseinheit für die Sek. II. *Loccumer Pelikan, o. Jg.* (3), 125–133.

Jüngel, E. (1979/2003). Wertlose Wahrheit: Christliche Wahrheitserfahrung im Streit gegen die 'Tyrannei der Werte'. In ders., *Wertlose Wahrheit* (S. 90–109). Tübingen: Mohr.

Kasser, T. (2002). Sketsches for as self-determination theory of values. In E. L. Deci & R. M. Ryan (Eds.), *Handbook of self-determination research* (pp. 123–140). Rochester, NY: University of Rochester Press.

Kasser, T. & Ryan, R. M. (1993). A dark side of the American dream: Correlates of financial success as a central life aspiration. *Journal of Personality and Social Psychology, 65*, 410–422.

Kasser, T. & Ryan, R. M. (2001). Be careful what you wish for: Optimal functioning and the relative attainment of instrinsic and extrinsic goals: Towards a positive psychology of human striving. In P. Schmuck & K. Sheldon (Eds.), *Life goals and well-being* (pp. 116–131). Seattle: Hogrefe & Huber.

Kasser, T., Ryan, R. M., Zax, M. & Sameroff, A. J. (1995). The relation of maternal and social environment to late adolescents' materialistic and prosocial values. *Developmental Psychology, 31* (6), 907–914.

Kaufman, G. (1993). *In the face of mystery: A Constructive Theology*. Cambridge: Havard University Press.

Kay, W. K., Francis, L. J. & H. M. Gibson (1996). Attitude toward Christianity and the transition to formal operational thinking. *British Journal of Religious Education, 19*, 45–55.

Klages, H. (1988). *Wertedynamik: Über die Wandelbarkeit des Selbstverständlichen*. Zürich: Ed. Interform.

Klages, H. & Gensicke, T. (2006). Wertesynthese: Funktional oder dysfunktional? *Kölner Zeitschrift für Soziologie und Sozialpsychologie, 58* (2), 332–351.

Klessmann, M. (1986). Aggression in der Seelsorge. *Wege zum Menschen, 38* (7), 410–421.

Knox, M., Funk, J. Elliott, R. & Bush, E. G. (2000). Gender differences in adolescents' possible selfes. *Youth & Society, 31* (3), 287–309.

Kolb, G., Mayer, E., Schiegg, W., Schwarzmann, M. & Stäbler, W. (1994). Nachgeben – sich durchsetzen? *Entwurf, o. Jg.* (1), 56–63.

Könemann, J. (2002). *"Ich wünschte, ich wäre gläubig, glaub' ich": Zugänge zu Religion und Religiosität in der Lebensführung der späten Moderne.* Opladen: Leske & Budrich.

Kruse, A. & Schmitt, E. (1999). Konfliktsituationen in Alten- und Pflegeheimen. In A. Zimber & S. Weyerer (Hrsg.), *Arbeitsbelastungen in der Altenpflege* (S. 155–169). Göttingen: Verlag für Angewandte Psychologie.

Künneth, W. (1927). *Die Lehre von der Sünde.* Gütersloh: Bertelsmann.

Lang, B. (1993). Himmel und Hölle. *rhs – Religionsunterricht an höheren Schulen, 36,* 343–353.

Laursen, B., Finkelstein, B. D. & Betts, N. T. (2001). A developmental meta-analysis of peer conflict resolution. *Developmental Review, 21,* 423–449.

Lester, D., Aldridge, M., Aspenberg, C., Boyle, K., Radsniak, P. & Waldron, C. (2002). What is the afterlife like? Undergraduate beliefs about the afterlife. *Omega, 44,* 113–126.

Liegener, H.-G. (1984). Jugend ohne Normen? *Diakonia, 15,* 259–261.

Lippa, R. & Arad, S. (1999). Gender, personality, and prejudice: The display of authoritarianism and social dominance in interviews with college men and women. *Journal of Research in Personality, 33,* 463–493.

Lupfer, M. B., Tolliver, D. & Jackson, M. (1996). Explaining life-altering occurrences: A test of the 'God-of-the-gapshypothesis'. *Journal for the Scientific Study of Religion, 35,* 379–391.

McCann, S. J. H. (1999). Threating times and fluctuations in American church membership. *Personality and Social Psychology Bulletin, 25* (3), 325-336.

Matthes, J. (1992). Auf der Suche nach dem 'Religiösen': Reflexionen zu Theorie und Empirie religionssoziologischer Forschung. *Sociologia Internationalis, 30* (2), 129–142.

Mohamed, I. (2000). Concept of predestination in Islam and Christianity: Special reference to Averroes and Aquinas. *The Islamic Quarterly, 44,* 393-413.

Mokrosch, R. (2001). Sinn, Sinnfindung. In N. Mette & F. Rickers (Hrsg.), *Lexikon der Religionspädagogik, Bd. 2* (Sp. 1982–1986). Neukirchen: Neukirchner.

Neff, K. D. & Terry-Schmitt, L. N. (2002). Youth' attributions for power-related gender differences: nature, nurture, or God? *Cognitive Development, 17*, 1185–1202.

Nipkow, K. E. (1987). Die Gottesfrage bei Jugendlichen – Auswertung einer empirischen Umfrage. In U. Nembach (Hrsg.), *Jugend und Religion in Europa* (S. 233–259). Frankfurt: Peter Lang.

Nurmi, J.-E. (1991). How do adolescents see their future? A review of the development of future orientation and planning. *Developmental Review, 11*, 1–59.

Oyserman, D. & Markus, H. R. (1990). Possible selves and delinquency. *Journal of Personality and Social Psychology, 39* (1), 112–125.

Pannenberg, W. (1962). *Was ist der Mensch? Die Anthropologie der Gegenwart im Lichte der Theologie.* Göttingen: Vandenhoeck & Ruprecht.

Pannenberg, W. (1977). Aggression und die theologische Lehre von der Sünde. *Zeitschrift für evangelische Ethik, 21*, 161–173.

Pearson, K. L. & Love, A. W. (1999). Adolescents' value systems, preferred resolution strategies, and conflict with parents. *Australien Journal of Psychology, 51* (2), 63–70.

Pfannkuch, J. (o. J./noch laufend). *Religiöses Lernen von Konfirmandinnen und Konfirmanden–ein Forschungsprojekt (2005–2007) Konfirmandinnen und Konfirmanden äußern sich in narrativen Interviews zum Konfirmandenunterricht.* Comenius-Institut Münster.

Phinney, J. S., Kim-Jo, T., Osorio, S. & Vilhjalmsdottir, P. (2005). Autonomy and relatedness in adolescent-parent disagreements: Ethnic and developmental factors. *Journal of Adolescent Research, 20* (1), 8–39.

Plessner, H. (1975). *Die Stufen des Organischen und der Mensch: Einleitung in die philosophische Anthropologie.* Berlin: de Gruyter.

Plummer, D. C. (2001). The quest for modern manhood: masculine stereotypes, peer culture and the social significance of homophobia. *Journal of Adolescence, 24*, 15–23.

Pollack, D. (2003). *Säkularisierung – ein moderner Mythos?* Tübingen: Mohr.

Pulkkinen, L. (1990). Home atmosphere and adolescent future orientation. *European Journal of Psychology of Education, 5*, 33–43.

Raithel, J. (2003). Erziehungserfahrungen, Wertorientierungen und Delinquenz Jugendlicher. *Zeitschrift für Erziehungswissenschaft, 6* (4), 590–601.

Ramshaw-Schmidt, G. (1987). Sünde: Nur *ein* Bild menschlicher Begrenztheit neben möglichen anderen Bildern. *Concilium, 23*, 94–99.

Ratschow, C. H. (1966). *Lutherische Dogmatik zwischen Reformation und Aufklärung, Teil 2*. Gütersloh: Gütersloher Verlagshaus.

Reinert, A., Hartenstein, M. & Dietrich, V.-J. (1997). Immer die Wahrheit sagen? In E. Marggraf & M. Polster (Hrsg.), *Unterrichtsideen Religion: Arbeitshilfen für den evangelischen Religionsunterricht in Hauptschule, Realschule und Gymnasium, Schuljahr 6* (S. 206–229). Stuttgart: Calwer.

Rieger-Goertz, S. (2005). Genderspezifische und feministische Anforderungen an die Religionspädagogik: Konsequenzen für die Arbeit an berufsbildenden Schulen. In Gesellschaft für Religionspädagogik und Deutscher Katechetenverein (Hrsg.), *Neues Handbuch Religionsunterricht an berufsbildenden Schulen* (S. 138–150). Neukirchen: Neukirchner.

Riemann, F. (1979). *Grundformen der Angst*. München: Reinhardt.

Rindfleisch, A., Burroughs, J. E. & Denton, F. (1997). Family structure, materialism, and compulsive consumption. *Journal of Consumer Research, 23*, 312–325.

Ritter, W. H. (2006). Kinder und Schöpfung. In G. Hilger & W. H. Ritter (Hrsg.), *Religionsdidaktik Grundschule: Handbuch für die Praxis des evangelischen und katholischen Religionsunterrichts* (S. 213–226). München/Stuttgart: Kösel/Calwer.

Röckel, G. (1980). Verkehrserziehung im Religionsunterricht. *Religionsunterricht an höheren Schulen, 23*, 199–203.

Rohan, M. J. (2000). A rose by any name? The values construct. *Personality and Social Psychology Review, 4* (3), 255–277.

Rohse, E. (1969). Über den Begriff 'Sünde' – Versuch einer 'weltlichen' Interpretation: Thematischer Unterricht in Kl. 10 eines Gymnasiums. In K. Wegenast (Hrsg.), *Theologie und Unterricht: Über die Repräsentanz des Christlichen in der Schule* (S. 382–402). Gütersloh: Gütersloher Verlagshaus.

Roth, M. & Petermann, H. (2003). Sensation Seeking und Konsum illegaler Drogen im Jugendalter. In M. Roth & P. Hammelstein (Hrsg.), *Sensation Seeking – Konzeption, Diagnostik und Anwendung* (S. 183–213). Göttingen: Hogrefe.

Rothenbuhler, E. W. (1995). Understanding and constructing community: A communication approach. In P. Adams & K. Nelson (Eds.), *Reinventing human services: community- and family-centered practice* (pp. 207–221). New York: deGruyter.

Rothgangel, M. (1999). *Naturwissenschaft und Theologie. Ein umstrittenes Verhältnis im Horizont religionspädagogischer Überlegungen*. Göttingen: Vandenhoeck & Ruprecht.

Ruch, W. & Zuckerman, M. (2001). Sensation Seeking and adolescence. In J. Raithel (Hrsg.), *Risikoverhaltensweisen Jugendlicher: Formen, Erklärungen und Prävention* (S. 97–110). Opladen: Leske & Budrich.

Santer, H. (2003). *Persönlichkeit und Gottesbild. Religionspsychologische Impulse für eine praktische Theologie*. Göttingen: Vandenhoeck & Ruprecht.

Sautermeister, J. (2006). *Religionsunterricht im Kontext berufsbildender Schulen*. Tübingen: Dissertation.

Schaeffler, R. (1974). Sinn. In H. Krings, H. M. Baumgartner & C. Wild (Hrsg.), *Handbuch philosophischer Grundbegriffe* (Bd. 5, S. 1325–1341). München: Kösel.

Scheidler, M. (2002). Gemeinschaft – Glaubensgemeinschaft/Kirche. In G. Bitter, R. Englert, G. Miller & K. E. Nipkow (Hrsg.), *Neues Handbuch religionspädagogischer Schlüsselbegriffe* (S. 134–137). München: Kösel.

Scherzberg, L. (1991). *Sünde und Gnade in der Feministischen Theologie*. Mainz: Grünewald.

Schmitz, B. (2000). Werte und Emotion. In J. H. Otto, H. A. Euler & H. Mandl (Hrsg.), *Emotionspsychologie* (S. 349–359). Weinheim: Beltz.

Schneider, G. (1995). Frauensünde? Überlegungen zu Geschlechterdifferenz und Sünde. In H. Kuhlmann (Hrsg.), *Und drinnen waltet die züchtige Hausfrau: Zur Ethik der Geschlechterdifferenz* (S. 189–205). Gütersloh: Kaiser, Gütersloher Verlagshaus.

Schnell, T. (2004). Wege zum Sinn: Sinnfindung mit und ohne Religion – Empirische Psychologie der Impliziten Religiosität. *Wege zum Menschen, 56,* 3–20.

Scholl, M. (1998). Nachgeben – sich durchsetzen. In E. Marggraf & M. Polster (Hrsg.), *Unterrichtsideen Religion: Arbeitshilfen für den evangelischen Religionsunterricht in Hauptschule, Realschule und Gymnasium, Schuljahr 7. Halbbd. 2* (S. 221–244). Stuttgart: Calwer.

Schreiber, M., Lenz, K. & Lehmkuhl, U. (2004). Zwischen Umweltverschmutzung und Gottes Wille: Krankheitskonzepte türkeistämmiger und deutscher Mädchen. *Praxis der Kinderpsychologie und Kinderpsychiatrie, 53,* 419–433.

Schumacher, J. & Hammelstein, P. (2003). Sensation Seeking und gesundheitsbezogenes Risikoverhalten – Eine Betrachtung aus gesundheitspsychologischer Sicht. In M. Roth & P. Hammelstein (Hrsg.), *Sensation Seeking – Konzeption, Diagnostik und Anwendung* (S. 138–161). Göttingen: Hogrefe.

Schuster, R. (1984). *Was sie glauben. Texte von Jugendlichen*. Stuttgart: Steinkopf.

Schwab, U. (1994). Perspektiven kirchlicher Jugendarbeit. *Praktische Theologie, 29,* 147–159.

Schwartz, S. H. (1992). Universals in the content and structure of values. Theoretical advances and empirical tests in 20 countries. *Advances in Experimental Social Psychology, 25*, 1–65.

Schwartz, S. H. (1994). Are there universals in the content and structure of values? *Journal of Social Issues, 50*, 19–45.

Schwartz, S. H. & Rubel, T. (2005). Sex differences in value priorities: Cross-cultural and multimethod studies. *Journal of Personality and Social Psychology, 89* (6), 1010–1028.

Schwartz, S. H., Sagiv, L. & Boehnke, K. (2000). Worries and values. *Journal of Personality, 68* (2), 309–346.

Schweitzer, F. (1987). *Lebensgeschichte und Religion*. München: Kaiser.

Smetana, J. & Gaines, C. (1999). Adolescent-parent conflict in middle-class African American families. *Child Development,* 70 (6), 1447-1463.

Spiegel, B. (1961). *Die Struktur der Meinungsverteilung im sozialen Feld. Das psychologische Markmodell.* Bern: Huber.

Strack, M., Gennerich, C. & Hopf, N. (im Druck). Warum Werte. In E. Witte (Hrsg.), *Wertepsychologie: 23. Hamburger Symposium zur Methodologie der Sozialpsychologie.* Lengerich: Pabst.

Strack, M., Gennerich, C. & Münster, D. (2006). *Beliefs in immanent justice or ultimate justice: Understanding their differences.* Paper presented on the 11th International Social Justice Research Conference, 03. – 05.08.2006. Berlin (online verfügbar).

Strauman, T. J. (1996). Self-beliefs, self-evaluation, and depression: A perspective on emotional vulnerability. In L. L. Martin & A. Tesser (Eds.), *Striving and feeling: Interaction among goals, affect, and self-regulation* (pp. 175–201). Mahwah, NJ: Erlbaum.

Strecker, D. (1977). Straßenverkehr: Ort der Begegnung – Testfall der Menschlichkeit. *ru – Zeitschrift für die Praxis des Religionsunterrichts, o. Jg.,* 126–130.

Thonak, S. (2003). *Religion in der Jugendforschung: Eine kritische Analyse der Shell Jugendstudien in religionspädagogischer Absicht.* Münster: Lit.

Trommsdorff, G. (1983). Future time orientation and socialization. *International Journal of Psychology, 18,* 381–406.

Tucker, C., McHale, S. & Crouter, A. C. (2003). Conflict resolution: Links with adolescents' family relationships and individual well-being. *Journal of Family Issues, 24* (6), 715-736.

Uslucan, H. H. (2006). Islamischer Religionsunterricht als Chance zur Integration? In C. Dahling-Sander & F. Kraft (Hrsg.), *Islamischer Religionsunterricht –*

Wohin führt der Weg? Zwischenbilanz und Ausblick (S. 58–70). Haus kirchlicher Dienste: Hannover – Loccum.

Weeks, M. & Lupfer, M. B. (2000). Religious attributions and proximity of influence: An investigation of direct interventions and distal explanations. *Journal for the Scientific Study of Religion, 39*, 348–362.

Wegenast, K. (2002). Tradition VII. Praktisch-theologisch. In G. Krause (Hrsg.), *Theologische Realenzyklopädie, Bd. 33* (S. 724–732). Berlin: de Gruyter.

Wippermann, C. (1998). *Religion, Identität und Lebensführung*. Opladen: Leske & Budrich.

Wüllenweber, W. (2007). Voll Porno! *Stern, 2007* (6). www.stern.de.

Wölber, H.-O. (1959). *Religion ohne Entscheidung*. Göttingen: Vandenhoek & Ruprecht.

Ziebertz, H.-G. & van der Ven (1990). Moralpädagogische Überlegungen zur Tradierung von Werten über Sexualität. *Religionspädagogische Beiträge, 26*, 15–36.

Zilleßen, D. (1990). Schöpfung. In U. Gerber, H. Kemler, H. Schröer & D. Zilleßen (Hrsg.), *Grundlinien Religion: Ein Begleitbuch für den Religionsunterricht in der Sekundarstufe II, Bd. 1* (S. 1–31). Frankfurt: Diesterweg.

Zilleßen, D. (1992). Wieviel Wert haben Werte? Ethisches Lernen im Religionsunterricht. *Jahrbuch für Religionspädagogik, 9*, 51–71.

Zilleßen, D. (1997a). Theologie als eine Bezugswissenschaft des BRU. In Comenius Institut, Deutscher Katechetenverein, Gesellschaft für Religionspädagogik (Hrsg.), *Handbuch Religionsunterricht an berufsbildenden Schulen* (S. 146–149). Gütersloh: Gütersloher Verlagshaus.

Zilleßen, D. (1997b). Leben im Dialog mit religiöser Tradition. In D. Zilleßen & U. Gerber (Hrsg.), *Und der König stieg herab von seinem Thron* (S. 24–36). Frankfurt: Diesterweg.

Zilleßen, D. (2004). *Gegenreligion: Über religiöse Bildung und experimentelle Didaktik*. Münster: Lit.

Zilleßen, D. (2005). Theologie im BRU. In Gesellschaft für Religionspädagogik & Deutscher Katechetenverein (Hrsg.), *Neues Handbuch Religionsunterricht an berufsbildenden Schulen (BRU-Handbuch)* (S. 126–131). Neukirchen: Neukirchener Verlag.

Zuckerman, M. & Neeb, M. (1980). Demographic influences in sensation seeking and expression of sensation seeking in religion, smoking und driving habits. *Personality and Individual Differences, 1*, 197–206.

Die Mitarbeiter dieser Veröffentlichung

Prof. Dr. Dr. h. c. Andreas Feige, Professor für Soziologie, Institut für Sozialwissenschaften, Technische Universität Carolo Wilhelmina, Braunschweig

Nils Friedrichs, Studierender im Magisterstudiengang Soziologie, Institut für Sozialwissenschaften, Technische Universität Carolo Wilhelmina, Braunschweig

Dr. Carsten Gennerich, Theologe und Psychologe, Abteilung Ev. Theologie, Universität Bielefeld.

Michael Köllmann, Studierender im Magisterstudiengang Politische Wissenschaften, Institut für Sozialwissenschaften, Technische Universität Carolo Wilhelmina, Braunschweig

Prof. Dr. *Wolfgang Lukatis*, Hannover, vormals Sozialwissenschaftliches Institut (SI) der EKD

Jugend – Religion – Unterricht, Band 11

Christine Müller

Zur Bedeutung von Religion für jüdische Jugendliche in Deutschland

2007, 344 Seiten, br., 29,90 €, ISBN 978-3-8309-1763-2

Jüdisches Leben in Deutschland konstituiert sich seit Anfang der 1990er Jahre neu. Durch die Einwanderung von Juden aus den Staaten der ehemaligen Sowjetunion hat sich die jüdische Gemeinschaft zahlenmäßig vervierfacht und in ihrer Altersstruktur verjüngt.

Die Zukunft der jüdischen Gemeinden in Deutschland erscheint heute erstmals seit Kriegsende offen: Aufblühungs- und Niedergangsprognosen stehen nebeneinander. Mit der jungen Generation von Juden wird sich die Form der religiösen Weiterentwicklung entscheiden. Mit den Jugendlichen verbinden sich innerhalb der Gemeinden viele Hoffnungen auf religiöse Erneuerung, gleichzeitig ist über diese Generation kaum etwas bekannt.

Im Zentrum dieser Arbeit steht deshalb eine qualitative empirische Untersuchung der Bedeutung von Religion für jüdische Jugendliche in Deutschland. Dabei sollen bestehende Konstrukte, die jüdische Religion mit orthodoxer Religion gleichsetzen, aufgebrochen und stattdessen an der Bedeutung von Religion aus der Perspektive von jüdischen Jugendlichen angesetzt werden. Es wird aufgezeigt, dass traditionelle Deutungsmuster zunehmend an Relevanz verlieren und sich eine Individualisierung des Zugangs zur jüdischen Religion unter jüdischen Jugendlichen beobachten lässt.

Die Arbeit wurde mit dem *Joseph-Carlebach-Preis* der Universität Hamburg für herausragende wissenschaftliche Beiträge zur jüdischen Geschichte, Religion und Kultur ausgezeichnet.

Jugend – Religion – Unterricht, Band 7

Neclá Kelek

Islam im Alltag

Islamische Religiosität und ihre Bedeutung in der Lebenswelt von Schülerinnen und Schülern türkischer Herkunft

2002, 198 Seiten, br., 19,90 €, ISBN 978-3-8309-1169-2

Die größte Migrantengruppe in Deutschland sind die etwa zwei Millionen Mitbürgerinnen und Mitbürger türkischer Herkunft. Der Islam spielt aus der Perspektive der Einwanderer eine wichtige Rolle für ihre Identität und Orientierung. In der Mehrheitsgesellschaft löst der Islam dagegen Furcht aus vor Kulturkonflikten und führt zum Teil zur ausgrenzenden Proklamierung einer deutschen Leitkultur. Ist die Annahme berechtigt, wonach die islamische Herkunftskultur der Migranten und die christlich-westliche Moderne des Einwanderungslandes kaum vereinbar sind? Ist die muslimische Religiosität ein Integrationshindernis?

Die Ergebnisse dieser Untersuchung über die Praxis und Bedeutung der muslimischen Orientierung von türkischen Migrantenjugendlichen erweisen Gegenteiliges: Sie bekennen sich einerseits sehr eindeutig zu ihrer muslimischen Religion, passen aber andererseits ihre religiöse Praxis überwiegend differenziert, individuell und pragmatisch an eigene Bedürfnisse und Lebensumstände an. Deshalb entwickeln die Jugendlichen erkennbar eigene Kulturmuster auch im Bezug auf ihre Religiosität.

Ihr Muslim-Sein ist nicht als traditionale Orientierung sondern als Traditionsbewusstsein zu verstehen. Es ist Ausdruck eines Wertekanons, wie ihn der Einzelne für sich in der Konfrontation mit der Moderne im Rahmen des türkisch-muslimischen common sense interpretiert. Es zeigt sich, dass ihr Muslim-Sein die Integrationsfähigkeit der Jugendlichen nicht hemmt, sondern als gelebtes Beispiel kulturellen Wandels fördern kann.

Jugend – Religion – Unterricht, Band 3

Fred-Ole Sandt

Religiosität von Jugendlichen in der multikulturellen Gesellschaft

Eine qualitative Untersuchung zu atheistischen, christlichen, spiritualistischen und muslimischen Orientierungen

1996, 302 Seiten, br., 25,50 €, ISBN 978-3-89325-466-8

Seit Beginn der 1970er Jahre haben sich in der Bundesrepublik hinsichtlich der religiösen Einstellungen der Bevölkerung tiefgreifende Veränderungen vollzogen. Das Abrücken eines großen Teils der Bevölkerung von traditionellen Formen christlich-kirchlicher Religiosität, die Zunahme derjenigen Menschen, die sich expliziter religiöser Bedeutungen nicht mehr bedienen, die Entstehung der sogenannten „neuen, religiösen Spiritualität" sowie, bedingt durch die Immigration vor allem von Menschen aus der Türkei in die Bundesrepublik, die Zunahme von muslimischer Religiosität sind die unmittelbar wahrnehmbaren Aspekte umfassenden Wandels. Besonders deutlich wird dies bei Jugendlichen. Sie nehmen in dem Prozess religiöser Neuorientierung zum Teil eine Vorreiterrolle ein.

In diesem Buch werden erstmals auf Grundlage authentischer Zeugnisse von Jugendlichen qualitative Forschungsergebnisse präsentiert, die sowohl atheistische, spiritualistische als auch muslimische Orientierungen bei Jugendlichen berücksichtigen. Dabei steht die Analyse der strukturellen Zusammenhänge der jeweiligen religiösen Orientierung im Vordergrund.

Peter Schreiner, Volker Elsenbast,
Friedrich Schweitzer (Hrsg.)

Europa – Bildung – Religion

Demokratische Bildungsverantwortung
und die Religionen

2006, 308 Seiten, br., 24,90 €, ISBN 978-3-8309-1706-9

„Europa – Bildung – Religion", dieser Zusammenhang erfährt bislang in Wissenschaft und Öffentlichkeit, aber auch in Politik und Kirche noch nicht die Aufmerksamkeit, die ihm auf Grund seines zunehmenden sachlichen Gewichts zukommt. Schon die Frage, was Europa für die Bildung und was die Bildung für Europa bedeuten soll, steht in der jeweils nationalen Bildungsdiskussion eher am Rande. Wird das Begriffspaar von „Europa und Bildung" dann um den Begriff „Religion" erweitert, fällt der entsprechende Befund noch dürftiger aus. Das Thema wird beleuchtet aus der Perspektive christlichen Glaubens und der Kirchen in Europa, und der (europäischen) Bildungspolitik.

Wenn in diesem Zusammenhang nach „Demokratischer Bildungsverantwortung und die Religionen" gefragt wird, so kommt damit zum Ausdruck, dass zur Demokratie unabdingbar ein öffentlich und also nicht allein staatlich verantwortetes Bildungswesen gehört. Die Formen, in denen eine öffentliche Bildungsverantwortung demokratisch realisiert werden kann, sind selbst vielfältig. Einer Zivilgesellschaft und dem Prinzip der Subsidiarität entspricht es, wenn neben der staatlichen Trägerschaft von Bildungseinrichtungen auch Kirchen oder Religionsgemeinschaften eigene Kindertagesstätten, Schulen, Angebote der Jugend- oder Erwachsenenbildung usw. unterhalten und dabei vom Staat unterstützt werden. Dadurch mögliche Erfahrungen dokumentiert dieser Band an ausgewählten nationalen und europäischen Beispielen.

Peter Schreiner, Gaynor Pollard,
Sturla Sagberg (Hrsg.)

Religious Education and Christian Theologies

Some European Perspectives

2006, 168 pp., pb., € 19,90, ISBN 978-3-8309-1670-3

Developments in theology and developments in religious education in different countries encourage a renewed dialogue between the two areas. In this book special emphasis is given to the role of Christian theologies in relation to religious education. In most countries of Europe religious education is part of the curriculum in public schools. Religious education is concerned with both education and religion and accepted as an academic subject in its own right. Its relationship with theology, religious studies and educational philosophy can be seen in contrasting ways due to different traditions and developments of the subject in Europe.

A working group of nine experts from eight countries have worked together for a period of two years with a mandate from the Intereuropean Commission on Church and School (ICCS) and the Comenius-Institut in Münster, Germany. The working process of the group has led to different types of articles. Some reflect group discussions; some are best understood as reports from ongoing projects, while some are theoretical discussions based on work with relevant literature. Together they may inspire various activities in exploring the field of religious education on many levels.

With contributions from Roland Biewald, Germany, Gertud Ide Yversen, Denmark, Juha Luodeslampi, Finland, Valentin Koshuharov, Bulgaria/Russia, Alma Lanser-van der Velde, the Netherlands, Gordon Mitchell, Germany/South Africa, Gaynor Pollard, England, Sturla Sagberg, Norway, Peter Schreiner, Germany and a foreword by Hans Spinder, the Netherlands/Cuba

Heinz Reinders

Jugendtypen zwischen Bildung und Freizeit

Theoretische Präzisierung und empirische Prüfung einer differenziellen Theorie der Adoleszenz

2006, 298 Seiten, br., 24,90 €, ISBN 978-3-8309-1724-3

Heutige Jugendliche stehen vor der historisch neuen Herausforderung, die Möglichkeiten der Freizeitgestaltung und das Lernen für die Schule in Einklang bringen zu müssen. Dieser Band geht der Frage nach, wie sich Freizeit- und Bildungsorientierung Jugendlicher auf deren Entwicklung auswirken. Es werden vier Typen Jugendlicher identifiziert, die den Konflikt von Bildungsanforderungen und Freizeitangeboten in je unterschiedlicher Weise lösen und es werden die Folgen besprochen, die diese vier Lösungsmodi für die Gestaltung der Jugendphase besitzen. Anhand einer Längsschnittstudie bei Jugendlichen kann aufgezeigt werden, dass die theoretisch postulierten Typen empirisch auffindbar sind und Vorhersagen zur Entwicklung im Jugendalter ermöglichen.